KB106195

동물
들의
침묵

The Silence of Animals: On Progress and Other Modern Myths

Copyright ⓒ 2013, John Gray

All rights reserved

This Korean translation published by arrangement with John Gray c/o The Wylie Agency(UK) through Milkwood Agency.

이 책의 한국어판 저작권은 밀크우드 에이전시를 통한 The Wylie Agency(UK) Ltd.와의 독점 계약으로 도서출판 이후가 소유합니다.

저작권법에 의해 한국 내에서 보호를 받는 저작물이므로 무단 전재와 복제를 금합니다.

동물들의 침묵

The
Silence *of*
Animals

진보를 비롯한 오늘날의
파괴적 신화에 대하여

존 그레이 John Gray
김승진 옮김

이후

차례

▪ 일러두기

1. 한글과 외래어 표기는 〈국립국어원〉 표준국어대사전 표기 및 '외래어 표기법'을 따랐다. 단, 원칙대로 표기할 경우 현실과 지나치게 동떨어진 음이 나오면 실용적 표기를 취했다.

2. 단행본, 정기간행물에는 겹낫쇠(『 』)를, 논문이나 기고문, 에세이 등에는 홑낫쇠(「 」)를, 단체명과 영화명의 경우 꺾쇠(〈 〉)를 사용했다. 그 밖에, 영문 단행본이나 정기간행물은 이탤릭체로, 영문 논문이나 시는 큰따옴표(" ")로 표시했다.

3. 저자가 인물이나 사건에 대해 길게 부가 설명하고 있는 부분은 원서의 내용을 크게 해치지 않는 선에서 본문 아래 주석으로 옮겼다.

4. 저자는 많은 시, 소설, 에세이 등을 인용했다. 한국어판에서는 독자들이 글의 맥락을 좀 더 쉽게 이해할 수 있도록 저자가 발췌할 때 누락시킨 부분을 저자의 동의를 얻어 살려 썼다.

5. 옮긴이가 매끄러운 번역을 위해 첨언한 부분은 대괄호([ ])로 묶었고 본문 아래 주석 가운데 옮긴이가 설명한 부분은 옮긴이 표시를 했다.

6. 참고 문헌은 영문판의 표기 원칙에 따라 일련 번호 없이 한국어판 쪽수로 해당 위치를 명시했다.

이제 계절은 예전의 계절이 아니다.
하지만 삼라만상이란 본디 한 번만 보여지는 법이다.
그것들이 우연히 일어나는 과정에서……

– 존 애쉬버리John Ashbery

1장

오래된
혼돈

현대의 휴머니스트들은 진보라는 개념을 불러내면서
두 개의 신화를 한데 합쳤다.
하나는 '이성'이라는 소크라테스의 신화이고,
다른 하나는 '구원'이라는 기독교의 신화이다.

네안데르탈인이 지구상에 처음 나타났을 때 원숭이들은 우스웠을 것이다. 고도로 문명화된 원숭이들은 나무에서 나무로 건너뛰며 공중에서 우아하게 그네를 탔다. 하지만 네안데르탈인은 땅에 매여 있었고 상스러웠다. 포만감에 젖어 있고 장난기도 많은 원숭이들은 세련되게 놀이를 즐기거나 철학적인 관조의 상태로 벼룩을 잡았다. 하지만 음울하고 거친 네안데르탈인은 방망이를 들고 쿵쾅거리며 사방을 돌아다녔다. 원숭이들은 가끔 호두 따위를 던지기도 하면서 나무 위에서 네안데르탈인을 우습다는 듯이 내려다 보았다. 때로는 공포를 느끼기도 했다. 자신들은 섬세하게 손질한 풀이나 과일을 먹는데 네안데르탈인은 우악스럽게 날고기를 먹고 다른 동물은 물론 자기 동족들까지 살육하지 않는가? 또 네안데르탈인은 늘 서 있던 나무들을 베었고, 태고부터 있던 자리에서 바위들을 옮겨 버렸으며, 정글의 모든 전통과 법칙을 거슬렀다. 네안데르탈인은 상스럽고 잔인했으며 동물의 존엄을 갖고 있지 않았다. 고도로 문명화된 원숭이들의 눈으로 보면 네안데르탈인의 탄생은 역사가 야만으로 뒷걸음질 친 것이었다.

— 아서 쾨슬러Arthur Koestler, 『한낮의 어둠Darkness at Noon』

진보의 부름

케이어츠는 가죽끈으로 십자가에 목을 맨 채였다. 높고 좁은 무덤 위로 올라가서 끈의 한쪽 끝을 십자가의 팔에 묶은 뒤 몸을 던진 모양이었다. 발가락은 땅에서 5센티미터 정도밖에 떨어져 있지 않았다. 팔은 뻣뻣하게 아래를 향하고 있어서 차렷 자세를 한 것처럼 보였다. 하지만 보랏빛 뺨이 조롱하듯이 한쪽 어깨 위로 떨궈져 있었다. 그리고 불경하게도 상관인 디렉터를 향해 부어오른 혀를 쑥 내밀고 있었다.

목을 맨 사람은 벨기에의 어느 무역 회사가 콩고의 오지로 파견한 백인 두 명 중 한 사람이었다. 다른 한 명의 이름은 칼리어였다. 이들이 파견된 교역소는 가장 가까운 교역소에서도 500킬로미터나 떨어져 있었다. 그들의 일은 대부분 토착민인 통역자가 맡아서 했다. 케이어츠와 칼리어는 달리 시간을 때울 만한 일이 없어서 시시한 소설 나부랭이나 날짜 지난 신문 들을 읽었다. 신문에는 "우리의 식민지 확장"이라든가 "지구의 어두운 곳에 빛과 신앙과 상업을 가져다주느라 바삐

일하는 사람들의 공로" 등을 칭송하는 글들이 쓰여 있었다. 이런 글들을 읽으니 케이어츠와 칼리어는 "스스로가 좀 훌륭하게 느껴지기 시작했다." 한두 달 사이에 그들은 일하는 습관을 잊어버렸다. 몇 달이 더 지난 어느 날, 웬 모르는 부족 사람들이 교역소에 왔는데, 통역자가 교역소 일꾼들(아프리카인 열 명이 이 교역소에서 일하고 있었다)을 그들에게 노예로 넘기고 상아를 구매했다. 케이어츠와 칼리어는 자신들이 노예 거래에 관여했다는 사실에 충격을 받았지만 거래가 가져다줄 수익을 생각하고는 이를 용인했다. 곧 회사의 증기선이 오기로 되어 있어서 실적을 낼 필요가 있었던 것이다. 그런데 예정된 6개월이 지났는데도 오기로 되어 있던 증기선은 오지 않았고 생필품이 동나기 시작했다. 케이어츠가 보관하고 있던 설탕 몇 덩어리를 두고 둘 사이에 싸움이 났고 칼리어가 죽었다. 자포자기한 케이어츠는 자신도 목숨을 끊기로 했다. 케이어츠가 십자가에 목을 매던 바로 그때 증기선이 도착했다. 배에서 내린 디렉터는 죽은 케이어츠의 얼굴에 맞닥뜨렸다.

이는 조지프 콘래드Joseph Conrad가 1896년에 쓴 단편 「진보의 전초기지An Outpost of Progress」에 나오는 이야기이다. 「진보의 전초기지」는 콘래드의 더 나중 작품이자 가장 잘 알려진 소설 『어둠의 심연Heart of Darkness』만큼이나 혹독하게 우리를 미몽에서 깨게 만든다. 콘래드는 케이어츠가 "(칼리어의) 시체 옆에 앉아서" 하는 생각을 이렇게 묘사한다. "케이어츠는 매우 적극적으로, 매우 새로운 것을 생각했다. 그가 과거에 생각했던 것과 확신했던 것, 좋아했던 것과 싫어했던 것, 존경했던 것과 혐오했던 것 들이 드디어 본래의 모습대로 보이기 시작했다! 그것들은 모두 경멸스럽고 유치하며 거짓되고 우스꽝스러워 보였다. 자기가 죽인 사람의 시체 옆에 앉아서 케이어츠는 방금 깨달은 새로운 지혜에 푹 빠져들었다." 하지만 케이어츠가 전에 가졌던 확신들이 전부 다 사라진 것은 아니었다. 그가 계속해서 믿은 어떤 것이 그를 죽음으로 이끌었다.

"진보가 강에서 케이어츠를 부르고 있었다. 진보, 문명, 그리고 그 모든 미덕. 사회는 사명을 다한 자식에게 어서 와서 보살핌을 받으라고, 가르침을 받으라고, 재판과 선고를 받으라고, 큰소리로 부르고 있었다. 사회는 마땅한 평가가 내려질 수 있도록 그가 떠났던 쓰레기더미로 돌아오라고 케이어츠를 부르고 있었다."

콘래드는 1890년에 내륙 기선의 책임자로 콩고에 가서 벨기에 식민주의가 콩고에 끼친 영향을 직접 목격할 수 있었다. 소설의 배경을 콩고로 설정함으로써, 콘래드는 콩고에서 자신이 겪은 변화를 소설에 활용했다. 콩고에 도착했을 때까지만 해도 스스로가 문명화된 인간이라고 확신하고 있었지만, 콩고에서 그는 자신이 전에 진정 어떤 존재였는지를 깨닫게 된다. "콩고에 오기 전에 나는 그저 한 마리의 짐승에 불과했다." 여기서 짐승이란 콩고인 수백만 명을 죽음으로 몰아넣은 유럽인을 말한다.

제국주의가 인류 진보의 동력이 될 수 있으리라는 생각은 이미 오래전에 오명 속으로 떨어졌다. 하지만 한때 제국에 결부되었던 신념은 버려지지 않았고, 오히려 온갖 곳으로 퍼졌다. 전통적인 가치를 따른다는 사람들마저도 마음의 평정을 얻기 위해 미래를 믿는다. 역사는 불합리와 비극과 범죄의 연속일지 모르지만, 그렇더라도 미래는 과거 그 어느 때보다 나을 수 있다고 모두들 주장한다. 이 희망을 포기한다면 케이어츠를 미치게 만든 절망적인 상태를 불러오게 될 것이다.

진보를 믿을 때 얻을 수 있는 이득은 여러 가지가 있지만, 가장 중요한 것은 인간이 스스로에 대해 너무 많이 알게 되는 상황을 막아 준다는 점일 것이다. 케이어츠와 칼리어가 콩고의 오지에 와서 발견한 낯선 사람은 토착민이 아니라 그들 자신이었다.

> 그들은 커다란 방에 있는 맹인 같았다. 주변을 전반적으로 파악하지는 못한 채, 단지 그들에게 접촉해 오는 부분만을 (그나마도 불완전하게) 겨우 인식할 뿐이었다. 강도, 숲도, 생명으로 약동하는 그 모든 거대한 땅도 그들에게는 거대한 공허의 공간과 같았다. (…) 사물과 현상 들은 서로 연결되지 않고 일관성이나 방향성도 없는 방식으로 그들의 눈앞에 나타났다가 사라졌다. (…) 강은 공허의 공간을 가로질러 흘렀다. 때때로 그 공허의 공간에서 카누들이 나타나, 갑자기 교역소 앞뜰이 창을 든 사람 무리로 북적이기도 했다.

그들은 침묵 속으로 들어왔지만 그 침묵을 견딜 수가 없었다. "교역소가 서 있는 별 볼 일 없는 개벌지 주위로 보이는 것이라곤 광대한 숲뿐이었다. 환상 같은 삶이 갖는 치명적인 문제들을 가리면서, 광대한 숲만이 말 없는 웅대함이 내뿜는 고요 속에 놓여 있었다." 이곳에 올 때는 시간의 흐름에 대한 감각을 가지고 있었지만 그 감각도 서서히 사라졌다. 이전의 습관들이 벗겨져 나가자 케이어츠와 칼리어는 삶을 계속 살아내는 데에 필요한 능력들을 잃어버렸다.

"전에는 사회가, 온정에서가 아니라 사회 자체가 가진 희한한 필요성에서, 이 두 사람을 돌보았다. 그러면서 사회는 그들이 독립적인 생각을 하는 것, 진취적으로 주도권을 쥐는 것, 틀에 박힌 일상에서 벗어나는 것을 막았다. 그것을 위반하면 사회는 그들의 생존을 보장하지 않았다. 그들은 기계로 존재하는 조건에서만 살아 있을 수 있었다."

기계 같은 상태는 현대 인간에게 부과된 제약으로 보일 수도 있지만 사실 그것은 현대 인간의 생존을 가능하게 해 주는 상태이다. 케이어츠와 칼리어가 '개인'으로서 기능할 수 있었던 것은 내면 가장 깊숙한 곳까지 '사회'에 의해 형성됐기 때문이었다. 그들은

두 명의 완전히 무의미하고 무능한 개인들이었다. 그들의 존재는 문명화된 무리의 고도로 조직된 상태 덕분에 가능했다. 자신의 삶이, 자신의 개인성과 성격의 본질이, 자신의 능력과 대담함이, 실은 자신을 둘러싼 환경이 안전하다는 믿음을 표현하는 것에 불과하다는 사실을 아는 사람은 거의 없을 것이다. 하지만 용기와 침착함과 자신감, 모든 감정과 원칙, 모든 중대한 생각과 모든 무의미한 생각 들은 다 개인이 아니라 무리에 속하는 것이다. 자신의

제도와 도덕의 막강한 힘, 그리고 경찰과 여론의 힘을 맹목적으로 믿는 무리에 말이다.

예전의 정상적인 환경에서 떨어져 나오자 케이어츠와 칼리어는 행동하기에 너무나 무력했다. 그뿐만이 아니었다. 그들은 존재하기를 멈추었다.

신화 안에 살고 있는 사람에게는 그 신화가 자명한 사실로 여겨진다. '인류의 진보'는 이런 종류의 사실이다. 그것을 받아들이는 사람은 인류 진보의 위대한 행진 안에 존재하게 된다. 물론 인류는 어디로도 행진하고 있지 않다. '인류'라는 것은 수십억 명의 개인들로 구성된 허구이며, 그 개인들 각각의 삶은 저마다 고유하고 최종적이다. 하지만 진보의 신화는 극히 강력하다. 진보의 신화가 힘을 잃으면 그 신화에 의지해 살던 사람들은 (콘래드가 묘사한 케이어츠와 칼리어처럼) "평생을 감옥에서 살다 풀려난 사람과 마찬가지"가 된다. "오랜 세월 갇혀 있다가 풀려났지만 새로이 갖게 된 자유로 뭘 어떻게 해야 할지 모르는 사람" 말이다. 미래에 대한 믿음이 사라지고 나면 스스로에 대해 가졌던 자아상도 사라진다. 그때 그들이 죽음을 택한다면, 이는 미래에 대한 믿음 없이는 그들이 삶의 이유를 더 이상 찾을 수 없기 때문일 것이다.

죽기로 결심하고서 케이어츠는 십자가에 목을 맸다. "케이어츠는 가만히 서 있었다. 그는 위를 바라보았다. 머리 위로 낮은 안개가 깔려 있었다. 케이어츠는 길을 잃은 사람처럼 주위를 둘러보았다. 그리고 유유히 떠 있는 순수한 안개 위로 십자가 모양의 어두운 얼룩을 보았다. 케이어츠가 그쪽으로 휘청휘청 걸어가기 시작했을 때, 증기선의 조급한 소리에 답하는 교역소의 종이 시끄럽게 울렸다." 문명은 여전히 손상되지 않았음을 보여 주면서 증기선이 막 도착하던 순간, 케이어츠는 십자가에 도달했다. 그리고 죽음에서 구원을 찾았다.

이 십자가가 진보와 무슨 상관일까? 소설에서 이 십자가는 〈그레이트 트레이딩 컴퍼니〉의 디렉터가 이곳에 파견한 첫 번째 직원의 무덤을 표시하기 위해 세운 것이다. 그 직원은 그닥 성공하지 못한 화가 출신으로, "이 진보의 전초기지를 계획하고 그 건설을 지켜 본 사람이었다." 그런데 십자가가 "많이 기울어 있어서" 칼리어는 지나갈 때마다 그것이 눈에 거슬렸다. 어느 날 칼리어는 십자가를 똑바로 다시 세워 놓았다. 튼튼히 세워졌는지 확인하려고 몸무게를 실어 십자가에 매달려 보았다. 〔칼리어는 케이어츠에게 말했다.〕 "십자가의 가로대를 두 손으로 잡고 매달려 보았어요. 움직이지 않더라고요. 아, 잘 세워졌어요." 바로 이 높고 튼튼한 구조물에서 케이어츠는 삶을 마감했다. 그때 케이어츠에게는 십자가가 안개에 긴 검고 더러운 얼룩처럼 보였다.

근현대 세계가 스스로에게 반복해서 들려주는 이야기에 따르면, 진보를 믿는 것은 종교적 신앙과 상충된다. 신앙의 시대였던 암흑 시대에는 인간의 삶이 근본적으로 변화할 수 있으리라는 희망이 존재하지 않았다고 한다. 그러다가 근대과학의 도래와 함께 삶이 나아질 수 있다는 전망에 문이 열렸고, 지식이 증가하면서 인간이 자신의 운명을 통제할 수 있게 됐다고 한다. 그리하여 어둠 속에서 길을 잃은 존재였던 인간이 밝은 곳으로 나올 수 있게 되었다는 것이다.

하지만 진보라는 개념은 위와 같은 근현대의 동화가 말하는 방식으로 종교와 상충하지는 않는다. 진보에 대한 믿음은 초기 기독교의 최신판이다. 초기 기독교는 예수의 가르침을 바탕으로 하고 있는데, 반체제 인사였던 유대계 예언자 예수는 시간의 종말을 선언했다. 고대 이집트인이나 고대 그리스인은 하늘 아래 새로운 것은 없다고 생각했으며 인간의 역사 또한 자연 세계의 순환에 속해 있다고 보았다. 힌두교, 불교, 도교, 신도, 그리고 구약 중 더 오래된 부분이 말하는 것도 마찬가지였다. 그런데 성 바오로가 예수의 삶과 말씀을 가지고 만들어낸 기독교는 인간사가 급진적으로 바뀔 수 있다는 기대를 창조했고, 그럼으로써 근대 세계의 토대가 되었다.

하지만 실제로 인간사의 양상은 태고부터 별로 달라지지 않았다. 월리스 스티븐스Wallace Stevens가 그의 시 "일요일 아침Sunday Morning"에서 언급했듯이 말이다.

그녀는 듣는다.
소리 없는 바다 위로 이런 외침이 들린다.
"팔레스타인의 그 무덤은
영혼들이 찾아와 머무는 앞뜰이 아니다.
그것은 예수의 무덤이다. 그가 묻힌 곳이다."

우리는 지금도 오래된 혼돈 속에 살고 있다.

문자 그대로 종말이 오리라는 믿음은 영적인 변모와 재탄생을 뜻하는 은유로 곧 바뀌었다. 하지만 미래를 어떻게 보고 미래에 대해 무엇을 기대할 것인가가 기독교의 탄생으로 이미 달라졌다. 기독교의 이야기가 진보의 신화로 변모하기까지는 많은 변형이 있어야 했지만, 어쨌든 계절이 바뀌듯이 순환하는 것으로 여겨지던 인간 역사는 〔기독교가 도래하면서〕 구원의 이야기로 여겨지게 되었다. 그리고 근대에 들어서자 구원은 지식 및 권력의 증대와 동일시되었다. 바로 이 신화가 케이어츠와 칼리어를 콩고까지 가게 만든 것이다.

콘래드는 역시 콩고 경험을 바탕으로 장편 소설 『어둠의 심연』(1899)을 썼는데, 그때도 먼 오지의 야만인 이야기를 하려는 것이 아니었다. 책의 화자는 영국 템스 강 어귀에 정박한 어느 상선 위에서 이야기를 들려준다. 콘래드는 이 책을 통해 야만은 원시적인 삶의 형태가 아니라 문명의 병적인 발전 양태라고 말하려는 듯하다. 이 주제는 콘래드의 또 다른 소설 『비밀 요원The Secret Agent』(1907)에서도 드러난다. 『비밀 요원』은 런던을 배경으로 테러와 음모를 다룬 소설이다. 무정부주의자인 '교수'는 체포되면 자폭하기 위해 코트 속에 늘 폭약을 가지고 다닌다. 그는 정부란 본질적으로 범죄적인 제도이며 그러한 정부 때문에 인류가 부패하게 되었다고 믿고 싶어한다. 하지만 콘래드가 이해하기로는, 범죄적 속성으로 더럽혀진 것은 정부만이 아니다. 가족이든,

교회든, 경찰이든, 무정부주의자이든 간에 인간 사회의 모든 제도가 범죄로 더럽혀져 있다. 그런데 인간의 불결함을 부패한 제도들을 통해 설명하다 보면 한 가지 의문점이 남는다. 왜 인간은 부패에 그렇게도 끌리는 것일까? 분명 그 답은 인간 동물 자체에 있다.

콘래드는 '교수'가 이런 진실에 직면해 분투하는 모습을 보여 준다. "그는 길고 곧은 길에 서 있었다. 길에 있는 사람들은 무수한 인간 무리 중 아주 일부에 불과할 것이다. 하지만 그는 자신의 주위에, 거대한 벽돌 더미 뒤로 숨은 지평선 끝까지, 압도적으로 어마어마한 숫자의 인간 무리가 있는 것처럼 느껴졌다. 인간 무리는 메뚜기떼처럼 무수하고, 개미처럼 쉼 없이 움직이며, 자연의 힘처럼 무심하게 나아가고 있었다. 맹목적으로, 질서 있게, 완전히 몰두해서, 감정이나 논리에 영향을 받지 않고, 그리고 아마 공포에도 영향을 받지 않은 채, 계속 나아가고 있었다."

〔감정으로도, 논리로도, 심지어 공포로도 인간을 변화시킬 수 없을지 모른다는 회의에 빠지긴 했어도〕 '교수'는 인류가 갱생될 미래를 여전히 꿈꾼다. 하지만 그가 진정으로 사랑하는 것은 파괴이다. "부패를 모르는 '교수'는 혐오스러운 인간 대중에게서 눈길을 돌리면서 걸었다. 그는 미래가 없었다. 그는 미래를 경멸했다. 내면에서 무언가가 그를 계속 밀어붙였다. 그의 생각은 폐허와 파괴의 이미지들을 어루만졌다. 걷고 있는 '교수'는 보잘 것 없고, 나약하고, 허름하고, 비참한 사람이었다. 하지만 세계의 갱생을 위해 광기와 절망을 불러온다는 생각의 단순성

이란 측면에서, 그는 섬뜩한 사람이었다." 케이어츠가 진보를 더 이상 믿지 않게 되어서 목을 맸다면, '교수'는 자신이 여전히 미래를 믿고 있음을 보여 주기 위해서 죽고 죽일 태세가 되어 있었다.

진보의 신화는 그것을 받아들이는 사람들의 삶에 '의미'라는 감각을 뿌려 준다. 사실 케이어츠, 칼리어, 그리고 그들 같은 많은 사람들은 의미 있다고 말할 수 있을 만한 어떤 일도 하지 않았다. 하지만 진보에 대한 믿음은 그들의 보잘 것 없는 책략들을 거대한 기획의 일부로 보이게 만들어 주었다. 반면, 그들의 비참한 죽음은 그들의 삶이 갖지 못했던 목적 없는 허무를 달성했다.

얼어붙은 말과 벽돌 사막

1943년 10월 초, 영국 정보부대 장교로 나폴리에 도착한 노먼 루이스Norman Lewis는 기아에 처한 도시를 목격했다.

산산이 부서지고, 너무나 굶주렸으며, 도시라는 것의 존재를 정당화하는 모든 것이 박탈된 채로, 암흑 시대와 비슷한 상태로 몰락하는 자기 자신에 적응하느라 분투하는 나폴리를 목격하는 것은 너무나 경악스럽다. 사람들은 벽돌 사막에서 베두인 사람들처럼 노숙을 한다. 먹을 것과 마실 물은 거의 없고, 소금과 비누는 아예 없다. 많은 나폴리 사람들이 폭격으로 가진 것을 잃었다. 옷도 거의 다 잃었기 때문에, 길에서는 희한한 조합으로 옷을 입은 사람들을 많이 볼 수 있었다. 이를테면 한 남자는 낡은 연회복 재킷에 니커보커를 입고 군화를 신고 있었다. 어떤 여성들은 커튼으로 만든 것으로 보이는 레이스 장식 옷을 입고 있었다. 수레 몇 백 대와 비쩍 마른 말이 모는 골동품 고급 사륜마차가 몇 대 있었을 뿐, 자동차는 없었다. 오늘 나는 포실리포를 지나다가 젊은이 한 무리가 버려진 독일제 군용차를 솜씨 있게 해체하는 것을 보았다. 그들은 가위개미처럼 모양과 크기에 상관 없이 금속 조각을 죄다 알뜰히 챙겨서 줄줄이 그곳을 떠났다. (…) 모두가 임시변통으로 적응하며 살아가고 있었다.

자신의 경험을 기록한 『나폴리 1944년*Naples' 44*』(1978)에서 루이스는 문명이 무너져 내렸을 때 삶이 어떤 모습을 띠는지 보여 준다. 전염병이 퍼졌고 (해방되고 얼마 되지 않아 나폴리에 티푸스가 퍼졌고 매독도 횡행했다) 사람들은 죽음과 질병에 둘러싸여 살았다. 질병과 싸우는 것만이 문제가 아니었다. 온 정신을 소진시키는 또 다른 종류의 싸움이 있었다. 단지 살아 있기 위해 날마다 쏟아야 했던 엄청난 노력 말이다.

루이스의 인생은 전간기戰間期 영국 사회에 존재했던 수많은 제약에서 벗어나고자 하는 충동이 이끌었다 해도 과언이 아니다. 그는 런던 교외 엔필드에서 태어나 어린 시절 대부분을 그곳에서 보냈고, 어쩌다가 영국으로 건너 와 블룸스버리에 흘러 오게 된 시실리 마피아의 딸과 결혼했다. 그 마피아는 미국으로 밀입국을 했었는데 뉴욕의 아파트가 총기 난사를 당한 뒤 유럽에 돌아왔다. 루이스가 카메라점 'R. G. 루이스'를 열 사업 자금을 대 준 사람이 이 시실리 마피아라는 설이 있다. 카메라 사업으로 루이스는 한동안 영국의 라이카 카메라 시장을 장악했다. 본인의 설명에 따르면 루이스는 이 카메라점에서 만난 어떤 사람을 통해 1937년 영국 정보기관에 '아마추어 스파이'로 채용돼 예멘에 파견됐다. 배를 타고 예멘에 갔지만 입국을 거부당했다. 돌아오는 길에 루이스는 어느 영국 고고학자와 친해졌는데, 루이스가 정보부대에 들어가는 데에 이 고고학자가 관여한 것 같다.

루이스는 1943년 9월 나폴리 남동쪽 파에스툼 해변에 닿았을 때를 이렇게 기록했다. "육지 쪽에서 기이한 가짜 평온함을 보았다." 해변은 시체로 덮여 있었다. 시체들은 "어깨를 맞대고 아주 정확하게 나란히 줄지어 있었다. 마치 죽음이 수행하는 점호에서 '받들어 총' 자세를 하고 있는 것 같았다." 등 뒤에서는 바다로 해가 지고 있었고 내륙 쪽으로는 "세 개의 파에스툼 사원이 온전하게 서 있었다. 저물기 전 마지막 햇빛을 받은 사원들은 분홍빛으로 영광스럽게 빛났다." 루이스와 사원 사이에는 소 두 마리가 허공에 발을 든 채 죽어 있었다. 루이스는 이 광경이 "마치 계시처럼 삶의 위대한 경험 중 하나로" 다가왔다고 기록하고 있다.

루이스의 글에서 알 수 있듯이, 연합군에 의해 해방되었을 때 나폴리는 인구 전체가 실업 상태였고 모두들 먹을 것을 구하기 위해 쓰레기를 뒤졌다. 독일군이 물러나기 직전에 벌어졌던 대폭격으로 노동자

계층이 사는 지역은 온통 파괴되었고 전기와 수도도 끊겼다. 여기에 독일군이 퇴각하면서 남겨 놓은 시한폭탄들이 위험을 보탰다. 경제가 전혀 기능하지 않는 상태에서 나폴리 사람들은 뭐라도 남은 것을 구하기 위해 도시를 헤집었다. 수족관에 있는 열대 물고기도 예외가 아니었다. 1에이커 땅에 수천 명이 모여 살면서 도축장에서 나오는 내장 찌꺼기, 생선 대가리, 길에서 잡은 고양이 등으로 연명했다. 사람들은 버섯이나 민들레를 캐러 시골에 갔고 덫을 놓아 새를 잡았다. 연합군의 사실상 묵인하에 약품 암시장이 활황을 이뤘다.

모두가 뭐라도 팔아야만 살아갈 수 있는 상황에서, 옮길 수 있는 건 무엇이건 도둑질의 대상이었다. 광장의 조각품, 전봇대, 페니실린 병, 의료기기, 작은 배, 묘비, 휘발유, 타이어, 박물관 전시품, 성당의 청동문 할 것 없이 말이다. 전에는 중산층의 생활을 하던 사람들이 장신구, 책, 그림 등을 팔러 돌아다녔고, "창백한 입술에 미소를 지은" 사제들이 우산, 촛대, 지하 묘지에서 훔친 조각품 등을 팔았으며, 나폴리 여성의 3분의 1가량이 가끔, 혹은 정기적으로 몸을 팔았다. 루이스의 책에는 어느 영주가 그를 찾아왔던 이야기가 나온다. 그 영주는 근처에 성도 갖고 있고 먼 곳에 방대한 영지도 소유한 사람이었는데, 난리통에 힘겨운 처지에 놓이고 말았다. 그는 정보원 역할을 하고 있었지만 이번에 루이스를 찾아온 것은 자신의 누이 일을 상의하기 위해서였다. 군사창가에 자리가 있는지 알아보려는 것이었다. 루이스가 영국군에는 그런 것이 없다고 하자 영주는 어쩔 줄 몰라 했다. "아, 이를 어쩌나."

그러고서 영주는 누이를 위로했다. (누이도 그처럼 완벽한 영어를 할 줄 알았다.) "아아 저런, 루이자, 안 되는 모양이로구나, 안 되는 모양이야."

이런 상태의 법 질서는 '카모라Camorra'에 의해 유지되고 있었다. 카모라는 "번갈아 나폴리에 들어와서 세금을 거둬 가고 행패를 부리는 온갖 외세로부터 스스로를 지키는 시스템"으로 수백 년에 걸쳐 발전했지만, 이제는 부정한 돈벌이를 하는 조직 그 이상도 이하도 아니었다. 경찰과 법원은 완전히 부패한 상태였다. 루이스는 암시장을 어느 정도나마 규제해 보려고 페니실린 밀매에 관련된 사람 한 명을 체포하기로 했다. "차분하고 말쑥한" 그 밀매매자가 루이스에게 말했다. "이렇게 하는 것은 당신에게 아무 득이 안 될 겁니다. 당신은 누구죠? 당신은 아무도 아니에요. 어젯밤에 나는 어느 중령과 저녁 식사를 했지요. 당신이 나폴리에서 지내는 데 진력이 났다면 다른 곳으로 발령받게 해드릴 수 있어요." 그 밀매매자는 수감이 되긴 했지만 루이스가 감방에 가 보니 그는 근사한 저녁 식사를 하고 있었고 루이스에게 같이 먹자고 권하기까지 했다. 밀매매자를 체포한 것은 아무 소용이 없었다. 루이스가 증언을 기대했던 증인은 나오려고 하지 않았고, 밀매매자는 아파서 병원에 있어야 한다는 판결을 받았다. 그는 사실상 법보다 위에 존재하는 사람이었던 것이다. 루이스가 이 상황을 상관에게 보고했더니, 상관은 루이스가 그런 일에 신경쓸 시간이 있었다는 게 놀랍다고 말했다.

루이스는 나폴리에 법 질서와 비슷한 것이라도 심어 보려던 자신의 노력이 아무 소용 없었을 뿐 아니라 오히려 해롭기까지 했다는 것을 알게 되었다. "사실을 말하자면, 우리는 이곳에서 자연적인 균형을 교란했다. 그리고 나는 유연해야 할 때에 경직돼 있었다. 으레 그렇듯 부패하고 억압적인 이곳 경찰들은 시민들과 함께 게임을 벌인다. 하지만 그 게임의 규칙이 너무 복잡해 나는 이해하지 못하고, 이해하지 못하기 때문에 존경을 받지 못한다." 루이스는 『명예로운 사회: 시실리 마피아 관찰기The Honoured Society: The Sicilian Mafia Observed』(1964)라는 책도 썼는데, 시실리 마피아 조직을 완전히 부정적이지만은 않은 시각으로 조사해서 쓴 연구서였다.

루이스가 나폴리에서 목격한 것과 같은 상황에서 도덕은 더 이상 적용되지 않았다. 루이스는 자서전 『왔노라, 보았노라I Came, I Saw』(1985)에서 가까스로 살아남아 나폴리에 오게 된 소비에트 출신 전쟁 포로들에 대해 기록하고 있다. 그 포로들은 나폴리에서 잠시 억류됐다가 영국군이 이동하는 배에 타게 되었다. 그래서 루이스는 그들이 독일 포로수용소에서 어떻게 살아 나올 수 있었는지에 대해 들을 수 있었다.

나는 '궁극의 생존자'라 할 만한 이들의 경험담을 들으면서 많은 시간을 보냈다. 그리고 포로수용소라는 혹독한 지옥에서 살아남은 소비에트 사람 한 명당 100명 꼴로 비참한 죽음을 맞이했다는 것을 알게 되었다. 타지키스탄 목동이었던 열아홉 살의 어느 생존자는 (한데 묶인 채로 끌려가 수용소에 갇힌 뒤에) 키가 작고 안경을 썼으며 온화해 보이는 독일인이 확성기를 들고 포로들에게 러시아어로 이렇게 말한 것을 기억했다. "여기에는 우리 예상보다 많은 수용자가 있다. 우리에게는 수용자 1천 명분의 식량이 있는데 지금 여기에는 1만 명이 있다. 이게 무슨 뜻인지는 각자 알아서 생각하기 바란다."

400만~500만 명이 죽어 나간 곳에서 살아 나온 생존자들이 "살기 위해 극복해야 했던 첫 장애물은 인육 먹기를 꺼리는 마음이었다." 루이스는 이렇게 기록했다.

"나는 이 배에 탄 전쟁 포로 모두가 사람의 살을 먹은 적이 있다는 걸 알게 되었다. 대부분은 주저없이 이 사실을 털어놨다. 놀랍게도, 아주 열심히 그런 이야기를 하는 사람도 있었다. 그렇게 털어놓으면 마음의 안식을 얻을 수 있을 것처럼 말이다. 황혼 녘에 악취가 진동하는 갑판 밑에 쭈그려 앉아서, 이들은 무서운 아시아 전래 동화라도 들려주듯이 누군가가 죽었을 때 벌어지곤 했던 난장판에 대해 이야기했다. 독일인들이 시체를 끌어가 버리기 전에 그것을 먹으려고 수감자들이 굶주린 개처럼 소리지르고 치고받던 일들을 말이다."

이 전쟁 포로들은 독일 수용소에서 살아남았고 그 후에 독일군에서 사역했기 때문에 소비에트로 송환되는 것을 두려워했다. 그래서 영국군을 설득해 자신들에게도 군복을 지급해 달라고 했고, 요구대로 되자 그들의 두려움은 누그러졌다. 영국 군복을 입고 있으면 소비에트 당국이 자신들을 연합군으로 대우할 것이라고 믿었기 때문이다. 영국은 이 전쟁 포로들의 미래가 그렇게 만만하고 우호적일 것이라고는 생각하지 않았지만 이들의 향후 운명에 대해 굳이 자세히 신경쓰지는 않기로

했다. 이 '궁극의 생존자' 들은 소비에트에 넘겨진 뒤 대부분 총살당했고 나머지는 굴락에 수용됐다.

나폴리에 머물고 나서 루이스는 세계관이 바뀌었다. 그러한 전환의 경험은 웬 여자아이들이 그가 식사를 하고 있던 식당 문간에 나타났을 때 일어났다. 아홉 살에서 열두 살 사이쯤 되는 고아 소녀들이었는데, 음식 냄새에 이끌려 온 모양이었다. 아이들이 눈물을 흘리고 있고 앞을 못 본다는 것을 알아차린 루이스는 같이 식사를 하던 사람들이 식사를 멈추고 아이들을 도와줄 줄 알았다. 하지만 아무도 꿈쩍하지 않았다. 눈 먼 고아들은 아예 존재하지 않는 사람 취급을 받고 있었다.

"포크 가득 음식이 계속해서 입으로 들어갔다. 대화 소리도 계속 이어졌다. 아무도 그 눈물을 보지 않았다."

이 광경을 회상하면서, 루이스는 그 경험이 자신의 "세계관을 바꾸었음을" 깨닫는다.

"이제까지 나는 인간이 차차 고통과 슬픔을 잘 다루는 법을 알아 가리라는 안락한 믿음에 들러붙어 살았다. 하지만 내가 틀렸음을 이제는 안다. 바오로처럼 나는 전향의 고통을 느낀다. 하지만 내 경우에는 염세주의로의 전향이다. 이제 나는 안다. 그 아이들은 영원히 어둠과 배고픔과 상실을 겪을 운명에서 벗어나지 못한 채 쉼 없이 울어야 할 것이다. 아이들은 그 고통에서 결코 회복되지 못할 것이고 나는 그 기억에서 결코 회복되지 못할 것이다."

염세주의로 세계관이 바뀌었다고 해서 루이스가 삶을 덜 즐기게 된 것은 아니었다. 말년에는 수선화 기르기에 흥미를 느껴 희귀종을 재배하기도 했다. 하지만 무엇보다도 여러 곳으로 여행을 계속했다. 그는 오래 살았고 (2003년에 95세로 사망했다) 많은 책을 썼다. 동남아시아에서 오랜 전쟁으로 고대 문명이 파괴되는 것을 다루기도 했고, 아마존 토착민이 기독교 선교사에 의해 노예가 되는 것을 다루기도 했다. 어떤 내용을 다루었든 간에, 루이스의 작품에는 지속적으로 감도는 우울과 (그의 표현을 빌면) "살아 있다는 데서 느끼는 강렬한 기쁨"이 섞여 있다.

쿠르초 말라파르테Curzio Malaparte도 1944년에 나폴리에 있었지만 루이스처럼 세계관이 바뀌는 충격을 받지는 않았다. 말라파르테는 작가이자 군인이자 건축가이자 작곡가이고, 1919년 베르사유 협정에서 공보관을 맡기도 했으며, 오늘날에도 많이들 참고하는『쿠데타의 기술 Coup D'état: the Technique of Revolution』의 저자이기도 하다. 말라파르테도 루이스와 비슷한 시기에 나폴리에 머물렀다. 루이스는 인근 카프리 섬에서 열린 어느 파티에서 말라파르테의 "수척한 얼굴"을 얼핏 보았다고 기록한 바 있다. 나폴리에 도착하고 얼마 되지 않아서 말라파르테는 나폴리에 들어온 연합군을 도와 일했고 미군 사령부와 연락하는 이탈리아 연락관의 지위를 갖게 되었다. 비슷한 시기에 미국 정보기관의 정보원 노릇도 했던 것 같다.

말라파르테는 해방된 뒤에 나폴리에서 생존하기 위해 투쟁해야 하는 상황이 전쟁 중에 나폴리에서 겪어야 했던 어떤 상황보다도 안 좋았다고 언급했다.

해방 전에는 **죽지 않기 위해** 싸우고 고통을 겪었다. 이제는 **살기 위해** 싸우고 고통을 겪는다. 죽음을 피하기 위해 싸우는 것과 살기 위해 싸우는 것에는 근본적인 차이가 있다. 죽음을 피하기 위해 싸우는 사람들은 자신의 존엄을 유지하고 있으며, 남녀노소 할 것 없이 누구나 열정적으로, 끈질기고 격렬하게, 그 위엄을 지킨다. (…) 죽음을 피하기 위해 싸울 때, 사람들은 인간의 삶에서 영원하고 생명력 있는 부분을 구성하는 모든 것을, 인간 삶의 본질이자 인간 삶에서 가장 순수하고 고귀한 요소를 이루는 모든 것을, 즉 존엄, 자부심, 양심의 자유 같은 것들을, 필사적인 상황에서 발휘되는 고집으로 끈질기게 부여잡는다. 그들은 자신의 영혼을 구하기 위해 싸운다. 하지만 해방이 되자 사람들은 **살기 위해** 싸워야 했다. (…) 그것은 굴욕적이고 공포스런 것이며, 수치스럽지만 반드시 해야 하는 것이었다. 단지 생존만을 위해서. 단지 자신의 살과 가죽을 구하기 위해서.

나폴리 사람들이 생존을 위해 분투하는 모습을 지켜보면서, 말라파르테는 문명이 항복하는 것을 보았다. 이들도 전에는 스스로를 (불완전할지언정) 옳고 그름의 개념으로 형성된 존재라고 생각했다. 하지만 이제 그 인간상에 부합하는 사람은 나폴리에 존재하지 않았다. 남은 것은 배고픈 짐승들, 살아남기 위해서는 무엇이라도 할 태세가 되어 있는 굶주린 동물들뿐이었다. 하지만 숲이나 정글에서 순수하게 죽고 죽이는, 그런 동물은 아니었다. 다른 동물들은 인간이 그토록 소중히 여기는 종류의 자아상을 갖고 있지 않으므로 자신의 존재 양태에 만족한다. 하지만 인간에게는 생존을 위한 투쟁이 자신의 존재에 반反하는 투쟁이 된다.

말라파르테는 나폴리 시기를 회고한 책의 제목을 『가죽The Skin』이라고 지었다. 1949년에 나온 『가죽』은 바티칸 금서 목록에 올랐다. 그도 그럴 것이, 나폴리 사람들이 유럽의 다른 지역 사람들보다 문명이 붕괴한 상황에서 고통을 덜 겪었다면 이는 그들이 기독교 신앙을 아주 깊이 체득하지는 않았기 때문일 것이라고 주장한 것이다. 기독교는 유럽 전체를 정복했지만, 말라파르테에 따르면 나폴리 사람들은 단지 피상적으로만 기독교를 받아들였다. 이전의 민속 종교들과 비슷한 것으로 말이다. 말라파르테는, 기독교가 영혼 깊숙이 들어 오지 않은 나폴리 사람들에게는 도덕적인 존재로서의 자아상을 버리는 것이 상대적으로 더 쉬웠을 것이라고 생각했다.

『가죽』은 일어난 일들을 있는 그대로 서술한 책이라기보다는 작가 자신의 경험을 초현실주의적으로 묘사한 작품이다. 이 책에서 말라파르테는 나폴리에 들어온 미군과 나눈 상상의 대화를 기술하고 있다. 그런 대화 중 하나에서 말라파르테는 나폴리의 독특함을 다음과 같이 서정적으로 묘사한다.

"나폴리는 유럽에서 가장 알 수 없는 도시다. 나폴리는 니네베, 트로이, 바빌론과는 달리 사라지지 않은 유일한 고대 도시다. 고대 문명의 거대한 붕괴 속에 참몰하지 않은 유일한 도시다. 나폴리는 매몰되지 않은 폼페이다. 나폴리는 도시가 아니다. 나폴리는 세계다. 근현대 세계의 표면 위에서 손상되지 않고 살아남은, 기독교 이전의 고대 세계다."

말라파르테가 짚어 냈듯이, 나폴리는 고대의 시간 감각을 가진 비기독교적 도시였다. 기독교는 역사가 하나의 플롯을 가지고 펼쳐지는 이야기이며, 그 플롯은 죄와 구원의 도덕적 드라마라고 가르친다. 하지만 고대 세계의 사람들은 그런 플롯이 존재한다고 생각하지 않았다. 그들에게는 영원히 반복되는 수많은 이야기들이 있을 뿐이었다. 그러한 고대의 세계에 살던 나폴리 사람들은 인간사에 근본적인 변화가 일어나리라는 기대를 하지 않았다. 구원이라는 기독교적 이야기를 받아들이지 않았으므로 진보의 신화에 유혹되지도 않았다. 문명이 영원하리라는 믿음을 가지지 않았으므로 문명이 침몰할 때 놀라지 않았다.

폐허가 된 나폴리의 모습이 루이스에게는 웬지 모를 우울함을 남겼지만 말라파르테에게는 그렇지 않았던 것 같다. 말라파르테의 글을 그대로 믿는다면, 폐허가 된 나폴리의 광경은 오히려 말라파르테에게 생기를 불어넣었다. 나치 점령하의 유럽을 돌아다닌 경험을 바탕으로 쓴 반쯤은 허구적인 작품 『망가진 세계*Kaputt*』(1944)에서 말라파르테는 다음과 같이 언급했다.

내가 이처럼 사람들과 가까이 있다고 느낀 것은 처음이었다. 내가, 그때까지 나폴리에서 늘 이방인 같다고만 느꼈던 내가 말이다. 그날까지 너무나 낯설고 다르게만 느껴졌던 군중이 이토록 가깝게 느껴진 것은 처음이었다. 나는 먼지와 땀으로 범벅이 되어 있었고, 옷은 찢어져 있었으며, 수염도 깎지 못했고, 손과 얼굴은 더러웠다. 나는 불과 한두 시간 전에 감옥에서 나온 참이었다. 그리고 그 군중들 속에서 인간의 따뜻함, 인간의 애정, 인간의 동료애, 그리고 고통을 보았다. 나의 고통과 같은 종류이지만, 더 위대하고, 더 깊고, 아마도 더 진짜이고, 더 고대로부터 이어져 왔을 고통이었다. 세월과 숙명, 그리고 신비로운 속성으로 신성해진 그 고통에 비하면 나의 고통은 단지 인간의 것일 뿐이었고 세월에 어떤 깊은 뿌리도 갖지 않은 고통이었다. 절망이 없는 고통, 그리고 위대하고 아름다운 희망으로 빛나는 그 고통에 비하면, 나의 별 볼 일 없고 사소한 절망은 나를 부끄럽게 만드는 보잘 것 없는 감정일 뿐이었다.

말라파르테의 슬픔이 나폴리 사람들의 슬픔에 비해 사소했다면, 그가 그들 같은 고통을 겪지 않기 위해 조심했기 때문이었을 것이다. 『망가진 세계』에서 말라파르테는 유럽 전역에서 그의 접대를 맡았던 나치 인사들을 조롱하면서 스스로를 반체제 인사로 묘사한다. 하지만 변덕스럽고 기만적인 면이 있었던 말라파르테는 자신이 원하는 감각을 불러올 수만 있다면 어느 편으로든 갈아탈 준비가 되어 있었다. 독일이 소비에트를 침공하고 나서 1941년 여름에 말라파르테는 동부 전선〔독소 전쟁 전선〕에 가는 것이 허용된 극소수의 〔독일군〕 종군 기자 중 하나가 된다. 말라파르테가 전쟁터에 간 이유는 전쟁이 그에게는 최상의 미학적 경험이기 때문이었다.

그런데 말라파르테의 책에는 어느 것이 정말 목격한 것이고 어느 것이 나중에 상상한 것인지 분간이 잘 안 되는 내용이 종종 나온다. 어떤 부분은 의도적으로 환상이 가미된 듯하다. 『망가진 세계』에서 말라파르테는 핀란드의 황량하고 깊은 숲에서 얼어붙은 호수 위를 걸어 나온 이야기를 들려준다. 호수에는 말 수백 마리의 사체가 얼어붙어 있었다. "호수는 수백 마리의 말 머리가 놓여 있는 거대한 대리석 같았다. 몸뚱이는 보이지 않고, 얼어붙은 흰색의 표면 위로 마치 깔끔하게 도끼로 절단해 낸 듯한 머리들만 보였다. 말의 머리는 모두 호변湖邊을 향해 있었다. 감기지 않은 말의 눈에는 공포의 흰 화염이 여전히 불타고 있었다. 호변 가까운 곳에서는 한 무더기 말이 서로 엉켜 얼음 감옥 위로 거칠게 솟아 올라 있었다." 이런 광경을 말라파르테가 실제로 보았는지는 알 수 없다. 실제 벌어진 일을 초현실적으로 묘사한 걸까, 아니면 자신의 환영을 묘사한 걸까? 어떻든 간에 분명한 사실은, 이러한 광경이 그가 전선에 가서 보고자 했던 바로 그 광경이었다는 점이다.

대부분의 경우 말라파르테가 전선에서 전해 온 소식들은 사실적이고 정확했다. 어떤 것들은 매우 선견지명이 있기도 했다. 소비에트와의 전쟁이 장기전이 될 것이고 결과를 알 수 없을 것이라고 예측했을 때, 말라파르테는 독일군에서 쫓겨났다.

말라파르테는 황량한 숲에서의 생활을 즐겼다고 주장했다. 백 퍼센트 사실은 아니었을지도 모른다. 호사스런 호텔에서 느긋하게 휴식을 취할 때가 가장 행복했다고 말한 적도 있으니 말이다. 하지만 그의 주장에는 굉장히 진실한 무언가가 있는데, 바로 자기혐오의 감정이다. 말라파르테는 황량한 숲에 있을 때 인간이 더 진정성 있게 인간의 본성에 가까워진다고 언급했다.

> 숲의 초자연적인 폭력보다 인간을 서로에게 적대적이 되도록 만드는 것은 없다. 그것보다 인간을 더 충동질하는 것도, 인간을 더 충돌하게 만드는 것도 없다. 그것보다 인간을 더 냉혹하고 무자비하게 만드는 것도 없다. 숲에서 인간은 태고의 본성을 다시금 발견한다. 인간의 가장 원초적인 동물적 충동이 신경의 정교한 장식을 깨고 표면에 다시 나타난다. 그 모든 아름다움과 불결한 원초성을 가지고서 동물의 본성이 문명화된 관습과 억제라는 막을 뚫고 바깥으로 나온다.

말라파르테가 숲에서의 삶을 좋아한 것이 사실이라면, 숲에 있으면 자신 역시 그가 경멸하는 종류의 근대적 인간이라는 사실을 잊을 수 있었기 때문이었을 것이다. 고대의 비기독교인들은 인류가 문명에 의해 부패했다고 생각하지 않았다. 그들은 문명이 부서질 때 나타나는 것은 문명의 질병인 야만뿐임을 알고 있었다. '야만인'과 '문명인'이라는 두 종류의 인간이 있는 것이 아니다. 그저 자기 자신과 영원히 전쟁을 치르는 '인간 동물'이 있을 뿐이다.

전후에 말라파르테는 좌익으로 기울어서 마오쩌둥에게서 영적인 갱생의 힘을 볼 수 있다고 주장했다. 숨질 무렵에는 중국 방문을 계획하고 있었다. 말년에는 가톨릭 신자가 되었고 비슷한 시기에 이탈리아 공산당에도 입당했다. 삶의 기운이 다하면서 비기독교적인 미학에서 후퇴하기로 결정했던 것일까? 아니면 말라파르테가 이중으로 전향한 것은, 늘 그랬듯이 이번에도 그때, 그곳에 존재하는 믿음을 받아들여 본 것으로, 그가 비기독교적임을 보여 주는 증거였던 것일까? 답이 무엇이든, 말라파르테는 자기 자신과 화해하며 죽어간 것으로 보인다.

보이지 않는 잉크, 벗겨진 가죽, 흰개미

소설 『한낮의 어둠』(1940)에 나오는 주인공의 삶은 저자인 아서 쾨슬러의 삶과 비슷한 점이 많다. 소설 주인공 루바쇼프는 소비에트 국가의 성립에 기여한 공산주의자이지만 반역죄로 거짓 기소돼 유죄 판결을 받는다. 감옥에서 처형을 기다리는 동안, 루바쇼프는 곧 죽게 된다는 사실이 더 이상 자신에게 아무 의미도 갖지 않게 되는 신비로운 상태를 경험한다. 스페인 내전 당시 프랑코군에게 공산주의 첩자로 사형선고를 받은 쾨슬러도 이와 비슷한 경험을 했다. 쾨슬러는 자서전 『보이지 않는 글The Invisible Writing: Autobiography 1931~1953』(1954)에서, 자신의 세계관이 어떻게 달라졌는지를 다음과 같이 묘사했다.

"젊은 시절에는 우주가 물리적인 방정식과 사회적인 결정 요인이라는 언어로 쓰여진 책이고, 그 책은 활짝 열려 있다고 생각했다. 하지만 지금 보니 우주는 보이지 않는 잉크로 쓰여진 글인 것 같다. 그리고 우리는 아주 드문 은총의 순간에만 그 보이지 않는 글 중 극히 일부분을 해독할 수 있는 것 같다."

쾨슬러가 얼핏 보았다고 생각한 것은 언어로는 표현될 수 없는 의미를 가진 글이었다. 쾨슬러 자신에게도, 소설 주인공이자 그의 분신인 루바쇼프에게도, 그 경험은 물질계만이 현실이라는 확신을 버린다는 뜻이었다. 소설의 마지막에 루바쇼프는 처형당하지만 쾨슬러는 공화군에 잡힌 죄수와 맞교환으로 풀려난다. 그리고 감옥에서 경험한 것을 이해하려 애쓰면서 남은 생을 보낸다.

쾨슬러가 자신이 겪은 신비로운 경험을 회고한 『보이지 않는 글』은 "실재의 위에는 상위 질서가 있으며 그것만이 존재에 의미를 부여한다"는 깨달음에 대한 증언이다. 그리고 그 신비로운 경험은 그것이 희미해진 뒤에도

말 없는 핵심, 영원의 향기, 하늘을 가르는 화살의 떨림과 같은 흔적을 남겼다. (⋯) 나는 거기 몇 분쯤 그렇게 서 있었던 것 같다. 말로 형용할 수는 없지만 '이것이 완벽이다. 이것이 완벽이다' 라는 것을 깨닫고 황홀경에 빠진 채로 말이다. 그러다가 마음 뒤편에서 한 줄기 불편하고 거슬리는 느낌을 받았다. 어떤 사소한 문제가 이 완벽한 순간을 망쳐 놓는 것 같았다. 곧 이 뜬금없는 짜증의 정체를 알아냈다. 물론 나는 감옥에 있고 머지않아 처형당할지 모른다. 하지만 이에 대해 즉각적인 대답과도 같은 어떤 느낌이 곧바로 들었

다. 그 느낌을 말로 표현하자면 아마도 이런 말일 것이다. "그래서 뭐? 그게 다야? 그것 말고는 걱정해야 할 더 심각한 문제가 없는 거야?" 너무나 즉흥적으로 새롭게 떠오른 답이었다. 그리고 즐겁기까지 한 답이었다. 줄곧 나를 짜증스럽게 하던 문제가 고작 단추 하나 잃어버린 것이었다는 듯이 말이다. 나는 평화의 강물 위, 고요의 다리들 아래 누워 있었다. 강물은 알 수 없는 곳에서 와서 알 수 없는 곳으로 흘러가고 있었다. 그러고서 갑자기 강도, '나'도 없어졌다. '나'는 존재하기를 멈추었다.

1930년대 초에 쾨슬러는 코민테른의 요원이 되었다. 코민테른은 1919년에 소비에트의 주도로 모스크바에서 설립된 국제 공산주의자 전위 조직이다. 쾨슬러는 지적인 질서를 갈구하고 있었고, 이러한 마음이 그를 코민테른으로 이끌었다. 그는 마르크스-레닌주의에서 깨달음의 빛, 이성의 빛을 발견했다고 여겼고, 역사의 패턴이 드러났다고 믿었다. 그는 이렇게 기록했다.

"(레닌의 『국가와 혁명』을 읽었을 때,) 무언가가 내 머릿속 스위치를 눌러서 정신의 대폭발을 일으킨 것처럼 나를 흔들었다. '마침내 깨달음의 빛을 얻었다'는 표현으로는 전향자들만이 아는 정신적 황홀감을 아주 미미하게밖에 표현하지 못한다. (…) 머릿속으로 새로운 깨달음의 빛이 모든 방향에서 쏟아져 내리는 것 같았다. 마치 커다란 지그소 퍼즐의 조각들이 뒤죽박죽으로 있다가 마법으로 단번에 제자리를 찾아 들어가는 것처럼, 온 우주가 하나의 패턴 안으로 흘러

들어가는 것 같았다."

세상사에서 패턴을 찾으려던 쾨슬러의 노력은 역사의 법칙을 발견했다고 주장한 마르크스-레닌주의로 그를 이끌었다. 그리고 쾨슬러와 공산주의자 동료들은 역사의 패턴을 찾았으니 이제 그에 따르기 위해 가차없이 나아가야 할 의무가 있다고 생각했다.

코민테른에서 일하는 동안 쾨슬러는 기근이 한창이던 우크라이나를 방문했다. 400만~800만 명(정확한 사망 통계는 알 수 없다)의 농민이 숨진 우크라이나의 기근은 당국이 수출을 위해 곡물을 징발하는 바람에 생긴 인재人災였다. 그런데 쾨슬러는 이처럼 대대적인 기아를 목격하고도 심각한 피해를 입었다고 볼 수 있는 사람들은 극소수의 부농들뿐이라고 주장하면서 식량 부족에 대한 보도들을 반박했다. 역사의 패턴을 향해 가차없이 나아가려는 맹목적인 태도는 사생활에서도 드러났다. 쾨슬러는 당 관련 일로 소련에서 출장을 다니면서 매력적인 젊은 여성과 사랑에 빠졌다. 그 여성은 과거 상류층 출신인 '구시대 사람'이었다. 쾨슬러는 이 여성을 비밀경찰에 보고했다. 나중에는 이 일을 후회하게 되지만, 당시 쾨슬러는 개인의 운명은 중요하지 않다고 생각했다. 그 개인이 자기 자신이라고 해도 말이다.

루바쇼프는 역사의 패턴에 자신의 인생을 쏟았지만 결국 역사가 만든 희생자 중 하나로 삶을 마감했다. 쾨슬러도 삶의 일부를 역사의 패턴에 쏟았다. 하지만 그가 발견한 것은 역사 속이 아니라 시간의 외부에 존재하는 패턴이었다. 그는 혼돈이 최종 상태라는 점을 결코 받아들이지 않았던 것 같다. 세상은 합리적이어야 했다. 그 논리가 인간의 이성으로 파악될 수 없는 것이라 해도 말이다.

쾨슬러는 전체적이고 전면적인 해법을 찾는 일에 몰두해 있었다. 따라서 그가 점진적인 개선에 힘을 쏟는 것이 더 낫지 않았겠냐고 쉽게 말할 수도 있을 것이다. 하지만 속편한 자유주의자들이 오래도록 말해온 이 주장은 쾨슬러가 씨름하던 상황이 어떤 것이었는지를 제대로 이해하지 못하고 하는 말이다. 자유주의 휴머니스트들은 더 나은 세상을 향한 인간의 진보가 단계별로, 천천히, 하나씩, 점진적으로 이뤄질 것이라고 믿는다. 그들은 지상 낙원을 달성하는 것은 불가능할지라도 점진적인 개선은 언제나 가능하다고 말한다. 사회 개량론이라고도 불리는 이 철학은 보통 유토피아주의와 상충된다고 여겨진다. 하지만 전간기 유럽에서는 점진적인 진보라는 개념이야말로 유토피아적인 생각이었다.

쾨슬러 세대는 세상이 혼돈을 향해 내리막길을 걷고 있다는 느낌에 사로잡혀 있었다. 1905년에 매우 교양있고 부유한 유대인 집안에서 태어난 쾨슬러는 유럽 부르주아 문명의 붕괴를 경험했다. 그는 부르주아의 치명적인 적이라는 역할을 자처했고, 공산주의자였으니 실제로 그런 면이 있긴 했다. 하지만 또 다른 차원에서 보면, 쾨슬러가 공산주의로 전향한 것은 부르주아적인 삶의 양식을 더 지속성 있는 형태로 되살리기 위해서였다고도 볼 수 있다. 전간기 유럽의 혼돈에 직면한 쾨슬러는 점진적 개선이라는 환상을 혁명적 변혁이라는 신화로 대체했다. 그리고 그것 역시 환상이라는 사실을 머지 않아 깨닫게 된다.

쾨슬러는 스페인에서 풀려난 뒤 프랑스로 돌아왔다. 그리고 전쟁이 발발하자 〔'거주 허용이 바람직하지 않은 외국인'으로 난민들과 함께〕 수용소에 억류됐다가 1940년에 풀려났다.* 프랑스에서 쾨슬러는 문예비평가 발터 벤야민을 만나는데, 벤야민은 나치에게 잡힐 경우 먹으라며 자신의 몰핀 알약 절반을 쾨슬러에게 주었다. 벤야민은 프랑스와 스페인 사이의 국경에서 몰핀을 먹고 자살했다. 쾨슬러는 몇 차례나 자살을 심각하게 고려했고 한 번은 실제로 벤야민이 준 몰핀을 삼키기도 했지만 아슬아슬하게 죽음을 피했다. 부분적으로는 운이었고 부분적으로는 그 자신의 수완 덕분이었다. 쾨슬러는 프랑스를 빠져나오기 위해 외인 부대에 들어갔다가 북아프리카에서 탈영했고 리스본을 거쳐 1940년 11월에 영국에 도착했다.

『대지의 찌꺼기』는 독일 점령하에서 프랑스 사회가 붕괴하는 모습을 사실적으로 서술한 기록이자 자기 성찰의 기록이다. 프랑스의 몰락을 가까이에서 지켜보면서, 쾨슬러는 그때까지 자기 삶에 지침이 되었던 믿음들을 버렸다. 전에는 인류가 자유를 갈구한다고 생각했다. 하지만 이제는 인간이 구제불능으로 비이성적이라고 생각하게 되었다.

"히틀러의 천재성은 선전·선동 능력이나 거짓의 능력에 있는 것이

---

* 쾨슬러의 또 다른 저서 『대지의 찌꺼기Scum of the Earth』(1941)는 억류된 일을 포함해 1939년 부터 1940년 사이에 그가 겪은 경험을 담고 있다.

아니라, 근본적으로 비이성적인 측면을 통해 군중에 접근하는 방식, 논리 이전의 토템 신앙적인 정신 세계에 호소하는 접근 방식에 있는 것 같다."

쾨슬러는 프랑스가 왜 붕괴했는지를 설명해 주는 비유를 곤충의 세계에서 찾아냈다. 프랑스군과 영국군이 독일의 진격을 막아 내고 있었던 프랑스 도시 스당이 독일군에 뚫렸다는 소식을 들었을 때, 쾨슬러는 벨기에 작가 모리스 마테를링크Maurice Maeterlinck가 쓴 『흰개미의 생활Life of the Termites』(1926)을 읽고 있었다. 흰개미를 관찰한 연구서인데, 쾨슬러는 이 책의 다음 부분을 『대지의 찌꺼기』에 인용했다.

이 모든 파괴는 아무도 알아채지 못한 채로 이뤄진다. 앞을 못 보는 흰개미에게는 보이지 않게 자신의 임무를 수행할 수 있는 능력이 있기 때문이다. 흰개미들은 소리 없이 일을 수행한다. 아주 예민하게 귀를 기울여야만 수백만 개의 턱이 갉작거리는 소리를 알아챌 수 있을 것이다. 그렇게 흰개미들은 건물의 뼈대를 갉아 먹어서 건물을 무너지기 직전의 상태로 만든다. (⋯) 닷새나 엿새 정도 집을 비웠던 농장주가 집에 돌아온다. 모든 것이 그가 떠났을 때와 같은 상태이다. 아무것도 달라지지 않았다. 그는 의자에 앉는다. 그러자 의자가 무너진다. 중심을 잡으려고 테이블 끝을 움켜 쥐자 손 안에서 테이블이 바스러진다. 기둥에 기대자 기둥이 무너지고 먼지 구름을 피우며 지붕이 내려앉는다.

쾨슬러가 겪은 프랑스 몰락의 경험도 집에 돌아온 농장주가 겪은 경험과 비슷했다.

"[스당이 뚫렸다는 소식을 듣던 순간은] 의자에 앉았더니 의자가 무너지기 시작하는 순간과 같았다. 그 다음에 벌어지는 일은 무너지는 집에서 그저 휘청거리고 허우적대는 것뿐이다. 잡으려고 하는 모든 것이 당신 손 안에서 곧바로 바스러져 먼지가 된다."

자유주의적 사회 개량론자라면 회피했을 사실을 쾨슬러는 정면으로 파악했다. 점진적 개선이라는 것은 많은 경우에 불가능하다는 사실 말이다. 현실에서 벌어지는 일들이 점진적 개선이라는 환상을 뒤흔들었을 때, 쾨슬러는 (당시 많은 사람들이 그랬듯이) 그 현실의 재앙들이 인류 진보에 필요한 과정의 일부라고 생각했다. 기근도, 내전도, 대량 살상도, 잔인한 독재도, 다 이전에 존재했던 어떤 사회보다도 나은 사회로 가는 길에서 거쳐야 할 단계들일 뿐이었다.

이 신념은 그것을 믿는 사람들에게 몇 가지 장점을 가지고 있었다. 무엇보다, 전간기 유럽에서 벌어진 야만적인 충돌도 앞으로 질서가 형성되어 나오는 데 꼭 필요한 과정이라고 생각할 수 있었다. 하지만 이 신념을 구현한 소비에트의 실험은 (쾨슬러도 곧 깨닫게 되었듯이) 또 하나의 재앙일 뿐이었다. 소비에트의 실험은 새 가죽을 꿰매 넣겠다면서 수백만 명의 가죽을 산 채로 벗기는 것이나 마찬가지였다. 수많은 사람이 죽었고 살아남은 사람들은 상처만 입은 옛날의 살가죽을 가지고 살아남았다. 하지만 쾨슬러가 소비에트에 동조한 것은 합리적 진보라는 고결한 자유주의적 이상을 저버려서가 아니었다. 그는 완전히 현실이었던 유럽의 상황을 보고, 그에 바탕해 행동한 것일 뿐이었다.

나치가 온 유럽을 지배하는 궁극적인 재앙은 다행히 발생하지 않았지만, 쾨슬러는 점진적인 진보라는 자유주의적 신념으로 돌아가지 않았다. 그보다는 정치에서 거리를 두었다. 말년에 쾨슬러는 생물학의 비정통 분야와 초심리학에 관심을 가졌다. 그런 것들이 그가 감옥에서 겪은 일들을 과학적으로 설명해 주기를 바라면서 말이다. 그는 찾고자 하는 것을 찾지 못했다. 그리고 백혈병과 파킨슨씨 병으로 고생하다가 1983년에 아내와 함께 자살했다.

쾨슬러가 말년에 관심을 가졌던 신비주의와 초심리학은 쉽게 환상으로 치부되거나 기껏해야 흥미로운 상상이나 억측이라고 여겨진다. 하지만 신비주의나 초심리학이 인류가 더 높은 수준의 문명으로 서서히 올라갈 것이라는 생각보다 더 심하게 환상적인 것은 아니다.

황제의 무덤

슈테판 츠바이크Stefan Zweig는 자서전 『어제의 세계The World of Yesterday』(1942)에서 자신이 어린 시절을 보낸 합스부르크 왕가의 제국을 "안정의 세계"라고 묘사한다.

거의 1,000년이 된 우리 오스트리아 제국에서는 모든 것이 영원성에 기초를 둔 것 같아 보였다. 그리고 국가 자체가 이러한 안정성의 주요 보증자였다 (…) 우리의 화폐인 오스트리아 크라운화는 금으로 주조되어서 그 가치가 변하지 않는다는 확신을 주었다. 모두가 자신이 얼마만큼 소유하고 있는지, 얼마만큼에 대해 권리를 가지고 있는지 알고 있었고, 자신에게 무엇이 허용되고 무엇이 금지되어 있는지 알고 있었다. (…) 이 거대한 제국에서는 모든 것이 정해진 장소에 견고하고 움직일 수 없게 서 있었다. 제국의 꼭대기에는 연로한 황제가 있었다. 그가 죽으면 다음 황제가 뒤를 이을 것이며 규칙과 규율로 잘 굴러가는 이 질서에서는 아무것도 변하지 않으리라는 것을 사람들은 알고 (혹은 믿고) 있었다. 누구도 전쟁을, 혁명을, 반역을 생각하지 않았다. 이성의 시대에 급진적이고 폭력적인 모든 것은 가능하지 않아 보였다.

츠바이크의 견해는 합스부르크 왕가의 드넓은 제국에도 허약하고 불확실한 면이 있었다는 것을 상당 부분 간과하고 있다. 그렇다고는 해도, 그가 묘사한 세계가 존재하긴 했다. 하지만 그 세계는 1차 대전으로 끝장났다. 그 이후 유럽 거의 전역에서는 온갖 세력이 권력을 잡기 위해 투쟁했고 이는 곧 죽기 살기의 싸움이 되었다. 미국 대통령 우드로 윌슨Woodrow Wilson이 베르사유 협정에서 민족자결권을 제창하며 합스부르크 체제의 붕괴를 확실시 한 후, 유럽은 서로 다른 인종, 민족 들 간의 전장이 되었다. 경제가 인플레에서 디플레로, 다시 하이퍼인플레로 널을 뛰면서 중산층이 무너졌고 노동자들은 대대적인 실업을 겪었다. 정치는 여러 급진 분파들로 조각조각 쪼개졌다. 공산주의 분파와 파시스트 분파는 민주주의를 거부했고 온건한 중도 정당들은 권력의 중심을 차지할 만한 힘이 없었다.

옛 질서는 폭발해 없어졌지만 그것을 대체할 질서는 아직 존재하지 않았다. 계층 간, 인종 간에 이해관계와 목표가 충돌했을 뿐만 아니라 이상과 가치도 화합할 수 없이 서로 적대했다. 이런 상황에서 점진적 진보라는 것은 또 하나의 유토피아적 꿈에 불과했다. 문명의 진보는 간헐적으로만, 역사가 게으름을 피울 때나 가능한 것 같아 보인다.

요제프 로트Joseph Roth는 중편 소설 『황제의 무덤The Emperor's Tomb』(1938)에서 1914년 여름의 어느 기차역을 묘사하면서 그의 일생에 있었던 그러한 간헐기 중 마지막 간헐기의 모습을 보여 준다.

그 기차역은 자그마했다. (…) 옛 오스트리아-헝가리 제국에서는 모든 작은 지방 마을의 모든 작은 기차역들이 다 똑같았다. 노란 페인트 칠을 한 자그마한 기차역들은 겨울에는 눈 속에서, 여름에는 햇빛 속에서 졸고 있는 고양이 같았다. 머리 위는 플랫폼을 덮은 유리 지붕으로 보호받고, 검은 쌍독수리가 노란 기차역 위를 날면서 내려다보고 있는 채로 말이다. 시폴리에 역에서나 즐로토그로트 역에서나 역무원은 다 똑같았다. 진청색의 넉넉한 유니폼에 불룩 나온 배를 넣고 가슴을 가로질러 맨 검은 띠에 종을 끼워 넣고 있었다. 그 종은 정해진 높은 음의 소리를 내서 기차의 출발을 알렸다. 즐로토그로트 역에도, 시폴리에 역과 마찬가지로, 역장실 입구 쪽 플랫폼 위에 쇠로 된 검은색의 커다란 장치가 있었는데, 신기하게도 거기에서는 다른 세상들의 목소리를 전하는 섬세하고 낭랑한 전화벨 소리가 나서 '왜 저들은 이 작고 묵직한 곳에 은거하고 있는 것일까' 하고 궁금해지게 만들었다. 즐로토그로트 역에서도, 시폴리에 역에서와 마찬가지로, 역무원은 들어오고 나가는 기차에 군인처럼 엄숙하게 경례를 했다.

이 세계는 1차 대전과 그 전쟁의 여파로 끝이 났다. 발단은 하나의 암살 사건이었다. 세르비아 민족주의자인 가브릴로 프린치프가 1914년 6월 28일에 사라예보에서 오스트리아 황태자 프란츠 페르디난트 대공을 암살했다. 그런데 이 사건은 아주 쉽게 안 일어날 수도 있었다. 프린치프가 속해 있던 조직은 원래 그날 아침 10시가 지나자마자 폭탄을 터뜨려 대공을 암살할 계획이었다. 하지만 그 시도는 실패했고 대공은 공식 일정인 자동차 행진을 계속했다. 행사가 끝나자 대공은 다시 자동차를 타고 다른 차량들과 함께 다음 장소로 이동했다. 하지만 운전사가 실수로 길을 잘못 들어섰고 차를 돌려 나오려는 와중에 시동이 꺼지는 바람에 차가 멈췄다. 폭탄 테러가 실패한 뒤 마침 근처 식품점에 가 있었던 프린치프는 가까운 곳에서 대공을 쏠 기회를 얻었다. 운전사가 길을 잘못 들지 않았더라면, 시동이 꺼지지 않았더라면, 혹은 프린치프가 그 식품점에 있지 않았더라면, 암살은 일어나지 않았을 것이다. 하지만 일단 암살이 벌어지자 뒤이어 그 모든 일이 일어났다.

로트는 합스부르크 세계가 사라지는 것을 몹시 애석해했다. 1930년대 유럽에서 합스부르크 시절을 회상하는 로트는 그 시절을 다소 미화하고 있다. 그럼에도 합스부르크 세계에는 그 이후에 도래한 사회에서 볼 수 있는 인간의 가장 추한 얼룩들이 존재하지 않았다. 합스부르크 제국은 근대 국가가 아니었다. 전신과 철도 등 최신의 근대 기술들을 받아들였던 프란츠 요제프〔마지막 황제〕치하 약 60년간의 시기에도 그랬다. 위태위태했던 프란츠 요제프 치하에서 구악들은 다소 누그러졌다. 고문은 마리아 테레지아 여제 시대인 1776년에 이미 금지됐다. 반면, 이후에 등장한 근대 국가들은 더 나은 세상을 만들겠다며 구악들을 모두 되살렸다. 물론 합스부르크 제국에도 극심한 편견과 증오가 있었다. 예를 들면 19세기 말 20세기 초에 빈의 시장은 적의에 찬 반反유대주의자였다. 그렇다 해도, 합스부르크 체제에 민주주의가 존재하지 않았다는 사실은 20세기에 유럽을 휩쓸게 될 타인종혐오적 대중 운동을 막는 방어막 노릇을 했다. 합스부르크 제국 거주자들은 시민이 아니라 신민이었다. 신민이라는 지위에는 '스스로 통치한다'는 이상을 들먹이며 남에 대한 증오를 정당화할 수 있는 즐거움이 허용되지 않았다. 각 개인이 어떤 인종이나 민족 집단에 배타적으로 속해야 한다는 믿음은 '민족의 자기 결정권'을 위한 투쟁이 진행되면서 비로소 생겨난 개념이었다.

이 과정이 로트의 단편 「황제의 흉상The Bust of the Emperor」(1935)에 잘 묘사되어 있다. 1차 대전이 일어나기 몇 해 전에,

소위 '민족 문제'가 오스트리아 제국 내에서 첨예한 이슈가 되기 시작했다. 자신이 원했든 아니면 단지 원한 척한 것이었든 간에, 모두가 스스로를 구제국 내에 존재하던 여러 민족 집단 중 하나와 관련지었다. 19세기를 거치면서, 완전무결한 부르주아 개인이 되려면 모든 개인이 특정 인종이나 민족에 속해야 한다는 생각이 생겨났기 때문이었다. (…) 타르노폴, 사라예보, 빈, 브륀, 프라하, 체르노비츠, 오더부르크, 트로파우에 사는 사람들은 전에는 '오스트리아인'일 뿐 다른 것은 아니었지만 이제는 '시대의 풍조'에 따라 자신을 각각 폴란드 민족, 체코 민족, 우크라이나 민족, 게르만 민족, 루마니아 민족, 슬로베니아 민족, 크로아티아 민족 등의 일원이라고 부르기 시작했다.

새롭게 형성된 이들 민족 집단은 합스부르크 제국이 붕괴하자 그에 뒤이은 영토와 권력 투쟁에서 각기 자신의 존재를 증명했다. 로트가 예견했듯이, 제국을 통치하는 데 쓰이던 옛 장치들은 '민족의 핏줄'과 '조국의 땅'이라는 근대의 상징으로 대체되었다.

열정적으로 미래를 바라보던 진보주의자 로트는 프란츠 요제프 황제의 제국을 그리워하는 반동주의자가 되었다. 그는 자신의 향수가 무용하다는 것을 알고 있었다. 옛 제국을 무너뜨린 것은 1차 대전만이 아니라 근대의 이상이 가진 힘이었으니 말이다. 진보를 믿는 사람이 어떻게 역사의 우연들 위에 세워졌던 권위의 한 형태를 받아들일 수 있었겠는가? 하지만 제국의 구질서가 무너지고 뒤이어 온 권력 투쟁은 무자비하고 야만적이었다.

민족 집단들이 형성되면서 '소수민족 문제'도 떠올랐다. 소수민족들을 강제로 내몰고 이주시키는 인종 청소는 중부 유럽과 동부 유럽에 민주주의를 건설하는 과정에서 핵심이었다. 진보적인 사상가들은 이 과정이 보편적인 자기 결정권을 향해 가는 하나의 단계라고 생각했다. 하지만 로트는 그런 환상을 가지고 있지 않았다. 최종 결과는 대량 학살일 뿐이리라는 것을 그는 알고 있었다. 1933년에 츠바이크에게 쓴 편지에서 로트는 이렇게 언급했다.

"우리는 거대한 재앙으로 흘러들어가고 있습니다. (…) 이는 모두 새로운 전쟁으로 이어질 것입니다. 나는 우리가 생명을 지킬 수 있다는 데에 한 푼도 걸지 않겠습니다. 그들은 야만의 지배를 구축했습니다."

로트는 누구도 생명을 지킬 수 없을 거라 했지만 자신은 그 운명을 모면했다. 독일 자유주의 신문 『프랑크푸르터 자이퉁』에 글을 쓰던 로트는 무사히 독일을 떠나 파리에 정착해 그곳에서 몇몇 대표적인 소설, 단편, 기사 들을 썼으며, 1939년에 음주로 인한 간경변으로 숨졌다. 장례식에는 합스부르크 왕가의 대표와 공산당의 대표가 나란히 참석했고 유대 기도문과 가톨릭 기도문이 낭송됐다. 츠바이크는 좀 더 오래 살았다. 1934년에 오스트리아를 떠나 영국과 미국에서 살다가 1941년, 브라질로 이주했다. 그리고 1년 뒤, 싱가포르가 일본에 함락되자 추축국이 승리할까 봐 두려워하면서 아내와 함께 자살했다. 『어제의 세계』 집필을 마치고 우편으로 출판사에 원고를 보낸 지 불과 며칠 뒤였다.

둘에 둘은 다섯

조지 오웰George Orwell의 소설 『1984』에서 윈스턴 스미스를 고문하는 심문관 오브라이언은 손가락 네 개를 들어 보이면서 스미스에게 그것이 다섯 개라고 솔직하게 말하라고 한다. 스미스가 강압을 못 이겨 거짓말로 다섯이라 말한다면 오브라이언은 만족하지 않을 터였다. 그는 스미스가 **정말로** 손가락 다섯 개를 보기를 원했다. 심문은 길고 고통스러웠다.

"윈스턴, 자네는 배우는 속도가 늦군." 오브라이언이 부드럽게 말했다.

"내가 어쩔 수 있겠어요?" 스미스가 울면서 말했다.

"내 눈 앞에 보이는 것을 어떻게 보지 않는단 말입니까? 둘에 둘은 넷인 것을요."

"때로는 넷이지, 윈스턴. 하지만 때로는 둘에 둘이 다섯이야. 때로는 셋이고, 때로는 동시에 셋, 넷, 다섯, 모두이기도 하지. 자네는 더 노력해야겠군. 정상인이 되는 것은 쉬운 일이 아니야."

오브라이언은 스미스를 더 고문하지만 벌을 주기 위해서 그러는 건 아니라고 설명한다. 과거의 심문관들은 피고문자가 고문을 못 이겨 자백하도록 만들었다. 하지만 자백하는 자나 듣는 자나 자백을 믿지 않았다. 그리고 시간이 지나면 고문당한 자는 순교자로 존경을 받고 고문한 자는 압제자라고 비난을 받았다. 하지만 그 이후로 심문 기술에 진보가 이뤄졌다고 오브라이언은 스미스에게 말한다.

우리는 이제 그런 종류의 실수는 하지 않아. 여기서 나오는 모든 자백은 진실이야. 우리는 모든 자백이 진실이 되도록 만들지. 무엇보다, 우리는 죽은 자가 우리에 맞서 일어나도록 놔두지 않아. 너는 후세 사람들이 너의 정당성을 입증해 주리라는 망상을 버려야 해, 윈스턴. 후세는 결코 너에 대한 이야기를 듣지 못할 거야. 너는 역사의 물결에서 깨끗하게 치워져 사라질 거야. 우리는 너를 기체로 만들어서 대기로 날려 버릴 거야. 너와 관련된 건 아무것도 남지 않을 거야. 네 이름은 어디에도 기록되어 있지 않을 거고, 어떤 살아있는 사람도 널 기억하지 못할 거야. 너는 미래뿐 아니라 과거에서도 소멸될 거야. 너는 결코 존재한 적이 없는 사람이 될 테지.

스미스는 손가락 다섯 개를 보라는 말을 들을 때마다 손가락 다섯 개를 보아야 했다. 강압이 아니라 그 자신의 자유로. 오브라이언은 가볍게 미소지었다. "너는 모범 양식 안에 있는 오류야. 지워 버려야 할 얼룩이지. 우리가 과거의 심문관들과는 다르다고 내가 이야기 안 했던가? 우리는 마지못한 복종에는 만족하지 않아. 아주 비굴하게 복종한다 해도 만족하지 않지. 네가 우리에게 항복하게 될 때, 그것은 너의 자유 의지로 하는 것이어야 해." 체포되기 전에 윈스턴은 일기에 이렇게 쓴 적이 있었다. "자유란 둘에 둘은 넷이라고 말할 수 있는 것이다."

그런데 오브라이언은 윈스턴이 둘에 둘은 다섯임을 받아들이게 만들려고 했다. 그것을 진실이라고 여기기만 하면 윈스턴은 목숨을 구할 수 있을 터였다.

자유란 둘에 둘은 넷이라고 말할 수 있는 능력이라는 생각은 오웰이 『1984』보다 먼저 쓴 다른 글에도 나온다. 『1984』는 1949년에 나왔는데, 1942년에 쓴 에세이 「스페인 내전을 돌이켜 본다Looking Back on the Spanish War」에서도 오웰은 이렇게 언급했다.

나치의 이론은 '진리'라는 것이 존재함을 명시적으로 부인한다. 예를 들면 '과학'이라는 것은 없다. '독일 과학', '유대인 과학' 등이 있을 뿐이다. 이러한 논리가 은연 중에 목표로 삼고 있는 것은 '지도자'나 집권 세력이 미래뿐 아니라 **과거까지** 통제하는 끔찍한 세계다. '지도자'가 이러저러한 사건에 대해 '그런 일은 일어난 적 없다'고 말하면 그 사건은 일어난 적 없는 것이다. '지도자'가 둘에 둘은 다섯이라고 말하면 둘에 둘은 다섯인 것이다.

오웰이 이 구절을 따온 출처로 흔히 나치의 헤르만 괴링Hermann Goring이 언급된다. 괴링은 "총통이 원하신다면 둘에 둘은 다섯이다"라고 말한 적이 있다고 한다. 그런데 오웰이 이 아이디어를 얻었을 법한 출처가 또 있다. 오웰은 1938년 6월 『뉴 잉글리시 위클리New English Weekly』에 유진 라이언스Eugene Lyons가 쓴 『유토피아 통신Assignment in Utopia』에 대해 서평을 썼는데, 이 책 제2권 15장의 제목이 "둘 더하기 둘은 다섯Two Plus Two Equals Five"이다. 1930년대에 소련에 머물렀던 경험을 담은 『유토피아 통신』에서 라이언스는 이렇게 기록하고 있다.

산업화는 거대한 굉음, 그리고 광기 어린 전쟁의 함성과 함께 전진했다. 건설, 공장 산출, 새로운 집단농장과 국영 농장 등에 대한 보도들이 1면에서 다른 기사를 모두 밀어냈다. 경고의 징후가 계속 있기는 했다. 이곳 저곳의 경제 전선에서 일탈이 일어났고, 태업도 있었으며, 엔지니어나 경영자가 갑작스럽게 체포돼 처형되기도 했다. 그럼에도 모든 곳에서 계획은 달성되었고, 심지어 초과 달성되었다. 새로운 에너지와 열정이, 그리고 새로운 위협이 그 효과를 발하고 있었다. (…)

낙관주의가 마구잡이로 내달리고 있었다. 통계 수치상의 모든 성공은 그 성공을 달성시킨 억압적 정책들을 정당화하는 논리가 되었다. 계획에 차질이 생겨도 이 역시 그 억압적 정책들을 더욱더 밀어붙이도록 독려하는 자극제로 활용됐다. "5개년 계획을 4년 안에"라는 슬로건이 나왔으며 "4년에 5년을"이라든가 "2 + 2 = 5"와 같은 마법의 상징이 여기저기 현수막으로 내걸리고 곳곳에서 구호로 외쳐졌다.

"2 + 2 = 5"라는 공식은 즉각적으로 내 눈길을 끌었다. 내게는 그것이 대담하면서도 터무니없게 여겨졌다. 소비에트에서 보이는 광경들의 그 거침없음, 역설, 비극적인 불합리함, 신비로울 정도의 단순성, 논리의 결여, 이 모든 것들이 조롱하는 듯한 공식 하나로 환원되는 것 같았다. 2 + 2 = 5. 모스크바 주택 앞의 전깃불에서도, 30센티미터 크기의 글자들이 쓰여 있는 현수막에서도, 계획된 오류, 과장 광고, 비뚤어진 낙관주의를 볼 수 있었다. 무언가 유치하게 고집 불통이면서 놀라울 정도로 창의적이기도 한. 2 + 2 = 5 ......

　라이언스가 5개년 계획의 마법 공식을 받아들일 수 없었다면, 이는 힘겨운 어린 시절을 겪으며 갖게 된 현실 감각 때문이었을 것이다. 라이언스는 1898년에 당시에는 러시아제국에 속해 있었던 벨라루스에서 태어났고 뉴욕의 가난한 동네에서 어린 시절을 보냈다. 1차 대전 때 미군으로 복무했으며, 그 이후에는 급진 운동에 참여해서 사코와 반제티 사건 때 이들의 무죄를 주장하는 책을 냈고[*] 미국 공산당을 지지했다. 저널리스트로서의 일은 『데일리 워커Daily Worker』에서 시작했다. 1923~1927년에는 소비에트 통신사 TASS에서 일했고, 1928~1934년에는 미국 통신사 UPI의 모스크바 특파원으로 근무했는데, 이때 스탈린을 인터뷰하기도 했다.

　소비에트에 도착했을 때 라이언스는 소비에트 체제에 대해 굳건한 믿음을 가지고 있었다. 소비에트 검열 당국이 영국 기자 가레스 존스Gareth Jones가 쓴 글을 거짓으로 몰기 위해 기자들을 동원했을 때 라이언스도 가담했다. 존스는 영국 수상 로이드 조지Lloyd George의 전직 비서관으로, 우크라이나 기근을 보도해서 소비에트 당국에 적잖은 당혹

---

[*] 무정부주의자들이었던 사코와 반제티는 무장 강도 살해 혐의로 체포되었는데 〔재판 과정에서 이들의 유죄가 입증되지 않았는데도〕 결국 사형당했다.

감을 준 사람이었다. 『유토피아 통신』에 실린 「기자단이 기근을 감추다The Press Corps Conceals a Famine」라는 글을 보면, 존스의 글을 거짓으로 모는 활동에 라이언스가 가담한 데는 아주 현실적인 이유가 있었던 것 같다. 라이언스는 (그리고 다른 기자들도) 소비에트 검열 당국에 협조하지 않을 경우 비자가 취소될지 모른다는 점을 걱정했던 것이다. 비자가 취소되면 소련에서 취재가 가능하다는 강점이 사라지게 되고, 그러면 대공황이 한창인 시기에 실업자가 될 테니 말이다. 기자단은 존스를 공격하는 시리즈 기사를 썼고, 비자와 직장을 유지할 수 있었다. 존스는 소련에서 쫓겨나 극동 지방에서 취재와 보도 활동을 계속하다가 1935년에 그곳에서 괴한의 공격을 받고 숨졌다. 소비에트 보안 당국이 존스의 암살을 사주했다는 설이 있다.

존스의 글을 반박하는 활동에 가담했을 때쯤이면 사실 라이언스도 소비에트의 현실을 존스만큼이나 명확하게 파악하고 있었다. 당시 소련에서는 어디에서나 떠돌이 아이들을 볼 수 있었다. 내전으로 수백만 명의 아이들이 고아가 되었고, 그중 살아남은 아이들을 기차역에서 흔히 볼 수 있었다. 당국이 이런 아이들을 잡아 수용소로 몰아넣었지만, 농업 집단화 과정에서 농민들이 죽거나 쫓겨나면서 또 다시 한 세대의 떠돌이 고아가 대거 발생했다. 소련을 방문한 서구 사람 중에는 이에 대해 언급한 사람이 거의 없지만 라이언스의 책에는 떠돌이 아이들에 대한 묘사가 나온다. 농민들을 강제로 몰아내는 광경도 마찬가지다. 라이언스는 『유토피아 통신』에서 이렇게 전하고 있다.

"지역 기차역에서 국가정치보안부의 감시하에 농민들이 떠돌이 동물처럼 트럭에 실려서 텅빈 허공을 멍하니 바라보고 있었다. 힘 없고, 누더기를 입고, 고된 노동으로 쇠약해진 이들은 선전 선동 포스터에 나오는 쿨락(부유한 농업 자본가)과는 거리가 멀었다. 군인들이 총구를 겨누고 농민들을 몰아가는 모습은 모스크바의 거리에서도 볼 수 있었다. 너무나 흔히 보이는 광경이어서 길을 걸어가는 사람들이 별스런 일이라고 여기지도 않을 정도였다."

서구 방문객들이 보고도 보지 않은 것이 또 있었다. 바로 "발루타 valuta" 상점이다. 라이언스에 따르면, 발루타를 가진 사람들은 발루타 상점에서 보통의 러시아 사람들로서는 얻기 힘든 물건을 구할 수 있었다. 좁은 의미로 발루타는 금을 팔아 구할 수 있는 입금 전표나 외환을 의미했다. 발루타 상점의 물건 가격은 루블화로 표기되어 있긴 했지만 사실은 모두 금의 가치를 기준으로 한 가격이었다. 금은 이 물건들을 구매할 수 있는 유일한 교환 수단이었다. 발루타는 '진짜 가치'라는 더 넓은 의미로도 쓰였다. 넓은 의미의 발루타는 매우 다양한 맥락에서 사용되었다. 『유토피아 통신』에서 라이언스는 이렇게 기록했다. "이 단어의 무한한 사용처 중 일부만 예를 들자면 다음과 같다. 발루타 상점, 발루타 식당, 발루타 체포, 발루타 고문, 발루타 창녀……"

라이언스는 모스크바의 어느 발루타 상점에 진열된 사치품들을 이렇게 묘사하고 있다.

흰 빵의 기적: 바삭바삭한 작은 빵덩어리들이 (…) 카운터 위에 광채를 뿜으며 쌓여 있었다. 루블화 가게에서 '흰 빵'이라고 불리는 거칠거칠한 회색 빵이 아니라 빛나는 진짜 흰 빵 말이다. 가게의 다른 쪽 끝에는 장신구 코너가 있었다. 외국인 고객을 대상으로 하는 루비나 다이아몬드는 흰 빵에서 나오는 광채의 반만큼도 빛나지 않았다. 귀금속은 내부의 차가운 빛을 내지만 흰 빵은 배고픈 러시아인들이 그것에 대해 느끼는 강한 욕망을 반사하는 프리즘과 같다. 버터, 치즈, 순한 맛의 볼가강 연어, 피가 뚝뚝 떨어질 것 같은 고깃덩어리도 있었다. 하지만 욕망의 물질이자 동시에 욕망의 상징으로서, 흰 빵은 다른 모든 것을 압도했다.

"차르 시대 동전이건, 금수저건, 장신구건, 결혼 반지건, 오래된 의치건 간에" 금을 가진 러시아인들은 발루타 상점 카운터에 그것을 내고 입금 전표를 받았다. 나중에는 유통을 원활히 하기 위해 별도의 쿠폰이 생겨서 입금 전표 자체가 화폐의 기능을 할 수 있게 되었다. 이 전표는 소비에트 루블화보다 30~60배나 가치가 더 나갔다.

발루타 상점을 이용하는 러시아인들은 위험에 처할 수도 있었다. 하지만 기아 상태의 필사적인 사람들에게 다른 방법은 없었다. 당국이 신원 검사를 하지 않을 것이라고 발표하긴 했지만, 비밀경찰은 발루타 상점들로부터 넘겨 받은 정보를 토대로 수많은 사람을 체포했다. 대부분 합법적으로 소유한 사람들이었지만, 일단 금이나 그 밖의 귀중품을 가진 것으로 의심되면 고문을 피할 수 없었다. 고문 기술은 "땀 실室",

"벌레 실쯜", "컨베이어", "얼음 처리" 등 다양했다. 의심을 받은 사람이 귀중품을 숨겨 놓은 곳을 대지 않으면 자녀가 고문당했다. 가진 귀금속이 정말로 없는 사람의 경우에는 이 과정이 아주, 아주, 길어질 수 있었다. 고문당한 사람 중에는 유대인들이 많았는데, 유대인은 미국에서 친척들이 돈을 보내 주는 경우가 있어서 귀중품을 많이 가졌을 것이라고 여겨졌기 때문이다.

서구에서 온 기자들 상당수가 발루타 고문에 대해 알고 있었지만 아무도 자신이 송고하는 기사에 그것을 언급하지 않았다. 발루타 고문을 언급하면 소비에트 당국에 저항하는 것으로 간주되어서 직장을 잃게 될 터이니 말이다. 기자들이 이런 내용을 보도하지 않은 것보다 더 이상한 일은 러시아를 방문한 서구인 중 평범한 러시아인들이 겪은 기아와 공포를 알아차리기라도 한 사람이 너무나 적었다는 사실이다.

발루타 고문이 행해진 이유 중 하나는 소비에트의 수출 불황이었다. 1930년대에 소비에트도 서구 국가들만큼이나 대공황의 타격을 심하게 받았다. 하지만 소련에서 보고 들은 것을 그대로 말해도 별로 잃을 것이 없을 만한 명사들(버나드 쇼, 레이디 에스터 등)도 소련을 방문하고 돌아가서는 소련이 이룩한 사회 진보에 대해 찬란한 글을 쏟아냈다. 확신에 찬 반反공산주의자가 되어 미국에 돌아간 라이언스는 극소수에 속하는 경우였고, 소련에 온 서구의 순례자 대부분은 그들에게 보여진 가짜 현실을 기꺼이 받아들였다. 진보라는 전망에 홀린 그들에겐 둘에 둘이 다섯이 될 수도 있다는 점을 받아들이는 것이 어렵지 않았다.

『1984』에서 오브라이언은 윈스턴에게 실재란 인간이 구성해 낸 산물이라고 이야기한다.

> 너는 실재라는 것이 객관적으로, 외부에, 그 자체로 존재하는 것이라고 믿겠지. (…) 네가 어떤 것을 보고 있다고 너 자신을 속이면서 착각에 빠질 때, 너는 다른 사람들도 네가 보는 대로 동일하게 보고 있다고 가정하고 있어. 하지만 내가 말해 주겠네. 윈스턴. 실재는 외부에 있지 않아. 실재는 인간의 마음속에 있지 다른 곳에 있지는 않아. 개인의 마음속에 있다는 것이 아니야. 개인은 실수를 할 수도 있고, 어쨌든 곧 죽어 없어질 존재이지. 실재는 개인의 마음속이 아니라 집단적이고 불멸인 당의 마음속에만 존재해. 당이 진리라고 말하는 것은 **정말로** 진리야.

오브라이언은 당이 수학의 법칙을 '어긴다'고 말하지 않는다. 그는 수학의 법칙 자체가 당이 원하는 방식대로 존재한다고 말한다. 당은 세계를 원하는 대로 다시 만들 수 있기 때문에 영원히 권력을 가질 것이다. 오브라이언은 윈스턴에게 이렇게 말한다. "당은 권력 자체를 위해 권력을 추구한다. 우리는 다른 사람들에게 좋은 것이 무엇인지에 대해서는 관심이 없어. 우리는 단지 권력에 관심이 있지. 부, 사치, 장수, 행복에도 관심이 없어. 단지 권력만이, 순수한 권력만이 우리의 관심이다." 이 권력은 무엇보다도 인간 위에 군림하는 권력이다. 하지만 이는 또한 물질계 위에 군림하는 권력이기도 하다. "물질에 대한 우리의 통제는 이미 절대적이다. (⋯) 우리가 할 수 없는 것은 없어. 투명 인간이 될 수도, 공중 부양을 할 수도 있지. 무엇이라도 할 수 있어. (⋯) 너는 '자연법칙'이라는 19세기식 생각을 없애야 해. 바로 우리가 자연의 법칙을 만드는 것이니까." 오브라이언이 만들고 있는 세상에는 오직 권력만이 존재한다. "미래의 그림을 보고 싶다면 군홧발이 인간의 얼굴을 짓밟는 모습을 상상해 보라고. 영원히 말이야."

흥미롭게도, 둘에 둘은 다섯이라는 공식에 대한 오웰의 해석은 동일한 공식에 대해 도스토옙스키가 내린 해석과 반대된다. 도스토옙스키는 유토피아주의를 '비판'하기 위해서 수학의 법칙들을 언급한다. 오웰의 『1984』에서는 둘에 둘은 '다섯'이라는 공식이 인간의 자유를 무력화시키는 것이지만, 도스토옙스키의 『지하 생활자의 수기Notes from Underground』에서는 둘에 둘은 '넷'이라는 공식이 자유의 족쇄다. 지하 생활자는 합리주의의 '수정궁'에 저항한다. 진보주의 사상가들은 자연의 법칙을 발견하고 그것에 복종함으로써 인류가 압제 없는 세상을 만들 수 있을 것이라고 믿었다. 하지만 지하 생활자가 보기에는 바로 그러한 보편 법칙(그의 표현으로는 '석벽')들이야말로 자유로 가는 길을 가로막는 요인이었다. "무슨 이유에서든 내가 그 모든 자연의 법칙과 수학의 법칙 들이 싫고 2 곱하기 2가 4가 된다는 사실이 싫다면 그런 법칙들이 내게 무슨 상관인가? 물론 내게 그럴 만한 힘이 없는 상황이라면 내 머리로 그 벽을 부수고 나갈 수는 없을 것이다. 하지만 단지 힘이 없다는 이유만으로 벽 앞에서 그 벽과 타협하지도 않을 것이다." 지하 생활자는 보편 법칙들을 따름으로써 인간의 자유를 실현하고자 하는 수정궁이 그런 법칙들에 저항하면서 행동할 수 있는 능력을 파괴할 것이라고 본다. 그에게는 그런 저항의 행동이야말로 가장 근본적인 자유인데도 말이다.

지하 생활자가 맞서 저항하는 프로젝트는 윈스턴이 맞서 저항하는 프로젝트와 반대된다. 19세기 합리주의자들은 보편 법칙들에 복종하라고 설교하지만 오브라이언은 당이 그러한 법칙들을 만들 수 있는 권력을 갖고 있다고 주장하니 말이다. 하지만 두 프로젝트 모두 동일한, 그리고 어린아이 같은 환상에 기여한다. 바로 '사고의 마술적인 전지전능함'이라는 환상이다. 두 프로젝트 모두 "인간의 정신이 실재의 척도"라는 생각을 담고 있다. 그리고 20세기에 들어서자 이 두 가지 프로젝트가 거의 구분이 가지 않을 정도로 한데 합쳐졌다. 인류가 갈등을 극복해 가면서 진보한다고 보는 마르크스-레닌주의의 변증법 논리는 라이언스가 소련에서 그 영향력을 직접 목격한 수학적 마술을 낳았다.

서구 진보주의자들이 줄곧 주장해 온 바와 달리, 라이언스가 목격한 사회는 러시아의 낙후성 때문에 생겨난 것도, 마르크스주의를 잘못 적용했기 때문에 출현한 것도 아니었다. 공산주의 프로젝트가 시도된 곳이면 어디에서든 비슷한 체제가 생겨났다. 레닌의 러시아, 마오의 중국, 차우세스쿠의 루마니아 등 많은 정권이 동일한 독재 모델의 변종이었다. 공산주의는 보편적인 자유를 목표로 한 운동에서 보편적인 독재를 위한 체제로 바뀌었다. 그것이 바로 유토피아의 논리다.『1984』

가 그렇게 강력한 이야기가 될 수 있었던 이유는 바로 이 진실을 꿰뚫고 있기 때문이었을 것이다.

하지만 오웰의 소설에도 오류가 있다. 그 오류는 '전지전능한 심문관'이라는 이미지에서 드러난다. 영원한 권력이라는 디스토피아는 환상이고, 따라서 오브라이언도 환상이다. 소비에트의 심문관들은 지속적인 공포 속에서 기를 쓰며 살아가는 관리들이었다. 그들은 자신 역시 그들이 고문하는 희생자들과 마찬가지로 권력의 필요에 따라 소모되는 자원에 불과하다는 사실을 알고 있었다. 역사의 우연성에 휘둘리지 않는 안전한 '내부당' 같은 것은 존재하지 않았다.

구소련에서 현실은 잠시 거부되었을 뿐, 당이 원하는 대로 구성되지 않았다. 그 숱한 구호들 아래에는 실제로 존재하는 세계가 있었다. 그 실제 세계에는 정신없이 내달리는 산업화로 오염된 땅과 호수가 있었고, 거대하고 무용한 프로젝트들에 희생된 수많은 사람이 있었다. 실제 세계에서 일상은 생존을 위한 약탈적인 투쟁의 장이었다. 수백만 명이 불필요하게 죽었고, 수천만 명이 망가진 삶을 겪어야 했으며, 대부분의 사람들은 삶의 흔적을 남기지 못했다. 하지만 표면 아래에서는 서구 순례자들을 홀렸던 가짜 현실을 쓸어 없애 버릴 강력한 물결이 흐르고 있었다. 소비에트의 디스토피아는 역사의 잔해물에 묻혀 버릴 또 한 조각의 쓰레기로 끝이 났다.

독재자가 당신에게 해 줄 수 있는 일

독일 저널리스트인 세바스티안 하프너Sebastian Haffner는 1938년 유대인인 약혼녀와 런던으로 도망가기 전까지 독일에서 히틀러 체제가 등장하는 것을 지켜 볼 수 있었다. 하프너는 학살 대상이 아니었던 사람들에게는 나치 독일이 집단적인 행복의 조건을 매우 성공적으로 만들어 주었다고 보았다. 1979년에 그는 이렇게 언급했다.

제3제국 시기에 인종적·정치적으로 거부당하거나 박해받은 집단에 속하지 않았던 사람들의 입장에서 보면, 그 시기에는 히틀러 이전의 독일이나 현재의 서독과 크게 다르고 현재의 동독과는 한 꼬투리에 든 두 개의 콩처럼 비슷한 특징이 하나 있었다. 역사상 가장 많은 사람들이 가정 밖의 '집단 공동체'에 속해 있었다는 점이다. 집단 활동이 공식적인 의무였건 아니었건, 사람들 대부분은 그러한 공동체에 참여하지 않는 것이 사실상 불가능했다. (…) 물론 제3제국과 현재의 동독에서 들을 수 있는 노래와 연설의 내용은 다르다. 하지만 공동체 활동, 토론과 비판, 행진과 야영, 노래와 기념식, 모범 사례 표창, 신체 훈련과 화기 훈련 등은 이 두 시기에 분간이 되지 않을 정도로 비슷했다. 그런 공동체에서 생기게 마련인 부인할 수 없는 안전감, 동료애, 행복감도 비슷했다. 사람들을 이런 행복으로 몰아넣었다는 점에서 히틀러는 의심의 여지 없이 사회주의자였다. 사실 매우 능력 있는 사회주의자였다.

그것이 **정말** 행복이었을까? 아니면 사람들은 그런 강제에 불행했을까? 오늘날 동독에는 강요된 행복에서 벗어나고자 하는 사람들이 있다. 하지만 서독에 도달하면 그들은 그와 비슷한 정도로 외로움에 대해 불평한다. 개인의 자유와 외로움은 한 동전의 양면인데도 말이다. 아마 제3제국에서도 그랬을 것이다. 우리는 집단에 속해 살아가는 인간과 개인으로 살아가는 인간 중 누가 더 행복한가의 문제를 여기에서 결론 내리고자 해서는 안 된다.

이 질문에 대해 하프너는 『히틀러를 거부하며 *Defying Hitler*』에서 나름의 답을 내린 바 있다.[*] 그가 보기에, 나치 치하에서 많은 독일인이 행복했다.

"독일인들이 예속된 상태라고들 한다. 하지만 이것은 반쯤만 맞는 말이다. 독일인들은 또 다른, 더 나쁜 상태이기도 하다. 이에 대해서는 적당한 단어가 없는데, 굳이 말하자면 그들은 '동지적 관계'에 있었다. 이는 무서울 만큼 위험한 상태이다. 그들은 환상의 나라에서 마약에 취한 삶을 산다. 그들은 끔찍스럽게 행복하고 끔찍스럽게 위신을 떨어뜨린다. 지나치게 자기만족에 빠져 있고 무한히 경멸스럽다. 너무나 자부심 넘치면서도 비열하고 잔혹하다. 그들은 사실은 늪을 기고 있으면서 자신들이 높은 산에 오르고 있다고 착각한다."

---

[*] 이 책은 독일에서 살던 시기를 기록한 회고록이다. 하프너는 1939년, 독일을 떠나 영국으로 망명한 지 얼마 안 되어 이 책을 쓰기 시작했는데, 출간은 그가 91세로 숨지고 나서 3년 뒤인 2002년에 아들의 노력으로 이뤄졌다.

하프너가 나치 독일에서 목격한 행복은 공포와 공존했다. 사실 많은 독일인에게 공포와 행복은 상충되지 않았다. 위의 책에서 하프너는 이렇게 언급했다.

유럽의 역사는 두 가지 형태의 공포를 알고 있다. 첫 번째는 살인이나 폭력을 향한 강한 충동이 대중 봉기에서 통제할 수 없이 터져 나오는 것이다. 두 번째는 승리한 국가가 권력을 행사하고 위협하기 위해 냉정하고 계산된 잔인함을 수행하는 것이다. 일반적으로 이 두 가지 공포는 각각 혁명과 압제에 들어맞는다. 첫 번째는 혁명이다. 이것은 현재의 분노와 열정, 그리고 일시적인 광기를 통해 스스로를 정당화한다. 두 번째는 압제다. 이것은 그에 앞선 혁명 시기에 벌어졌던 잔혹 행위들을 근거로 삼아 스스로를 정당화한다. 이 두 가지의 공포를 두 가지의 정당화 논리가 모두 틀렸음을 입증하는 방식으로 결합한 것이 바로 나치였다.

나치는 두 가지 형태의 공포를 하나의 체제로 합친 후, 하프너가 묘사한 '동지적 관계'를 창조하는 데에 그것을 사용했다.

나치 독일에 존재했던 집단적 유대감은 내부의 적을 계속 만들어 냄으로써 지탱되었다. 동성애자, 집시, 유대인 등은 그 이전부터 받아 온 차별에 더해 훨씬 더 적극적으로 박해를 받았다. 그리고 이는 나치 체제가 만든 도취적 집단 행복감에 꼭 필요한 요소였다.

물론, 유대인 작가 빅토르 클렘페러Victor Klemperer가 기록했듯이,

이웃이나 상점 주인이 유대인에게 끼닛거리나 초콜릿 등을 몰래 챙겨 주면서 친절을 베푸는 경우도 있긴 했다.* 다행히도 집단적인 유대가 완벽하게 전체적이지는 않았던 것이다. 그렇다고는 해도, 유대인에게 부과된 고통이 나치가 나머지 사람들에게 성공적으로 불어넣은 행복의 핵심 요소였음은 분명하다. 공동체적 기쁨이라는 묽은 귀리죽을 입맛 돌게 만들려면 잔혹함이라는 양념이 아주 많이 필요했다.

필요하다면 선거를 이용하기도 했지만 나치는 기본적으로 반란 운동이었다. 히틀러는 자유주의 공화국 체제였던 바이마르 공화국을 무너뜨리고 집권했다. 민주주의는 훼손되었고 그 대신 독재가 들어섰다. 통념대로라면, 독재에 대항하는 반란은 독재를 일으키는 반란과 양상이 다를 것이다. 또 독재에 대항하는 혁명가들이 진정으로 자유를 사랑하는 사람일 수 있다는 것도 사실이긴 하다. 하지만 그 혁명의 과정을 지나면서 그들 대부분은 역사에서 지워져 버린다.

압제자를 무너뜨림으로써 사람들은 서로를 압제할 자유를 얻는다. 종종 무정부주의적인 시기가 들어서지만 오래가지는 않는다. 질서를 원하는 욕구가 곧 널리 퍼지기 때문이다. 하지만 새로운 정권이 사회를 통합하기 위해 수행하는 정책에는 잔혹하고도 억압적인 공포가 따

---

* 클렘페러는 자신과 아내(아내는 유대인이 아니었다)가 나치 시기에 겪었던 일을 일기로 남겼다. 이 일기에는 유대인에게는 애완동물이 허용되지 않는다는 규칙이 생기자 키우던 고양이를 죽여야 했던 일도 기록돼 있다.

른다. 이는 집단적인 정신병증이나 마찬가지이며 극단적인 여건에 적응하기 위해 인간이 유사 이래 사용해 왔던 반응이라는 점에서 하프너가 말한 혁명기의 살인 충동과 그리 다르지 않을 수 있다. 독재는 사리분별을 해야 하는 부담에서 사람들을 자유롭게 해 주고 증오와 폭력을 향한 금지된 충동을 공공연히 행사하도록 허락해 준다. 이러한 충동들을 사람들에게 풀어놓고, 또 그러한 충동들에 기반해 행동하면서, 독재자는 사람들에게 일종의 행복감을 준다. 이는 그들이 개인으로서는 달성할 수 없는 종류의 행복일 것이다.

프랑스에서 앙시앙 레짐이, 러시아에서 차르 체제가, 이란에서 샤왕조가, 이라크에서 후세인 정권이, 이집트에서 무바라크 정권이 무너진 것은 많은 이에게 이득을 가져다 주었을 테지만, '더 많은 자유'는 혁명이 가져다 준 이득에 포함되지 않았다. 대량 살상, 소수민족에 대한 공격, 대규모 고문, 또 다른 종류의 압제, 많은 경우에 전보다 더 잔인한 압제 등이 그 혁명이 가져온 결과였다. 인간이 자유를 사랑하는 존재라고 생각하려면 거의 모든 역사가 실수였다고 봐야 할 것이다.

물고기 철학자와 자유주의자

『저편의 해변에서*From the Other Shore*』는 러시아의 급진적인 저널리스트 알렉산드르 헤르첸Alexander Herzen이 1847년부터 1851년까지 쓴 에세이와 대화 모음집이다. 이 책에는 인간의 자유를 믿는 사람과 그에 대해 회의적인 사람 사이에 오가는 상상의 대화가 나온다. 회의주의자는 말로 선언되는 이상으로가 아니라 실제 행동으로 인간을 판단하려 한다. 자유주의자에게는 놀랍게도 회의주의자는 루소가 말한 유명한 경구를 인용한다. "인간은 자유롭게 태어났지만 어디에서나 사슬에 묶여 있구나." 하지만 회의주의자가 이 말을 꺼낸 것은 루소의 격앙된 선언에 동조하기 위해서가 아니라 그것을 비웃기 위해서이다.

"루소의 말은 역사의 법칙을 위반하고 사실들을 경멸하는 말입니다. 나는 그것을 참을 수 없습니다. 이렇게 갖다 붙이기 식의 말을 들으면 화가 납니다. 게다가 실제로는 '문제'인 것을 마치 선험적인 '사실'인 양 이야기하는 것은 위험한 일입니다. 슬프게 고개를 주억거리면서 이렇게 말하는 사람에게 당신은 뭐라고 하시겠습니까? '물고기는 하늘을 날게 태어났지만 어디에서나 물 속에 있구나.'"

자유주의자가 "그에게 무슨 근거로 물고기가 하늘을 날게 태어났다고 생각하는지 물어 봐야겠지요"라고 말하자 회의주의자는 그 질문에 대해 "물고기 철학자"가 주장할 법한 대답을 소개한다.

먼저 물고기 철학자는 물고기의 골격을 보면 손발에 해당하는 부위를 다리와 날개로 발달시키려는 경향성이 분명히 있다고 주장할 것입니다. 그러고서 완전히 쓸모없는 작은 뼈들을 보여 주면서 그것이 다리와 날개를 암시하는 증거라고 말할 것입니다. 이어서 그는 하늘을 나는 물고기에 대해 이야기하면서 물고기종이 날기를 열망할 뿐 아니라 때로는 실제로 날 수도 있다고 말할 것입니다. 이렇게 답을 한 뒤, 그는 이제 이렇게 되물으면서 자신의 입장을 정당화할 것입니다. 인간이 어디에서나 속박되어 있는 것이 사실인데도 인간이 반드시 자유로워야 한다고 주장하는 루소에게는 그 주장을 입증하라고 왜 요구하지 않느냐고 말입니다. 왜 다른 모든 것은 그것이 마땅히 존재해야 하는 방식으로 존재하는데 인간만 그와 반대입니까?

회의주의자가 헤르첸을 대신해 던진 이 질문에는 아직 답이 내려지지 않았다. 회고록 『나의 과거와 나의 생각*My Past and Thoughts*』에서 헤르첸은 인간의 역사는 환상을 추구하는 과정에서 형성되어 왔으며, 특히 근현대의 역사는 '인류'라는 환상을 추구한 결과라고 언급했다.

역사는 불합리한 것들을 통해 발전해 왔다. 사람들은 끊임없이 환상과 환영을 열망하면서, 매우 실질적인 결과들을 달성해 왔다. 그들은 백일몽 속에서 천상의 낙원을 찾기도 하고 지상의 천국을 찾기도 하면서 무지개를 따라갔다. 가는 동안 영원히 끝나지 않을 노래를 부르고, 영원히 서 있을 조각상으로 사원들을 장식하고, 로마, 아테네, 파리, 런던을 지었다. 하나의 꿈이 끝나면 또 다른 꿈이 들어선다. **가끔은** 잠이 더 가벼워지기도 하지만 절대 없어지지는 않는다. 사람들은 무엇이라도 받아들이고, 무엇이라도 믿고, 무엇에라

■ 이 회고록은 헤르첸이 망명자로 살던 1850년대에 여덟 부분으로 나뉘어 출간됐다.

도 복종할 것이며, 많은 것을 희생할 준비가 되어 있다. 하지만 두 개의 종교 사이에 벌어진 틈으로 눈부신 빛이 들어오고 차가운 이성의 바람이 불 때, 그들은 공포에 떨며 움츠러든다⋯⋯.

이 말은 회의주의자가 내린 진단을 다시 한 번 확인해 준다. 물고기 철학자들의 철학은 그들이 속한 종이 실제로 존재하는 양태나 그 종이 진정으로 원하는 바에 바탕하고 있지 않다. 물고기 철학자들의 철학은 그들 생각에 자신이 속한 종이 마땅히 이러저러해야 한다고 여겨지는 바를 바탕으로 하고 있다. 인간 사회에서 물고기 철학자들은 여러 모습으로 나타난다. 새로운 모델에 따라 인류를 다시 만들겠다며 사람들을 공포에 떨게 했던 자코뱅, 볼셰비키, 마오주의자들, 보편 민주주의를 달성하기 위한 수단이라며 끝없이 전쟁을 벌이는 신보수주의자들, 모든 세계가 그들처럼 (아니, 그들이 자기 자신이라고 믿는 존재처럼) 되기를 원한다고 생각하면서 세계 곳곳에 '인권'을 퍼뜨리기 위해 목청 높이는 자유주의자들⋯⋯.

아마도 가장 눈에 띄는 물고기 철학자 부류는 낭만주의자들일 것이다. 그들은 모든 곳에서 인간의 개인성이 억압되고 있다고 생각한다. 이들 중 가장 잘 알려진 사람으로는 『자유론On Liberty』(1859)의 저자 존 스튜어트 밀John Stuart Mill을 꼽을 수 있는데, 『자유론』은 물고기 철학의 핵심 견해를 담은 고전이라 할 만하다. 헤르첸이 『나의 과거와 나의 생각』에서 요약한 바에 따르면, 존 스튜어트 밀은 개인의 고유성, 취향, 스타일이 계속해서 손상되고 사람들이 점점 더 우둔하고 생기 없는 것들에만 관심을 쏟는 추세에 두려움을 느꼈다. 밀은 모든 것이 점점 얄팍해지고, 뻔해지고, 조야해지고, 진부해지고 있으며, 더 '존경받을 만' 할지는 몰라도 더 지루하고 평범해지고 있다는 점을 분명하게 파악했다. (…) 밀은 그의 동시대인들에게 이렇게 말한다. "그만 둬! 다시 생각해! 너는 네가 어디로 가고 있는지 알고나 있는 거야? 똑바로 봐. **너의 영혼이 사라지고 있다고!**"

하지만 그는 왜 잠들어 있는 자들을 깨우려고 하는 것일까? 그가 그들에게 어떤 출구를 마련해 주었단 말인가? (…) 밀은 오늘날의 유럽인들이 무의미한 변화들 속에서 헛되이 전전긍긍하며 살고 있다고 말한다. 밀에 따르면, '우리는 고유성을 없애 버리지만 변화를 없애지는 않는다. 그 변화를 매번 **모두가** 수행하는 한에서 말이다. 우리는 아버지 세대의 개성 있고 독특했던 옷 입는 방식을 버렸다. 그리고 1년에 두세 번 정도 우리 옷의 색상이나 재단 스타일을 바꿀 준비가 되어 있다. 하지만 다른 사람들 모두가 그렇게 하는 한에서만 그렇다. 그리고 이는 아름다움이나 편리함을 위해서가 아니라 변화 그 자체를 위해 이뤄지는 것이다!' (…) 여기에서 우리는 다시 한 번 동일한 질문에 봉착하게 된다. 대체 어떤 이유로, 대체 어떤 원칙에 의거해서, 잠들어 있는 사람들을 깨우려는 것인가? 대체 무엇의 이름으로, 사소한 것들에 매료된 무기력한 개인들을 철도, 전신, 신문, 그리고 잡다한 싸구려 물건들을 누리는 현재의 삶에 만족하지 못하고 떨쳐 일어나도록 만들어야 하는가?

물고기 철학자들은 인간이란 스스로 선택을 내릴 수 있는 삶을 원하기 마련이라고 상상한다. 하지만 인간이 남들을 따라함으로써만 만족할 수 있는 존재라면 어쩔 것인가? 유행을 따르는 대다수의 사람들은 스스로가 진정한 개인으로 존재할 능력이 없다는 걸 남몰래 알고서 그에 따라 행동하고 있는 것일 수도 있다.

자유주의자들은 모든 사람이 자유를 갈망한다고 말한다. 헤르첸은 1848년 유럽에서 일어난 혁명들이 수포로 돌아가는 것을 경험하면서 그 말을 의심하게 됐다. 헤르첸이 밀을 신랄하게 비판할 수 있었던 것도 당시 느낀 환멸 때문이었다. 하지만 모든 사람은 자유를 사랑한다는 밀의 생각이 착각이고 환상일지라도, 그런 환상이 없었다면 세상에는 지금보다 자유가 덜 존재했을지 모른다. 자유주의적인 삶의 방식이 갖는 매력은 사람들이 자신이 자유를 포기하고 있다는 것을 인식하지 못한 채로 자유를 포기할 수 있게 해 준다는 데에 있다. 자유주의 문명은 사람들이 실제로는 물속에 있으면서도 자신이 하늘을 나는 물고기라고 상상할 수 있게 해 준다. 자유주의 문명은 꿈 위에 세워져 있다.

종이로 만든 옷, 그랜드 피아노, 10억 개의 풀잎

"1913년, 1차 대전 직전에 독일 마르크, 영국 실링, 프랑스 프랑, 이탈리아 리라는 모두 가치가 거의 비슷했다. 어느 것이든 미화로 20~25센트 정도였다. 그런데 1923년 말에는 1실링이나 1프랑이나 1리라를 마르크로 바꾸려면 1,000,000,000,000 마르크 정도가 필요했을 것이다. 물론 이 무렵이면 아무도 마르크화를 받지 않으려 하였으니 교환은 실제로 일어나기 힘들었겠지만 말이다. 마르크화는 자신이 예전에 가졌던 가치의 1조 분의 1로 쪼그라들면서 죽었다. 마르크화가 죽는 데 걸린 기간은 10년이었다."

『화폐가 죽을 때: 바이마르 하이퍼인플레이션의 악몽When Money Dies: The Nightmare of the Weimar Hyper-Inflation』(1975, 2010)에서 역사학자 애덤 퍼거슨Adam Fergusson이 묘사했듯이, 돈의 죽음은 전염성 있는 광기를 불러온 엄청난 변화였다. 퍼거슨은 어느 중년 과부가 겪은 일을 통해 그 충격이 어느 정도였는지를 보여 준다. 그 여성은 은행에서 자신이 평생 저축한 돈의 가치가 4분의 1로 떨어졌다는 말을 듣고는 은행원에게 이렇게 항의한다. "그래요, 하지만 내 것은 정부 담보 증권이었다고요. 그것보다 더 안전한 것은 있을 수가 없잖아요?" 그러자 은행원은 이렇게 대답한다. "그 증권들을 보증한 국가가 어디 있습니까? 그 국가는 죽었어요."

이 여성이 남긴 일기에 따르면, 식품 가격은 1913년 가격의 100배에서 200배까지 뛰었다. 양복 값은 그렇게까지 뛰지는 않았지만, 그 양복이란 게 종이로 만든 것이었다. 이 여성은 남편이 남긴 담배로 먹을 것을 겨우 구할 수 있었다. 다른 사람들도 무엇이건 가진 것을 팔아서 살아나갔다. 금 사슬 목걸이에서 고리를 하루에 하나씩 내다 팔고,

석탄 한 덩어리로 셔츠 한 장을 구하고, 셔츠 한 장으로 감자 한 봉지를 구했다. 하지만 모두가 그렇게 운이 좋진 않았다. 이 여성은 일기에 "노인들, 은퇴한 전직 고위 관리들 등이 빈의 거리에서 날마다 굶주려 쓰러진다"고 썼다. 굶주려서 기절한 것이었다. 하지만 "사람들은 그냥 간단히 죽어 버리지는 않았다." 그들은 부르주아적 삶의 버팀목이었던 것들(그림, 카펫, 도자기, 은수저 등)을 마지막까지 내다 팔아 살아나갔다. 팔 것이 하나도 남지 않게 된 뒤에도 살기 위한 몸부림은 계속됐다.

나폴리에서도 그랬듯이, 살아남은 사람들 대부분에게서 도덕적인 존재라는 자아상은 부서졌다. 예전의 방식과 규칙을 따르면 파멸이 기다리고 있을 뿐이었다. 농민들이 휴지 조각이나 다름 없는 화폐를 받고는 먹을 것을 팔지 않으려는 상황에서, 사람들이 의지할 수단이라곤 약탈밖에 없었다. 퍼거슨에 따르면, 농민들이 도시로 농산물을 보내지 않으려 하자 도시 사람들이 농촌에 가서 농산물을 약탈해 오는 일이 벌어지곤 했다. 퍼거슨의 책에는 앞서 언급한 과부의 딸이 오스트리아 린츠에서 약탈 광경을 목격하는 대목이 나온다. 그 딸은 린츠의 교회에 가다가 보통은 한적했던 도로에서 "온갖 희한한 모습의 사람들"을 보았다. 어떤 남자는 모자를 세 개나 겹쳐 쓰고 있었고, 어떤 사람들은 통조림을 가득 쌓은 수레를 끌고 가고 있었다. 또 어떤 사람들은 넝마가 된 옷을 새 옷으로 갈아 입고 있었다. 그중 한 여성이 말했다. "서둘러요. 안 그러면 아무것도 남아 있지 않을 거예요." 린츠는 "지진이라도 났던 것 같았다." 가게들은 다 털리고 부서졌다. 말과 짐마차도 사람들이 죄다 훔쳐 갔다. 누군가가 훔쳐 가려다 경찰이 오는 바람에 버리고 간 짐마차에는 죽은 돼지와 닭들이 아무렇게나 쌓여 있었다. 도살되어 그 자리에서 살점이 뜯겨 나간 소도 있었다. 돈이 아무 가치가 없는 상황에서, 사람들은 눈에 띄는 것이면 무엇이건 소비했다.

이 시대의 특징을 꼽으라면 '만연한 비현실감'을 들 수 있을 것이다. 감이 오지 않는 숫자들이 일상에 파고 들었다. 발터 라테나우Walter Rathenau는 독일계 유대인 사업가로 1차 대전 이후에는 외무장관으로서 연합국 배상 문제를 담당했는데, 재정 당국자들이 집무실에 앉아 숫자 0을 무수히 적었다고 기록했다. "0이 아홉 개면 밀리어드다. 발음하기는 쉽지만 아무도 밀리어드가 얼마만큼의 숫자인지 상상하지 못한다. 밀리어드? 숲에 있는 나뭇잎을 세면 밀리어드 정도 될까? 초원에 있는 풀잎을 세면 밀리어드 정도 될까? 누가 그것을 알까?" 라테나우는 당시 상황을 "밀리어드의 정신착란"이라는 말로 표현했다. 그는 사회의 정신착란을 정확히 파악했고, 그것에 희생됐다. 1922년 6월 저녁, 차를 타고 집에 오는 길에 그는 암살자가 쏜 총에 맞았고 그 다음에는 폭탄이 그를 날려 버렸다.

당시 밀리어드는 10억, 빌리어드는 1조였다. 퍼거슨의 책에 따르면, 1923년 10월 무렵이면 백만 마르크보다 작은 단위의 돈은 실질적으로 유통되지 않았다. 당시 독일 주재 영국 대사에 따르면 걸인도 백만 마르크보다 작은 단위의 돈은 받지 않으려 했다. 10월 21일 경에는 영국 파운드화와 마르크화의 환율이 1대 8밀리어드였다. 26일에는 밀리어드 마르크권을 요구하는 군중이 중앙은행을 에워쌌다. 11월 1일에는 5 빌리어드 마르크권과 10빌리어드 마르크권 지폐가 나왔다.

상상도 안 되는 숫자들로 물가가 치솟는 인플레 상황이 오자 실물 투기 열풍이 일었다. 손에 잡히는 형태를 가진 물건이라면 무엇이든 귀했고, 모두가 그런 것들을 확보하려고 혈안이 되었다. 퍼거슨이 묘사했듯이, 악보도 볼 줄 모르는 사람들 사이에서 그랜드 피아노가 귀한 소유물이 되었다. 하지만 이토록 광적인 투기에 휩싸인 사람 중 실제로 자신의 부를 지키는 데에 성공한 사람은 거의 없었다. 어마어마한 액수의 돈이 풀렸지만 거의 모든 사람이 가난해졌다. 그 피아노들은 대부분 땔감으로 쓰였을 것이다.

금융의 연금술사

20세기 말에 새로운 종류의 정치 경제가 작동하기 시작했다. 과거의 자본주의는 빚의 위험성을 알고 있었다. 경제가 빌린 돈에 너무 많이 의존하지 않도록, 은행들이 대출해 줄 수 있는 금액에는 제한이 있었다. 그런데 새로운 자본주의에서는 빚이 부를 창출할 수 있는 수단으로 여겨진다. '충분히 많은 돈을 충분히 많은 사람들에게 빌려 주어라. 그러면 곧 모두 부자가 되리라.'

진짜 부는 시간이 지나면 마모되거나 녹슬어 없어지는 물건들처럼 물리적인 것이고 본질적으로 유한한 것이다. 하지만 빚은 잠재적으로 무한하다. 상환될 수 없는 지경에 이를 때까지 빚은 자기 자신을 먹고 계속해서 증식한다. 새 자본주의가 만들어 낸 비물질적인 부도 잠재적으로 무한했다. 서브프라임 모기지를 제공하는 것(빌린 사람의 소득으로는 상환이 불가능한 대출 상품을 판매하는 것)을 흔히 약탈적 대출이라고 부른다. 어떤 면에서는 사실이 그랬다. 집값이 계속해서 오르지 않는 한 돈을 빌린 사람들은 파산할 수밖에 없었다. 분명하게 수혜를 본 쪽은 상환이 되지 않을 줄을 알면서도 그 대출 상품을 판매하고 수수료를 받은 은행들뿐이었다.

하지만 다른 면으로 보자면 서브프라임 모기지는 일종의 연금술이었다. 갚을 능력이 안 되는 사람들에게 돈을 빌려 주는 것은 무無에서 부를 창조하는 방법이었다. 공장이 해외로 빠져 나가고 노동자들이 탈숙련화되어도 경제는 계속 번영할 터였다. 예전처럼 부를 땅에서 애써 끄집어 낼 필요가 없었다. 부는 누구도 특정할 수 없는 신기한 과정을 통해 마법처럼 불어났다. 옛날의 연금술사들은 기초 금속을 금으로 바꾸는 것이 자연의 법칙을 건너 뛰는 일종의 마법이라고 여겼다. 하지만 21세기 경제학자들과 경제 수장들은 그런 통찰을 갖고 있지 못했다. 연금술 실험이 익살극과 폐허로 끝났을 때 그들 대부분은 얼이 빠진 채 바라보고만 있었다.

20세기 말에 미국에서 일어난, 빚에 기반한 하이퍼 자본주의는 수명이 짧을 수밖에 없었다. 소득이 제자리걸음이거나 줄고 있는 가계는 계속 늘어나는 빚을 갚을 수 없는 법이다. 그런데 2007년에 금융 위기가 일어났을 때 대부분의 미국인은 소득이 거의 30년간 제자리걸음인 상태였다. 신용 붐에 가려서 체감되지는 못했지만 사실 대부분의 사람들은 더 가난해지고 있었다. 그러고서 새로운 미국형 정치 경제 체제가 생겨났다. 이 정치 경제 체제 아래에서는 다른 어느 나라에서보다 더 많은 사람이 감옥에 갔고, 많은 사람이 영구적으로 실업 상태가 되었으며, 많은 노동력이 비정규직화되었고, 많은 사람들이 마약 거래나 성 매매와 같은 지하경제(길모퉁이를 돌 때마다 노예 상태를 발견하게 되는 포스트모던 플랜테이션 경제)를 통해 생계를 유지했다.

몇몇 역사학자들에 따르면, 21세기 초 미국의 불평등이 노예제 사회였던 2세기 로마제국보다 심하다. 그리고 아마 현재의 미국이 2세기의 로마제국보다 더 불안정할 것이다. 종이로 만들어진 불안정한 부, 극소수만이 가지고 있는 그 부가 노동력은 줄고 경제는 공동화되어 버린 상태에서 대체 어떻게 지탱될 수 있을 것인가? 이 해결할 수 없는 문제 때문에 미국 자본주의는 번영하지 못하는 채무 노예 경제로 귀결될지 모른다.

미국의 새 자본주의가 살기 어려운 경제 체제가 된 것은 대중이 가난해졌기 때문만은 아니다. 다른 어느 나라보다 미국에서는 개인 각자의 삶이 멈추지 않는 진보의 이야기가 될 수 있다는 생각이 사람들의 심리에 많이 깔려 있다. 하지만 장기적 전망이라는 것을 기대할 수 없게 되어 버린 경제에서, 이는 말이 되지 않는 이야기다. 삶의 의미를 미래에 투사하던 사람들이 더 이상 미래가 상상되지 않는 삶을 어떻게 살 수 있을까? 이 문제에 대해, 미국에서 티 파티가 부상한 현상은 일종의 '적극적' 정신분열 상태로 가자고 제안하는 듯하다. 대중 추수적 선전 선동가들이 상상 속의 과거로 돌아가자고 약속하고 있으니 말이다.

유럽이라고 크게 다른 것도 아니다. 노동자계급은 할 노동이 없어지고 중산층은 새로운 프롤레타리아가 되고 있다. 호황이 가져온 최종 결과는 저축 고갈과 전문직 중산층의 몰락이었다. 그리스의 내핍 상태는 도시에서 농촌으로의 이주 행렬과 물물경제로의 회귀를 낳았다. 경제 발전 형태가 역행하는 것이다. 근대화와 현대화를 위해 추진한 일들이 사회를 더 원시적인 삶의 형태로 되돌리고 있는 셈이다. 이는 아이러니한 일이지만 어느 정도는 예측 가능한 일이기도 했다.

불황이 계속되면서 예전의 수동성은 저항으로 바뀌었다. 하지만 그 저항에서 사람들은 여전히 진보를 되살리려는 꿈을 꾼다. 몇 년 전만 해도 진보는 멈추지 않고 계속될 것으로 보였다. 호황기의 특징은 경제가 영원히 팽창할 수 있으리라는 신념이었다. 그리고 호황이 끝난 지금은 성장을 다시 일으키라고 우기는 소리가 도처에서 들린다. 진짜 부는 유한하다는 사실을 사람들이 아직도 받아들이지 못한 것이다. 가장 있을 법한 시나리오를 그려 보자면, 인위적으로 성장을 다시 만들어 내긴 하겠지만 그 경제는 석유 고갈, 물 부족, 기타 자연자원 고갈 등을 계기로 곧 다시 탈선하게 될 것이다.

21세기 초는 1930년대에 비견되곤 한다. 두 시대 모두 전 세계적인 혼란과 지정학적인 변동(전간기에는 유럽에서 미국으로, 오늘날에는 서에서 동으로)을 경험했다는 점에서 유사하다. 또한 1930년대에도 그랬듯이, 지금도 유럽이 자기들끼리 벌이는 분쟁에 서서히 빠져들 것이라는 예상을 할 수 있다. 물론 지금은 파시스트, 나치, 공산주의 운동처럼 전간기 유럽을 휩쓸었던 형태의 대중 운동은 없다. 또 1930년대에는 유럽 대륙 거의 전역에 독재 정권이 들어섰지만 현재는 유럽 어느 국가에서도 민주주의 체제가 그런 식으로 독재에 무너질 것 같지는 않다. 하지만 1930년대에 그랬듯이 이민족 혐오가 고개를 들고 있다. 유럽의 엘리트들이 제대로 기능하지 않는 단일 통화를 유지하겠다고 고집을 부리는 바람에 더 악화된 경제 혼란은 전간기에 나타났던 독성 정치를 21세기로 불러왔다. 1930년대에 그랬던 것처럼 오늘날에도 사람들은 소수자(이민자, 집시, 동성애자, 유대인 등)를 희생양으로 삼으려 한다.

더 근본적으로, 현재의 위기는 인간의 집단행동으로 극복될 수 없다는 점에서도 1930년대의 위기와 닮았다. 인간의 문제 가운데 장기적으로 해결이 불가능한 문제는 없다는 것도 진보의 신념이다. 마르크스는 『정치경제학 비판 요강*A Contribution to the Critique of Political Economy*』(1859)에서 "인간은 자신이 해결할 수 있는 문제만을 제기한다"고 말했다. 마르크스는 자본주의가 자기 파괴적인 모순을 갖고 있다고 본 점에서는 옳았지만 자본주의가 그것보다 더 오래 지속될 생산양식으로 이행할 것이라고 본 점에서는 틀렸다. 여러 종류의 경제 체제가 부를 생산할 수 있지만, 그렇게 오랫동안 생산할 수는 없다. 인간 동물은 생산한 것을 소비하고서, 다른 체제로 나아간다.

경제 체제의 흥망은 역사의 정상적인 과정이다. 오늘날 하나의 자본주의가 몰락하고 있지만 중국에서, 인도에서, 러시아에서, 브라질에서, 아프리카에서, 다른 종류의 자본주의가 떠오르고 있다. 자본주의는 끝나고 있지 않다. 이전에도 여러 번 그랬듯이 형태를 바꾸고 있을 뿐이다. 하지만 인구가 증가하는 시기에, 옛 자본주의와 새 자본주의가 자원을 놓고 상충하는 요구들을 어떻게 해결해 낼 수 있을지, 우리는 알지 못한다.

가장 심각한 문제들은 해결되지 않는다. 미국과 세계가 대공황에서 벗어날 수 있었던 것은 루스벨트가 추진한 어떤 정책보다도 2차 대전 시기의 대규모 동원 덕이 컸다. 오늘날 세계가 직면한 문제들도 이와 마찬가지로, 사람들이 내리는 의사 결정으로 해결되지는 않을 것이다. 그보다는 '장면의 전환'이 올 것이다. 즉 세계의 양상이 누구도 예상하거나 통제할 수 없는 방식으로 변할 것이고, 그 결과 현재 손 쓸 수 없는 문제들은 뒤에 남겨질 것이다.

휴머니즘과 비행접시

'인간은 이성적이다'라는 생각이 신념이 아니라 과학 이론이었다면 진작에 폐기되었을 것이다. 사회심리학의 고전이라 할 수 있는 『예언이 틀렸을 때*When Prophecy Fails*』(1956)를 보면 인간이 이성적이라는 가설을 무너뜨릴 놀라운 사례가 나온다. 『예언이 틀렸을 때』는 '인지 부조화'라는 개념을 창안한 리언 페스팅거Leon Festinger의 연구팀이 쓴 책으로, 1950년대 초 미국에서 발생했던 미확인 비행물체(UFO) 관련 사이비 종교 이야기를 다루고 있다. 당시 미시건 주에 살던 어느 여성이 외계에서 지적 생명체가 보내오는 메시지를 자동 기술을 통해 받았다고 주장했다. 그리고 그 메시지가 세상의 종말을 선포했다며, 1954년 12월 21일 동트기 전에 어마어마한 홍수가 세상을 휩쓸 것이라고 예언했다. 이 여성과 추종자들은 집, 직장, 배우자를 모두 버리고, 가진 것을 다른 사람들에게 모두 나누어 주고서, 멸망할 지구에서 자신을 구원해 줄 비행접시를 맞이할 준비를 했다.

페스팅거의 연구팀에게 이는 인지 부조화 이론을 검증할 기회였다. 인지 부조화 이론에 따르면, 인간은 자신이 믿는 것과 지각하는 것이 상충될 때 그것들을 사실적인 증거에 비추어 검증하지 않는다. 그보다는 자신이 가장 깊이 믿는 믿음을 취하고, 그에 상반되는 사실들을 그 믿음에 맞게 재해석함으로써 상충과 갈등을 줄인다. T. S. 엘리엇T.S. Eliot이 "번트 노턴Burnt Norton"이라는 시에서 언급했듯이 인간은 실제 현실을 잘 감당하지 못한다.

인지 부조화 이론을 검증하기 위해 페스팅거의 연구팀은 직접 그 사이비 종교 집단에 들어가서 예언된 12월 21일에 종말이 일어나지 않았을 때 사람들이 어떤 반응을 보이는지 관찰했다. 인지 부조화 이론대로, 여기 모인 사람들은 자신의 믿음이 틀렸다는 것을 받아들이려 하지 않았다. 멸망이 오지 않은 것은 자신들이 밤새 정성껏 기다리고 기도해서 종말을 막아 내었기 때문이라고 해석하면서, 예언이 실현되지 않은 것을 되려 자신들이 믿었던 바를 증명해 주는 증거로 여겼다. 믿고 기다렸던 일이 일어나지 않았지만 이는 그들의 믿음을 더 강하게 만들었을 뿐이었다. 그들은 심지어 전보다 더 열정적으로 다른 사람들을 개종시키려고 했다.

페스팅거는 그 과정을 다음과 같이 요약했다.

> 어떤 사람이 진심으로 무언가를 믿는다고 생각해 보자. 그리고 그 믿음을 위해 자신의 삶을 실제로 바쳤다고 생각해 보자. 즉 그 믿음 때문에 어떤 돌이킬 수 없는 행동들을 취했다고 생각해 보자. 그리고 마지막으로, 그에게 그 믿음이 틀렸음을 보여 주는 명백하고 부인할 수 없는 증거를 제시한다고 생각해 보자. 그러면 무슨 일이 일어날 것인가? 많은 경우, 믿음은 흔들리지 않고 오히려 그는 자신의 믿음을 전보다 더 강하게 확신하게 된다. 실제로 전보다 훨씬 강한 열정으로 다른 사람들을 자신의 믿음으로 끌어들이려는 노력을 보여 주기까지 한다.

자신의 믿음을 지키기 위해 현실을 부인하는 일은 사이비 종교에서만 일어나는 일이 아니다. 인지 부조화는 인간의 정상적인 상태다. 구세주가 곧 도래하리라는 믿음에 따라 살아가는 구세주 운동들은 인지 부조화를 아주 순수한 형태로 구현한다. 페스팅거가 언급했듯, "예수가 십자가에 못 박힌 이래, 많은 기독교인들은 예수의 재림을 바라 왔다. 특정한 날짜를 예견하는 경우도 드물지 않았다. (…) 그들은 확신에 찬 추종자들이다. 삶을 온통 내다 버리면서까지 자신을 바친다. (…) 그런데 재림은 일어나지 않는다. 그리고, 여기에 주목할 필요가 있는데, 예언된 재림이 일어나지 않는 것은 신자들을 떠나게 만들기는커녕 오히려 그 종교 집단에 새로운 활기를 준다." 종말론적인 운동들이 다 명시적으로 종교적인 것은 아니다. 페스팅거의 연구를 인용하면서, 문학 평론가 프랭크 커모드Frank Kermode는 이렇게 지적했다.

"오늘날 종말이 **임박성**imminence은 잃었는지 몰라도 종말의 그림자는 (…) 여전히 놓여 있다. 그것은 **속속들이 존재한다**immanent고 말할 수 있을 것이다."

많은 급진 운동에도 종말의 그림자가 드리워져 있다. 종말론적 신화들은 비종교적인 형태로 재생산되어 자코뱅, 볼셰비키 등 여러 혁명 운동에 영향을 미쳤다. 전혀 다른 것 같은 트로츠키주의와 20세기 말 미국의 신보수주의도 이점에서는 마찬가지였다. 소비에트 러시아의 프롤레타리아 인류는 나치 독일의 위버멘슈Übermensch였고, 다보스 포럼에 모이는 부자들이 기다리는 글로벌 프로슈머prosumer이기도 했다. 이중 어떤 종류의 인류가 등장했더라도 역사에 무언가 새로운 흔적을 남겼을 것이다. 하지만 다행히도 종말은 오지 않았고, 이 유령 중 어느 것도 현실화되지 않았다.

인간 동물만이 갖는 고유한 특성을 굳이 꼽으라면, 경험에서 교훈을 얻는 능력은 만성적으로 결여된 채로 지식만 가속적으로 쌓아 올릴 수 있다는 점일 것이다. 과학과 기술은 축적이 되지만 윤리와 정치가 다루는 문제들은 늘 반복된다. 무엇이라 불리든, 고문과 노예 상태는 보편악이다. 하지만 이러한 악들은 폐기된 과학 이론들처럼 과거의 것으로 치부할 수 없다. 보편악은 다른 이름을 가지고 되돌아 온다. 향상된 심문 기술이라며 자행되는 고문, 인신매매의 형태로 존재하는 노예제 등과 같이 말이다. 보편악이 줄어든다면 이는 문명의 진보라 말할 수 있을 것이다. 하지만 과학 지식과 달리 문명 생활의 질서에 꼭 필요한 제약들은 컴퓨터 디스크에 저장될 수 없다. 그러한 제약들은 행동의 습관으로 유지되는 것이며 한 번 깨지면 고치기가 어렵다. 인간에게 문명은 자연스러운 것이지만 그것은 야만도 마찬가지다.

과학과 역사를 통해 알 수 있는 것이 있다면, 인간은 부분적으로만, 그리고 가끔씩만 이성적이라는 사실일 것이다. 근현대 휴머니스트들은 이에 대해 간단한 해결책을 가지고 있었다. 미래에는 틀림없이 인간이 더 이성적이 될 수 있다고 그냥 믿어 버리는 것이다. 이성을 열정적으로 신봉하는 이들은 인간이 언젠가는 더 이성적인 존재가 되리라는 믿음이 다른 어떤 종교에서도 볼 수 없을 만큼 심한 맹신이라는 사실을 간과하고 있다. 그들의 믿음이 사실이려면 만물의 질서가 기적적으로 위배되어야 한다. '예수가 죽은 자들 사이에서 살아 나왔다' 는 생각이 '미래에는 인간이 태고부터 늘 그래 왔던 것과 다른 존재가 될 것이다'라는 생각보다 그리 더 이성에 반反하는 것은 아니다.

휴머니즘을 가장 광범위하게 정의한다면, 인간 동물을 '세상에서 유일한 가치를 담지하는 장소'라고 보는 견해라 할 수 있을 것이다. 고대 그리스 철학자들은 다른 동물에게 없는 이성의 능력이 있다는 점에서 인간이 특별하다고 생각했다. 이들 중 일부(가장 대표적으로는 소크라테스, 혹은 적어도 플라톤이 묘사한 소크라테스)는 인간이 이성을 사용해서 영혼의 영역에 도달할 수 있다고 믿었다. 여기서 인간의 정신이 우주의 질서를 반영한다고 보는 휴머니즘의 또 다른 믿음이 나온다. 소크라테스가 믿었을 법한 영혼의 영역은 시간을 초월한 형상들, 즉 형이상학적으로 투사된 인간의 개념들로 구성되어 있었다. 휴머니즘의 세 번째 믿음은 인간 역사란 이성이 점점 증가하면서 인간이 진보해 가는 이야기라고 보는 것이다. 이는 근대 특유의 견해로, 고대 세계의 더 현명한 사상가들에게서는 찾아볼 수 없었던 개념이다.

휴머니스트라고 여겨지는 사람들 모두가 이런 생각을 받아들인 것은 아니었다. 16세기 작가 미셸 드 몽테뉴Michel de Montaigne는 고전의 가르침에 관심을 가지고 자기 수양의 삶을 살았다는 점에서 휴머니스트로 불리지만, 인간이 다른 동물보다 우월하다고 보는 견해를 비웃었다. 또 인간의 정신이 세계를 반영한다는 개념을 받아들이지 않았고 인간이 이성 덕분에 더 좋은 삶을 살 수 있는 거라는 생각을 조롱했다. 몽테뉴에게서는 이후 근대 휴머니즘을 구성하게 되는 '진보에 대한 믿음'을 찾아볼 수 없다. 건전한 회의주의자였던 몽테뉴는 신앙의 가능성을 열어 두긴 했지만 그의 글 어디에도 소크라테스나 플라톤이 그랬던 것처럼 인간의 고유성을 주장하는 내용은 담겨 있지 않다.

오늘날의 휴머니스트들은 자신들이 전적으로 탈종교적인 세계관을 가지고 있다고 주장하면서 신비주의와 종교를 비웃는다. 하지만 인간이 유일하고 고유하다는 주장은 '초월'이라는 개념과 떼어 놓으면 뒷받침하기 힘들며 이해하기조차 어렵다. 전적으로 자연주의적인 견해*에서 보자면, 인간을 최고점으로 하는 '가치의 위계' 같은 것은 없다. 각자 자신의 욕구와 필요를 가진 수많은 동물들이 있을 뿐이다. 인간이 유일하다는 생각은 종교에서 유래한 신화다. 그리고 휴머니스트들은 그것을 과학에 끌어들여 재활용해 왔다.

휴머니스트들이 신화에 적대적이라는 것은 의미심장하다. 인간만이 가진 독특한 점이 있다면 바로 신화를 만든다는 점일 것이기 때문이다. 모든 인간 문화는 어느 정도 신화에 의해 활기를 띠지만 다른 동물에서는 그와 비슷한 것도 찾아볼 수 없다. 휴머니스트들도 신화의 지배를 받는다. 하지만 그들이 푹 빠져 있는 신화에는 자신들이 비웃는 다른 신화들이 가진 아름다움이나 지혜가 없다. 인간이 정신을 사용해 자연 세계로부터 벗어나 스스로를 고양시킬 수 있다는 신화는 소크라테스와 플라톤에게는 신비주의적인 철학의 일부분이었지만 근현대에 들어서는 진화의 언어를 덮어쓴 왜곡된 형태로 되살아났다.

---

* 세계를 창조주나 영적 영역을 통해 설명하지 않고 그 자체로 보는 견해.

사회 진화론과 관련해 유행한 이론들은 모두 빅토리아시대 사람인 허버트 스펜서Herbert Spencer의 글에서 찾아볼 수 있다.(때로는 스펜서의 글에 더 명확하게 표현되어 있다.) 그는 훗날 '사회적 다윈주의'라고 불리게 되는 이론을 설파했다. 스펜서는 인간의 역사 자체가 일종의 진화 과정이며 그 종착점은 자유 방임 자본주의일 것이라고 주장했다. 그의 영향을 받은 시드니 웹Sidney Webb과 베아트리스 웹Beatrice Webb 부처[*]는 인간 진화의 종착점이 공산주의일 것이라고 믿었다. 그들보다 더 분별 있다고 자처한 후대의 이론가들은 민주주의적 자본주의를 인류 역사의 종착점으로 제시했다. 알다시피 이 종착점들 중 어느것도 도래하지 않았다.

자연선택의 가장 중요한 특징은 '되는 대로 흘러가는 과정'이라는 점이다. 진화의 과정에는 목적도 없고 방향성도 없다. 따라서 사회의 발전이 진화 과정의 일종이라면 그것 역시 목적과 방향성을 갖지 않아야 한다. 수세대의 이론가들이 계속해서 이야기한 진화의 종착점들은 과학적으로 근거가 없다. 그것들은 언제나 다윈주의적 용어가 진보의 개념으로 변질되어 당대의 상황에 맞게 재활용된 것에 불과했다.

다윈 이후, 과학자들은 다윈의 이론을 더욱 정교하게 발전시켜서 '무작위적인 유전자 변형으로서의 자연선택'이라는 개념을 확립했다. 이와 달리, 사회에서 어떤 메커니즘을 통해 진화가 작동하고, 또 어떤

---

[*] 웹 부처는 개량적 사회주의 단체 〈페이비언협회〉의 초기 일원이며 소비에트 체제를 숭상했다.

단위에서 자연선택이 일어나는지 등에 대해서는 누구도 답을 내놓지 못했다. 진화론적 관점에서 보면, 인간의 정신이 내재적으로 진리나 합리성에 더 끌리도록 되어 있는 것은 아니다. 그리고 앞으로도 인간의 정신은 생존이라는 당면 과제에 의해서만 발전해 나갈 것이다. 사회의 변혁을 통해 인간의 합리성 또한 증가할 수 있다는 이론들은 스펜서가 자유 방임 자본주의를 설파하거나 웹 부처가 공산주의를 설파하기 위해 말했을 때만큼이나 오늘날에도 근거가 없다. 오래 전에 무너진 오류들을 되살리는 21세기 진보 신자들은 사상의 진보라는 것이 가능하지 않다는 것을 자기도 모르게 드러내고 있을 뿐이다.

휴머니스트들은 인류가 신화 없이도 살 수 있다며, 이를 부인하는 것을 염세주의라고 생각한다. 그들은 인류가 그들이 생각하는 이상적인 허구의 인간상과 더 비슷해진다면 그 결과로 진보가 이뤄질 것이라는 점을 당연히 여긴다. 이성적인 삶이란 신화가 없는 삶이어야 한다는 가정은 차치하더라도(이 가정 자체도 매우 문제가 많다), 이성적인 삶이건 아니건 간에 신화가 없는 삶은 예술이나 섹스 없는 삶과 같이 무미건조하고 인간의 본성에 어긋난다. 그것보다는 아무리 공포스럽더라도 현실이 낫다. 다행히 우리는 선택할 필요가 없다. 휴머니스트들이 기대하는 이성의 삶은 환상일 뿐이니까.

선택이라는 것을 할 수 있다면, 신화들 중에서 선택할 수 있을 뿐이다. 창세기 신화와 비교해 볼 때 인류가 더 나은 미래로 행진한다는 근대의 신화는 미신이다. 창세기 이야기가 알려 주듯이, 지식은 우리를 우리 자신으로부터 구해 주지 못한다. 우리가 전보다 더 많은 것을 알게 되었다면, 이는 우리가 환상을 불러일으킬 여지를 더 많이 갖게 되었다는 의미일 뿐이다. 하지만, 역시 창세기 신화가 알려 주듯이, 우리는 우리가 이미 알게 된 것을 없앨 방법이 없다. 오히려 다시 순수해지려는 노력은 전보다 더 좋지 않은 광기만 부를 수 있다. 창세기의 교훈은 인간 삶의 가장 중요한 영역들에서는 진보가 있을 수 없으며, 우리가 우리 자신의 본성과 벌이는 끝없는 투쟁만 존재하리라는 것이다.

현대의 휴머니스트들은 진보라는 개념을 불러내면서 두 개의 신화를 한데 합쳤다. 하나는 '이성'이라는 소크라테스의 신화이고, 다른 하나는 '구원'이라는 기독교의 신화이다. 그 결과로 나온 사상들이 앞뒤가 잘 맞지 않는다 해도 그것 자체가 바로 호소력의 원천이다. 휴머니스트들은 인류가 지식의 증가와 함께 진보해 간다고 믿는다. 하지만 지식의 증가와 문명의 진보가 함께 나아갈 것이라는 믿음은 사실이 아니고 신념이다. 휴머니스트들은 인간의 잠재력을 실현하는 것이 역사의 목적이라고 생각하지만, 합리적인 연구에 따르자면 역사는 아무런 목적도 갖지 않는다. 그들은 자연을 찬양하면서도 인류가 다른 모든 동물의 삶을 조건 짓는 자연적 한계들을 극복할 수 있다고 주장한다. 인간 자체가 자연의 우연으로 발생한 것인데도 말이다. 이 매우 불합리한 이야기는 자신이 모든 신화를 떨쳐 내었다고 믿는 바로 그 사람들의 삶에 의미를 준다.

휴머니스트들이 그들의 신화를 포기할 거라 기대할 수는 없다. 진보라는 신화는 싸구려 음악처럼 뇌를 마비시키면서 사기를 진작시킨다. 이성적인 인류는 도래할 낌새조차 보이지 않지만 휴머니스트들은 인류가 언젠가는 비이성에서 구원되리라는 확신을 오히려 더 열정적으로, 더 강하게 부여잡는다. 비행접시를 믿었던 사람들처럼, 그들도 기대와 영 딴판인 일이 벌어지면 이를 되려 자신이 믿는 바를 증명해 주는 증거라고 해석한다.

진보라는 개념은 과학과 잘 들어맞는 것처럼 보인다. 하지만 과학적 진보를 끝까지 밀어붙였을 때 우리가 알게 되는 것은 문명의 진보가 불가능하다는 사실일 것이다. 과학은 환상을 받아들여 녹여내는 용매이고, 그것이 녹여내는 환상 중에는 휴머니즘의 환상도 있다. 인간의 지식은 증가하지만 인간의 불합리는 그대로다. 과학적 탐구는 이성과 합리성을 구현하는 것일는지 모르지만, 그것이 보여 주는 바는 인간이 이성적 동물이 아니라는 사실이다. 휴머니스트들이 이를 받아들이지 않으려 한다는 점은 그것이 사실임을 확인해 줄 뿐이다.

무신론과 휴머니즘도 서로 잘 들어맞는 듯 보이지만 사실은 상충된다. 오늘날의 소위 '무신론자'들에게는 진보를 믿지 않는 것이 일종의 신성 모독이다. 인간 동물의 오류를 지적하는 것을 신성 모독 행위로 여기는 것이다. 종교가 몰락하면서 인간 정신은 신념에 더 집착하게 되었다. 이제 진정한 무신론은 종교가 아니라 세속의 신앙에 문제제기하는 데서 시작되어야 한다. 인류의 신성화를 거부하는 무신론이 있다면 그것이야말로 진정한 진보라 할 수 있을 것이다. 프로이트의 사상은 이런 종류의 무신론을 보여 준다. 하지만 프로이트는 인간 동물에 아첨하기를 거부했다는 바로 그 이유에서 거부당해 왔다. 무신론이 여전히 휴머니스트들의 종교로 남아 있는 것은 놀라운 일이 아니다. 진보의 신화를 뿌리칠 수 있다고 가정하는 것은 현대 인간에게 그들이 스스로에게 부여하는 것보다도 심지어 더 큰 진보의 역량이 있다고 간주하는 것일 테니 말이다.

현대의 신화는 세속의 언어로 이야기된 구원의 신화다. 현대의 신화와 구원의 신화 모두 확고부동한 의미를 가지고자 하는 욕구에 답한다는 점에서 닮았다. 인간은 생존하기 위해 과학을 발명했고, 일관되게 추구되기만 한다면 과학적 탐구는 신화를 갉아먹는다. 하지만 신화 없는 삶은 불가능하다. 그래서 과학은 신화로 가는 통로가 되었다. 그중에서도 두드러진 것은 '과학을 통한 구원'이라는 신화다. 진실과 의미가 충돌할 때 이기는 쪽은 의미다. 왜 그런지는 답하기 매우 까다롭다. 의미가 대체 왜 그렇게도 중요한가? 왜 인간은 살아야 할 이유가 없이는 살 수 없는가? 인간이란 삶에 무언가 중요한 것이 숨겨져 있다고 믿지 않으면 삶을 견딜 수 없는 존재이기 때문일까? 아니면 우리의 삶이 마치 읽는 법을 배우지 못한 책이라고 생각하며 언어에 너무 많은 의미를 부여하기 때문에 그렇게도 집요하게 의미를 추구하는 것일까?

2장

마지막
생각의
너머로

우리의 삶이 허구에 의해 구성된다는 점을 받아들이면

일종의 자유를 얻을 수 있을지 모른다.

아마도 이것이 인간이 획득할 수 있는 유일한 자유일 것이다.

휴머니즘의 가장 주된 결함은 인간에 대해 신경을 쓴다는 점이다. 휴머니즘
과 어떤 다른 것 사이에 우리가 받아들일 만한 허구를 창조하는 것이 가능할
지도 모른다.

– 월리스 스티븐스Wallace Stevens

프로이트의 담배와 열반으로 가는 긴 우회로

정신분석학을 창시할 때 프로이트는 자신이 과학의 새 분야를 개척
하고 있으며 이 분야는 신경학의 한 분과일 거라고 생각했다. 하지만
사실 그가 한 일은 태고부터 탐구되어 온 '인간은 어떻게 살아야 하는
가'의 문제를 다시 제기한 것이었다. 프로이트는 온전히 근대적인 사

상가였지만 역설적으로 근대의 이상들에 물음표를 던졌다. 또한 무신론을 결코 포기하지 않으면서도 종교가 가르쳐 온 핵심 통찰 하나를 분명하게 정식화했다. 바로 인간은 금이 가고 부서진 배라는 통찰이었다. 외부 세상만 인간의 충족감을 가로막는 것이 아니다. 인간은 자신 안에 충족을 가로막는 충동들을 가지고 있다. 에로스(사랑, 창조성, 생의 충동)는 인간으로 존재하는 데서 떼놓을 수 없는 부분이다. 그런데 프로이트는 타나토스(증오와 파괴를 통해 자신을 표현하는 죽음의 충동)도 마찬가지라고 생각했다. 프로이트에게 심리 치료의 목적은 이 상충하는 충동들 사이에 평화를 가져오는 것도, 한 쪽 충동이 다른 쪽을 누르고 이기게 하는 것도 아니었다. 그는 두 가지 충동 모두를 받아들일 수 있도록 정신의 변화를 이끌어 내는 것을 심리 치료의 목적으로 보았다.

인간은 내면의 변화를 필요로 한다고 본 점에서 프로이트는 태고부터 여러 형태로 존재해 온 사상의 전통을 이어가고 있다. 유사 이래 인간 동물에게는 늘 무언가 잘못된 점이 있다고 여겨져 왔다. 다른 동물은 '건강'이 자연적인 상태인지 모르지만 인간은 '병든 상태'가 정상적인 상태라고 말이다. 만성적으로 병든 존재라는 점이야말로 인간의 주된 특성 중 하나다. 모든 인간 문화권에서 심리 치료를 발견할 수 있다는 사실은 우연이 아니다. 부족사회의 샤먼에서 현대의 심리 치료사에 이르기까지, 이들은 모두 동일한 영역에서 동일한 필요에 응답한다.

프로이트는 인간이 겪는 모든 어려움을 심리적 적응의 문제로 치환하는 문화를 만들었다고 비난을 받기도 한다. 이러한 비난에는 의미심장한 점이 있다. 프로이트 이론의 핵심이 계속 거부되고 있음을 보여주기 때문이다. 프로이트는 그 이전이나 이후의 심리 치료와 달리 영혼을 치료한다고 말하지 않았다. 그가 보기에 인간 정신에서 모순과 상충이 벌어지는 것은 매우 정상적인 일이었다. 그런데 지난 한 세기 동안 (어느 면에서 보자면 프로이트 이론의 부작용으로) 이런 모순이 정상적인 상태가 아니라 질환이며, 그 질환은 치료될 수 있다는 생각이 형성됐다. 하지만 프로이트는 모순 없는 삶에 대한 희망이야말로 우리를 병들게 하는 요인이라고 생각했다. 진지한 철학과 종교라면 모두 인정했듯이, 프로이트도 인간이 아픈 동물이라는 점을 받아들였다. 그런데 프로이트의 독창적인 부분은 인간의 아픔에는 치료법이 없다는 점까지도 받아들였다는 사실에 있다.

프로이트가 로마 시대 스토아 학파의 윤리를 새롭게 다시 불러왔다는 해석도 가능할 법하다. 프로이트 사상의 도발적이고 인습 타파적인 특성은 체념을 미덕으로 보았다는 데서 단적으로 드러난다. 프로이트는 세상에 대항해 개인을 무장시키려 하면서도, 결국에 가서 이기는 쪽은 세상이라는 점 역시 잘 알고 있었다. 스토아 사상가들처럼 프로이트도 인간이 자기 운명의 주인이 될 수 없다는 것을 인정했다. 우리는 우리가 언제, 어디서, 누구의 자녀로 태어나며, 어떤 환경이 우리의 삶을 형성할지, 우리가 얼마나 많이 고통을 겪게 될지 등을 선택할 수 없다. 그런 것들은 운명이 결정한다. 그럼에도 우리에게는 어느 정도나마 자유를 행사할 여지가 있다. 스토아 철학자인 세네카는 한 편지에서 그런 자유를 다음과 같이 정의했다.

"나는 내 눈 앞에 자유를 설정하고 그것을 얻으려 애써 왔다. 그러면 무엇이 자유이냐? 자유란 어떤 상황에도, 어떤 제약에도, 어떤 우연에도, 노예가 되지 않는 것이다. 즉 운명이 〔나와〕 대등한 조건에서 싸우도록 만드는 것이다."

오늘날의 사상가들은 인간이 자기 운명을 결정할 수 있다고 믿는 경향이 있는데, 이는 운명이라는 것이 존재하지 않는다고 믿는 것이나 마찬가지다. 프로이트는 우리가 운명을 받아들이는 '태도'를 만들어 갈 수 있다는 점은 인정했지만 우리 삶을 결정 짓는 것은 우리가 아니라 운명이라고 보았다. 이점에서 프로이트는 고대의 스토아 사상가들과 맥을 같이 한다. 하지만 프로이트의 사상을 때 지난 스토아 철학으로만 보는 것은 지나친 단순화일 것이다.

스토아 철학자이자 로마의 황제였던 마르쿠스 아우렐리우스Marcus Aurelius(AD 121~180)는 〔전쟁 등〕 황제로서 수행해야 할 임무를 크게 부담스러워했는데, 만물의 체계 안에서 사람들 각자가 자기 자리를 가지고 있다는 생각으로 위안을 삼았다. 세계가 신성한 로고스에 의해 형성됐다고 믿는 기독교인들처럼 마르쿠스도 만물의 체계에 복종함으로써 평화를 찾았다. 하지만 프로이트는 자연 질서이든, 신성한 질서이든 간에 인간 외적인 질서에 복종하는 것에는 관심이 없었다. 그는 스토아 철학이 제공하는 위안도, 기독교가 제공하는 위안도, 기독교의 현대판 사도들인 휴머니스트들이 제공하는 '진보'의 위안도 받아들이지 않았다. 프로이트는 혼돈이 [구원이 오기 전의 상태가 아니라] 그 자체로 최종 상태라는 점을 인정했다. 이 점에서 프로이트는 근대적이라할 만하다. 하지만 그와 동시에 프로이트는 근대의 이상들과 명백하게거리를 두었다. 흔히들 정신분석이 개인의 자율성을 증진시켜 준다고여기지만, 아마 그 반대가 더 맞을 것이다. 휴머니스트들은 '자유 의지'라는 기독교적 신념을 따르면서 인간이 (지금은 아니라 해도 언젠가는)스스로의 삶을 선택할 자유를 갖게 될 것이라고 생각한다. 하지만 그들은 그 선택을 하는 자아 자체가 우리의 선택으로 형성된 것이 아니라는 점을 간과하고 있다.

억압된 성적 욕구에 대한 논의가 프로이트 이론의 전부는 아니다.모든 인간이 어린아이일 때 경험하는 무력함도 프로이트의 사상에서억압된 성적 욕구만큼이나 중요하다. 프로이트는 우리의 초기 경험이우리에게 지울 수 없는 흔적을 남긴다고 말한다. 정신분석은 이러한흔적들을 더 분명히 보이게 만들 수는 있어도, 그것들을 없앨 수는 없다. 정신분석의 목적은 (프로이트는 정신분석이 끝없는 과정이라고 경고했다) 개인의 운명을 받아들이는 것이다.

스토아 철학과 비슷한 면은 있지만 프로이트는 스토아 철학이 말하는 우주적 질서를 거부했듯, 스토아 철학의 윤리도 거부했다. 마르쿠스 아우렐리우스 같은 스토아 철학자들은 좋은 삶이란 미덕의 삶이라고 생각했다. 좋은 삶을 살기 위해 도덕의 경계를 넘는다는 것은 생각할 수 없는 일이었다. 그들에게 도덕적인 명령과 금지는 '우주의 법칙'

에서 나오는 행위 준칙이기 때문이었다. 하지만 프로이트는 법칙으로 지배되는 우주라는 것을 믿지 않았기 때문에 도덕에 대해서도 스토아 철학과 다른 견해를 갖고 있었다. 프로이트에게 도덕은 인간이 만들어 낸 전통과 습관 들의 집합이었다. 더 만족스런 삶을 사는 데에 방해가 된다면 도덕은 묵살되거나 변경될 수 있었다. 정복되어야 할 것은 무의식뿐만이 아니었다. '슈퍼에고'*도 정복되어야 했다. 인간 정신에서 '양심'이라고 불리는 부분인 슈퍼에고는 전적으로 '선한 삶'을 살기를 추구하며 문명 생활에 필요한 제약들을 내면화한다. 하지만 프로이트는 우리가 개인성을 주장할 수 있으려면 '도덕'에서 어느 정도 거리를 둘 수 있어야 한다고 생각했다.

니체처럼 (하지만 니체보다 더 냉철하게) 프로이트도 '선과 악을 넘어선' 삶을 상상했다. 그는 동료에게 보낸 편지에서 좋은 정신분석학자는 너무 도덕적이어서는 안 된다며 이렇게 언급했다.

"당신의 정신분석은 미덕이라는 고질적인 취약함을 안고 있습니다. 이것은 과도하게 고결한 사람이 할 법한 작업이에요. (…) [좋은 정신분석학자가 되려면] 나쁜 사람이 되고, 규칙을 넘어서고, 자신을 희생하고, 배신을 하고, 아내의 살림돈으로 물감을 사거나 모델의 방을 덥히기 위해 가구를 태우는 예술가처럼 행동해야 합니다. 그런 범죄성 없이는 진정한 성과를 얻을 수 없습니다."

---

* 독일어로 '나의 위Über-Ich', 초자아라는 뜻이다.

프로이트에게는 도덕을 잠재우는 것도 정신분석의 목적 중 하나였다. 무질서한 충동뿐 아니라 도덕 감각도 이성에 복종해야 했다. 하지만 프로이트는 이성의 통치가 결코 완벽할 수는 없다고 생각했다. 충동들은 자기들끼리 전쟁을 벌이기도 하지만 양심의 요구들과도 전쟁을 벌인다. 그리고 종종 양심의 요구들도 자기들끼리 충돌한다. 에고의 강인함은 이러한 상충들을 조화롭게 만드는 데서 드러나는 것이 아니라 그것들과 함께 살아가는 법을 배우는 데서 드러난다. 개인의 운명을 받아들인다는 것은 이런 뜻이다. 그렇다고 프로이트의 숙명주의가 수동성을 뜻하는 것은 아니었다.

어떤 면에서 인간의 삶에 대한 프로이트의 견해는 19세기 독일의 염세주의 철학자 아르투어 쇼펜하우어Arthur Schopenhauer의 사상과도 비슷하다. 프로이트는 말년이 되어서야 쇼펜하우어의 저서를 읽었다고 한다. 하지만 그는 쇼펜하우어가 자신보다 앞서 정신분석의 근본적인 통찰을 예견했다고 인정했다. "무의식적 정신 작용의 존재를 알게 된 것이 삶과 과학에 얼마나 중대한 의미를 가지는지를 파악한 사람은 거의 없을 것이다. 하지만, 서둘러 말해 두자면, 그 첫걸음을 뗀 것은 정신분석이 아니었다. 선구자라 불릴 만한 철학자들이 있는데, 쇼펜하우어를 대표적으로 꼽을 수 있다. 쇼펜하우어가 말한 무의식적 '의지'는 정신분석이 이야기하는 정신의 충동과 같다." 또한 쇼펜하우어도 섹슈얼리티가 인간 삶의 가장 원초적인 추동력이라고 보았다. 쇼펜하우어는 이렇게 언급한 바 있다. "성적 욕망은 인간이 행하는 모든 노력의 궁극적인 목적이다. 그것은 심지어 목사의 설교집이나 철학자의 원고 사이에까지 어떻게 사랑의 편지와 머리카락을 끼워 넣을지 알고 있다." 이는 프로이트에게서도 나올 수 있었을 법한 통찰이다.

프로이트와 쇼펜하우어 둘 다 인간의 삶을 결정 짓는 것은 의식적인 정신이 아니라고 보았고, 그 점에서 서구의 지배적인 전통과 결별했다. 우리가 우리의 선택이라고 생각하는 것 아래에는 우리를 지배하는 무의식적 의지가 있다. 근본적으로는 이 세상 자체가 의지다. 신체의 욕망을 통해 자신의 표현처를 찾아내는 에너지의 장인 것이다. 프로이트는 자칭 '야성의 정신분석학자' 조지 그로데크George Groddeck의 개념을 빌려서 이러한 내면의 에너지 흐름을 '이드'(독일어로 '그것'이라는 뜻이다)라고 불렀다. 그로데크는 이 용어를 니체에게서 따왔는데, 사실 니체는 이 개념을 쇼펜하우어에게서 빌려 왔다. 프로이트의 심리학에서 말하는 '이드'는 쇼펜하우어의 형이상학에서 말하는 '의지'다.

프로이트와 쇼펜하우어 모두 세상을 끝없는 투쟁의 장이라고 여겼다. 하지만 쇼펜하우어는 구원의 가능성을 이야기한다. 이 부분이 프로이트가 쇼펜하우어와 달라지는 지점이다. 쇼펜하우어는 인간의 자율성이 환상이라는 점을 인정하면서도 '환상으로부터의 해방'이라는 전망을 계속 이야기한다. 쇼펜하우어는 자아를 뒤흔들어 없애 버림으로써 삶을 '완전한 일체감의 대양적 느낌oceanic feeling'에 기초하도록 만드는 것에 구원이 있다고 생각했다.

하지만 프로이트는 구원의 꿈을 이야기하지 않는다. 쇼펜하우어가 부여잡은 '환상으로부터 해방될 가능성' 자체도 환상이다. 대양적 느낌이라는 것은 분명 존재하지만 그것을 삶의 기초로 삼을 수는 없다. 살면서 어쩌다 해방과 놓여남을 경험하는 순간이 있다 해도 인간의 삶은 기본적으로 투쟁의 삶이다. 프로이트는 "이드가 있던 곳에 에고가 있게 될 것이다"라고 말했다. 프로이트는 하나됨의 감각, 완전한 일치의 감각이 마법처럼 우리를 구원해 주지는 않는다고 생각했다. 인간의 삶은 죽음으로 가는 구불구불한 길일 것이다. 그리고 종착지에 도달할 때까지 우리는 계속해서 전쟁을 겪어야 할 것이다.

프로이트 윤리학의 핵심에는 일종의 '체념'이 자리하고 있다. 하지만 그가 조언하는 체념은 세상에 복종하는 것과는 반대된다. 프로이트는 그것이 어떤 질서이든, 자아가 우주의 질서와 결합하는 상태를 그리지 않았다. 그에게 체념이란 혼돈이 그 자체로 최종 상태라는 사실을 운명으로 받아들이는 것이었다. 스토아 철학자들과 마찬가지로, 프로이트는 끊임없이 흔들리는 정신을 붙잡으려면 많은 것을 놓아야 한다는 것을 알고 있었다. 하지만 그의 목적은 마르쿠스 아우렐리우스가 추구한 (그리고 아마도 결코 찾지 못했을) 평정 상태가 아니었다. 오히려 프로이트는 영원한 불안을 받아들이는 것에 기초한 삶의 방식을 제안했다. 체념이란 운명에 휘둘리지 않을 정도로까지 자아를 쪼그라뜨리는 게 아니라 오히려 자아를 강하게 키워 운명에 대항해 자신을 밀어붙일 수 있게 만드는 것이었다.

프로이트는 자기 삶에서도 이러한 적극적 숙명주의를 실천했다. 그는 나치가 점령한 뒤에도 오스트리아에 계속 머물다가, 더 이상 버틸 수 없게 되자 결국 고향을 떠나기로 한다. 그때 게슈타포는 프로이트에게 "온전한 자유 속에서 살고 일할" 모든 기회를 가지고 있었으며 "불평할 만한 것은 하나도 없었다"고 증언하는 문서에 서명하라고 요구했다. 프로이트는 여기에 서명했다. 하지만 임의로 반어적인 말 한 줄을 더 적어 넣었다. "나는 게슈타포를 누구에게든 최고라고 추천할 수 있다." 게슈타포가 자신이 조롱받는 줄을 알아채지 못할 것이라고 생각하고서, 프로이트는 이런 상황에서도 계속해서 저항의 몸짓을 보여 준 것이다.

조금 다른 방식으로, 프로이트가 담배를 끊지 않은 것도 마찬가지였다. 프로이트는 말년에도 (빈에서도, 오스트리아를 떠난 뒤에는 런던에서도) 계속 담배를 피웠다. 담배는 그에게 "삶의 전투에서 나를 보호해 주는 무기"였다. 암 치료의 일환으로 턱 안에 보철 장치를 박아 넣어서 담배를 피우려면 지레로 보철 장치를 열어야만 했는데도 담배를 끊지 않았다. 결국 병이 악화되어 더 이상 담배를 피울 수 없게 되었을 때, 프로이트는 자신의 삶을 "무심한 대양에 떠다니는 고통의 작은 섬"이라고 묘사했다. 프로이트의 목숨이 다할 무렵, 제자 앨프리드 존스Alfred Jones가 그를 찾아왔다. 존스는 그때를 이렇게 기록하고 있다. "〔프로이트는〕 눈을 뜨고 나를 알아보더니 손을 흔들고 나서 툭 떨어뜨렸다. 무언가를 표현하는 손짓이었다. 〔그 손짓에는〕 풍부한 의미가 담겨 있었다. 만남의 인사, 작별의 인사, 체념 (…) 그 손짓은 더없이 평범하고 명확하게 '이제 남은 것은 침묵'이라고 말하고 있었다." 며칠 뒤, 의사가 약속했던 대로 프로이트의 고통을 끝내 줄 몰핀을 가져다주었다.

프로이트는 고통을 없애겠다고 쾌락을 피하지는 않았다. 고통 없이 밋밋하게 사느니 쾌락을 끝까지 즐기는 편이 낫다고 생각했던 것 같다. 암이 걷잡을 수 없이 악화되었을 때 프로이트는 안락사를 택했다. 프로이트의 삶은 인간의 의지가 운명에 대항해 자신을 밀어붙인다는 게 어떤 모습인지를 보여 준다. 하지만 그는 운명이 극복될 수 있다고는 결코 생각하지 않았다. 그토록 고집 세고 의지적인 인간이 체념을 설파한 이유이다.

정신분석의 창시자인 프로이트는 흔히 현대의 질병을 치유할 길을 연 사람으로 평가되지만 정작 그가 한 일은 '건강한 상태'에 대한 현대의 신화를 전복한 것이었다. 하지만 프로이트는 인간 정신에서 신화를 없앨 수 있다고는 보지 않았다. 그가 보기에는 정신분석 자체도 일종의 신화였다. 아인슈타인과 전쟁이 왜 발생하는가를 주제로 서신을 주고받으며, 프로이트는 정신분석을 "충동/본능에 대한 신화적인 이론"이라고 설명했다. 프로이트는 자신이 제시한 개념인 '죽음 충동'﹡도 신화일 수 있다고 언급했다. "당신에게는 우리의 이론들이 일종의 신화로 보일 것입니다. 심지어 유쾌하지조차 않은 신화이지요." 이어서

﹡ 프로이트는 이를 "모든 살아 있는 생명체 안에서 작동하고 있으며 그 생명체를 폐허로 이끌고 생명을 비활성 물질이라는 원래의 상태로 되돌리려고 하는 충동"이라고 설명한다.

프로이트는 아인슈타인에게 묻는다.

"하지만 모든 과학이 결국에는 이와 같은 신화가 아닙니까? 당신의 물리학에 대해서도 똑같이 말할 수 있지 않겠습니까?"

정신분석도 일종의 신화라고 본 프로이트에 스페인계 미국인 철학자 조지 산타야나George Santayana도 동의했다. 산타야나는 「열반으로 가는 긴 우회로A Long Way Round to Nirvana」(1933)라는 제목의 글에서 인간의 삶이 서로 경쟁하는 두 충동인 에로스와 타나토스의 지배를 받는다고 보는 프로이트의 사상에 대해 이렇게 언급했다.

프로이트가 삶에 대해 이야기한 새 신화는 꿈에 대해 이야기한 그의 옛 신화처럼 우리가 스스로에 대해 생각하는 바를 꾸짖고 계몽하기 위해 고안된 것이다. 인간의 정신은 깨어 있을 때면 자신이 문제에 봉착해 있음을 알게 된다. 인간은 먹을 것에 대해, 스트레스에 대해, 소음에 대해, 고통에 대해 그 숱한 걱정들을 하면서 도대체 이유를 알지 못할 부담에 짓눌려 있다. 또 다른 신화를 빌자면, 인간은 원죄를 가지고 태어난다. (…) 이와 동일한 통찰을 인도의 현명한 신화에서도 찾아볼 수 있다. 고래로 인도에서 도덕과 종교에 영감을 준 카르마의 원리 말이다. 이 원리에 따르면 우리는 아주 오래 전부터 쌓은 '업'을 가지고 태어난다. 어떤 특성이 부여된 채로, 그리고 아주 오랜 시간에 걸쳐 수행해야 할 과업이 부과된 채로 태어난다. 그 모든 과업들은 수많은 전생에서 우리가 미처 모르면서 행한 수많은 행위들로 엮인 매듭이며, 〔현생과 수많은 후생에〕 우리가 풀어야 할 매듭이다. (…) 자신에 대해 잘 모르는 일부 철학자들은 미래에 취하게 될 여러 다양한 변이와 복잡한 관계 들이 영혼의 발현이라고 생각한다. 하지만 프로이트가 말하듯이, 그것은 영혼의 발현이 아니라 살아 있는 생명체에 어떤 외부의 힘이 작용해서 물질 영역에서 형태를 취한 것으로 보아야 한다. 밖에서 들여다 볼 때는 영혼이 심오하고 어두워 보일지 모르지만 영혼은 전적으로 자연적인 것이다. 이것을 이해하면 억눌려 있던 젊은 열정을 드러낼 수 있고 인이 박힌 나쁜 습관들을 없앨 수 있다. 그리고 우리에게 진정으로 이로운 것이 어디에 있는지도 볼 수 있다. 자연은 우리 앞에 미리 길을 그려 두었다. 그 길에는 덫도 있지만 달맞이꽃도 있다. 그리고 그 길은 우리를 평화로 인도한다.

이어 산타야나는 프로이트의 저서 『쾌락 원리 너머*Beyond the Pleasure Principle*』(1920)에 나오는 내용을 인용한다. 프로이트는 '죽음 충동'을 살아 있는 모든 유기체가 가지고 있는 경향이라고 본다.

"충동/본능이라는 것은 살아 있는 유기체를 더 이전 상태로 돌아가 도록 몰고 가는 경향성이다. (…) 외부의 어떤 교란 요인 때문에 버려야만 했던 이전의 상태를 회복하려는 열망으로, 일종의 유기체적인 탄성, 다르게 말하면 유기체가 내재적으로 갖는 관성의 표출이라고 할 수 있을 것이다. 만약 삶의 목표가 이제까지 도달해 본 적이 없는 상태에 도달하는 것이라면 이는 충동/본능의 보수적인 속성과 맞지 않게 된다. 따라서 삶의 목적은 새로운 상태가 아니라 오히려 어떤 고대의 시작점을 향하고 있다고 보아야 한다. 그 유기체가 아주 오래 전에 떠나왔지만 모든 발달의 긴 우회로를 돌아 결국 다시 되돌아가고자 하는 시작점 말이다. (…) 모든 삶의 목표는 죽음이다."

산타야나는 프로이트가 새로운 신화를 말하고 있다는 것을 간파하고 있다. 유기체가 죽기 위해 산다는 견해는 과학으로 입증하거나 반증해서 참 거짓을 말할 수 있는 명제가 아니다. 목적이라는 개념에 기대지 않고 자연을 이해하는 것이 근대과학의 방법론이기 때문이다. 그래도 산타야나는 나름의 기준을 제시하면서 프로이트가 제시한 신화가 참이라고 말한다.

프로이트의 주장에 담긴 내용은 참이다. 그런데, 어떤 의미에서 신화를 참이거나 거짓이라고 말할 수 있을까? 도덕적 딜레마의 범주들, 혹은 문학 작품에서 읽어 낼 수 있는 인식의 심리학에서 언어를 끌어와 이야기하자면, 현상 및 사실 들과 관련해 일반적인 경향과 중심적인 사안 들을 짚어 낼 수 있느냐, 그리고 현상과 사실 들에 직면한 우리에게 현명한 감각을 불러일으켜 주느냐의 측면에서 참 거짓을 판단할 수 있을 것이다. 이런 의미로 볼 때, 나는 그리스 신화는 참이고 칼뱅주의 신학은 거짓이라고 생각한다. 프로이트의 주장은 이런 의미에서 참이다. "무의식적 소망", "쾌락 원리", "오이디푸스 콤플렉스", "나르시시즘", "검열" 등 정신분석의 주요 용어는 항상 은유였다. 하지만 이 은유들은 흥미롭고 심오한 전경을 우리에게 펼쳐 줄 수 있다. 그리고 그러한 은유들을 통해 우리는 부담도 적고 병적인 억제도 덜한 상태로 새로운 시작을 할 수 있을지 모른다.

산타야나의 기준을 적용하면 죽음 충동이라는 프로이트의 신화는 그리스 신화가 참이라는 것과 마찬가지 의미에서 참이고 진보라는 근대 신화는 칼뱅주의 신학이 거짓이라는 것과 마찬가지 의미에서 거짓이다. 프로이트의 신화는 그리스 신화만큼이나 고릿적 이야기로 들리지만(오늘날 고상한 사회에서는 누구도 충동이나 본능에 대해 이야기하지 않는다), 인간의 삶에서 지속적이고 보편적인 측면들을 잘 짚어 낸다. 물론 프로이트의 사상은 은유들로 구성돼 있지만 그것은 모든 담론이 마찬가지다.(그렇다고 모든 은유가 다 같은 종류의 은유라는 말은 아니다.) 과학과 신화는 전자가 문자 그대로의 진리를 추구하는 반면 후자는 단지 시적인 은유라는 점에서 차이가 나는 것이 아니다. 추구하는 목적은 양자가 다를지라도 과학과 신화 모두 우리가 미끄럽고 아슬아슬한 세계를 헤쳐 나가기 위해 사용하는 상징들로 구성돼 있다.

정신분석을 창시하면서 프로이트는 인간 행위도 자연 현상을 연구하는 것과 동일한 방식으로 연구할 수 있다고 생각했다. 하지만 프로이트 이론의 핵심은 인간이 스스로에 대해 파악하고 있는 지식이 매우 제한적일 수 밖에 없음을 인정해야 한다는 것이다. 인간의 세계관은 생존을 위한 동물적 투쟁에서 형성되며, 체계적이지 않고 편향되어 있다. 우리에게 그 모든 지식을 준 과학도 어쩌면 운 좋은 실수들이었는지 모른다. 게다가 우리 자신에 대한 지식은 더 큰 문제를 안고 있다. 우리가 별에 대해 무언가 새로운 지식을 알게 되어도 별은 달라지지 않지만, 스스로에 대해 새로운 것을 발견하면 이제까지의 우리와는 다른 사람이 되니 말이다.

프로이트라면 그렇다고 실망할 필요는 없다고 말할 것이다. 당신이 잃어버린 것들 중 일부를 되살릴 수 있다면 당신 자신을 다른 방식으로 볼 수 있게 될 것이다. 억눌려 있던 과거의 기억들이 의식으로 떠오르면 그런 기억의 조각들을 통해 "내가 이렇게도 살았을 수 있었겠구나" 하고 또 다른 인생 경로를 그려 볼 수 있을 것이다. 그 있었을 법한 여러 가지 인생들 중에는 당신이 어느 정도 기간 동안 실제로 살게 되는 인생도 있을 것이다. 이제까지의 당신이 어떻게 해서 그러한 당신으로 존재할 수 있었는지 알게 되면, 앞으로 살아가는 과정에서 당신이 존재하게 될 양상을 바꿀 수도 있을 것이다.

환상에서 허구로

정신분석이 적어도 부분적으로라도 신화 만들기라는 것을 인정했다는 점을 보면 프로이트가 서구의 주류 철학과 거리를 두었다는 것을 알 수 있다. 이 점에서 프로이트는 쇼펜하우어와도 달랐다. 쇼펜하우어도 프로이트처럼 인간의 삶을 이성이 이끌 수 있다는 생각은 받아들이지 않았지만, 그래도 그는 고전적인 전통 안에 있는 형이상학자였다. 세상에 대해 이야기할 수 있는 것은 '~은 ~이 아니다' 라는 부정형뿐일지라도, 그는 여전히 이 세계 자체에 대해 무언가를 이야기하고자 했다. 이와 대조적으로, 프로이트는 '물자체'에 대한 주장을 하지 않으려 했다. 프로이트의 사상은 빈의 철학자이자 물리학자 에른스트 마흐Ernst Mach(1838~1916)가 발전시킨 포스트-형이상학 철학에서 영향을 많이 받았다.

마흐는 훗날 '논리 실증주의'라고 알려지는 철학 사조를 창시한 사람이다. 논리 실증주의에 따르면 과학은 모든 종류의 인간 지식의 모델이다. 마흐는 인간이 알 수 있는 것은 그들 자신의 감각뿐이며 이 감각들에 기초해서 과학이라는 건물을 올릴 수 있다고 주장했다. 프로이트는 마흐의 견해에 동의했고 자신 역시 과학자가 되고 싶어했다. 하지만 마흐 철학의 중심에는 해결되지 않는 모순이 있다. 마흐의 사상을 이어받은 프로이트에게서도 이 모순이 드러나는데, 프로이트는 이 문제를 결코 해결하지 못했다. 마흐의 사상에서 과학은 마구잡이인 인간의 감각 경험들을 질서 지우는 도구다. 하지만 이 기능을 수행한다는 측면에서 보면 과학은 다른 사고 양태들과 크게 다르지 않다. 이 경우, 과학과 신화는 약간은 다를지언정 근본적으로 상충할 수는 없다.

프로이트가 과학과 신화의 차이를 부각하며 그 둘을 대조했을 때 간과한 사실 하나가 있다. 둘 다 감각의 혼돈을 다루는 방법들이라는 사실이다.[■] 프로이트는 오직 과학만이 지식을 생산한다는 생각을 버리지 않았다. 과학 이외의 다른 것들은 모두 환상일 뿐이었다. 하지만 그러

■ 앞 절에서 언급했듯이, 훗날 아인슈타인과 나눈 서신에서 프로이트 자신도 이 문제를 제기한다.

면서도 프로이트는 환상이 단지 오류에 불과한 것은 아니라고 생각하게 되었다. 환상은 의미를 찾으려는 인간의 욕구에 복무함으로써 삶에서 중요한 역할을 하며 신화도 마찬가지라고 말이다. 또한 프로이트는 과학 자체에도 어느 정도 신화적인 속성이 있다고 생각했다. 그런데, 이것이 사실이라면 정신에서 신화를 없애는 것(프로이트가 한때 정신분석의 목표라고 생각했던 것)은 불가능한 일이 되고 만다. 신화 없는 삶 자체가 신화인 것이다.

프로이트는 의식적인 지각의 범위를 확장하려고 노력하며 일생의 대부분을 보냈다. 그러한 프로이트가 보기에, 종교는 인간이 환상에 대한 욕구를 가지고 있음을 보여 주는 대표적인 사례였다. 하지만 프로이트 자신도 말년에 깨달았듯이 종교의 환상들은 다른 방식으로는 전해질 수 없는 진리들을 담고 있다.

종교는 환상이라는 주장을 편 종교 분석서 『환상의 미래*The Future of an Illusion*』(1927)에서 프로이트는 이렇게 언급했다.

환상은 오류와 동일어가 아니고, 환상이 꼭 오류인 것도 아니다. 우리는 소망을 충족시키는 것이 어떤 신념의 가장 중요한 동인일 경우, 그리고 그 과정에서 환상에 대해서는 사실 관계를 입증하는 것이 중요치 않다는 듯이 그 신념과 현실과의 관계를 무시할 경우, 그 신념을 환상이라고 부른다. (…) 이러한 점들을 염두에 두면서 종교가 가르치는 바에 대해 다시 생각해 본다면 역시 이렇게 말할 수 있을 것이다. 그것들은 모두 환상이다. 사실로 입증할 수 없다. (…) 그중 어떤 것들은 너무나도 일어날 법하지 않고 우리가 이 세상에 대해 그토록 열심히 배워 온 모든 지식과 반대되기에, 심리적인 차이를 적절히 감안하더라도 망상이라고까지 말할 수 있을 정도다. 그것들 대부분의 현실값은 측정되거나 평가될 수 없다. 그것들은 입증 가능하지 않듯이 반박 가능하지도 않다. 비판의 잣대를 들이대기에는, 그것들에 대해서는 너무나 알려진 것이 없다. 이 세상의 수수께끼들은 그것을 탐구하려고 아무리 노력해도 아주 천천히만 자신을 드러낸다. 과학이 대답할 수 없는 질문들이 아직 많이 있다. 하지만 과학적 작업만이 우리 외부의 실재에 대한 지식으로 우리를 이끌어 줄 수 있는 유일한 길이다.

이 시기의 프로이트에게 과학과 종교는 경쟁 관계였다. 과학이 지식의 추구라는 인간 욕구에 복무한다면 종교는 의미의 추구라는 인간 욕구에 복무한다. 환상은 인간에게 유용할 수도 있고 어쩌면 필수불가결할 수도 있다. 하지만 그렇다고 그 환상들이 참이 되는 것은 아니라고 프로이트는 주장한다. 프로이트는 인간 사고의 모든 것은 허구로 구성되어 있다고 주장한 동시대 철학자 한스 파이힝거Hans Vaihinger가 저서『'흡사-그와-같이'의 철학The Philosophy of 'As If'』에서 제시한 철학 방식을 다음과 같이 일축했다.

〔'흡사-그와-같이'의 철학에 따르면〕 우리의 지적 활동에는 근거가 없거나 불합리하다고 볼 수 있는 가정들이 많이 있다. 이것들은 '허구'라고 불리지만,

여러 가지 이유에서 우리는 '흡사' 그러한 허구들을 '믿는 것과 같이' 행동해야 한다고 한다. 또한, 인간 사회를 지탱하는 데에 막대한 중요성을 가지고 있으므로 종교의 가르침에 대해서도 이 원칙을 적용해야 한다고 말한다. 우리가 그것을 믿는 것처럼 행동해야 한다고 말이다. 이런 주장은 '크레도 퀴아 압수르둠(credo quia absurdum, 불합리하기 때문에 믿는다)'이라는 말과 크게 다르지 않다. 하지만 내 견해로는, '흡사-그와-같이' 생각하라는 요구를 따를 수 있는 사람은 철학자들뿐이다. 철학적 사고 기법을 훈련받지 않은 사람들의 사고 방식으로는 그것을 결코 받아들일 수 없을 것이다. 그들에게는 불합리, 즉 이성과 반대되는 것을 받아들인다는 것은 말할 필요도 없이 말이 안 되는 일일 터이기 때문이다.

프로이트가 위의 글에서 인용한 '불합리하기 때문에 믿는다'는 말은 3세기 기독교 신학자 테르툴리아누스Tertullian의 말이다. 불합리하니까 믿자고 말하는 것은 그 자체가 불합리한 것이다. 이것은 실패할 수밖에 없는 의식적 자기기만이다. 어떻게 우리가 허구들을 기초로 해서 살 수 있는가? 프로이트는 인간에게 그것은 불가능하다고 보았다. "아니, 우리의 과학은 환상이 아니다. 과학이 줄 수 없는 것을 다른 곳에서 얻을 수 있다고 생각하는 것이야말로 환상일 것이다." 프로이트가 여기에서 따르고 있는 실증주의 철학에서 보자면, 신화란 과학으로 반증된 원시적 이론이다. 하지만 신화, 환상, 허구를 한편에 놓고 다른 한편에 과학을 놓았을 때, 그 양자 사이의 차이는 프로이트 자신이 발전시킨 이론에서조차 그가 생각한 것보다 덜 분명하다.

프로이트는 과학이 허구가 아니라는 주장을 고수했다. 그리고 과학의 방법론이 반증을 포함하고 있는 반면(반증은 어떤 이론이 오류라는 것을 보여 주는 체계적인 시도이다) 신화와 허구는 진위의 판단을 벗어나 있다는 점도 사실이다. 하지만 과학의 역사가 우리에게 확실히 알려 주는 것이 있다면, 가장 혹독하게 검증된 이론이라 해도 여전히 오류를 가지고 있다는 사실일 것이다. 물론 우리가 사용하는 이론들은 진리에 가장 가깝다고 여겨지는 것들이지만, 그 이론들의 어느 부분이 참이고 어느 부분이 거짓인지는 알지 못한다. 그래도 우리는 그 이론들을 계속해서 사용한다. 프랭크 커모드는 허구와 신화를 구분하면서, 인간이 지어낸 것이라는 허구적 특성이 망각되면 허구는 신화로 타락한다고 언급한 바 있다. 그에 따르면 "리어왕 이야기는 허구이고 반유대주의는 타락한 허구, 곧 신화다." 하지만 과학 이론도 그것의 허구적 특성이 잊혀지면 커모드가 말한 것과 같은 의미에서 신화가 될 수 있다.

앞서 언급했듯이, 파이힝거는 모든 인간 사고가 허구로 구성되어 있다는 이론을 개진했다. 그는 '허구(픽션)'라는 공통 분모를 전제로 한 후, 다양한 인간 사고의 허구들, 특히 과학의 허구와 시나 종교의 허구를 구분했다.

(…) 우리는 과학의 허구를 같은 용어로 불리는 다른 것들과 구분하는 경계를 분명히 해야 한다.

우선, '픽티오fictio'는 '핀게레fingere'의 행위이다. 다시 말해서, 지어내고, 형성하고, 모양을 잡고, 꾸미고, 표현하고, 예술적으로 형상화하는 것, 그리고 속이고, 생각하고, 상상하고, 가정하고, 계획하고, 고안하고, 발명하는 것이다. 둘째로, 픽티오는 이러한 활동을 통해 나온 산물을 말한다. 허구적 가정, 꾸밈, 창조되고 상상된 사례 등과 같이 말이다. 이것의 가장 두드러진 특징은 제약 받지 않은 자유로운 표현이다.

종교, 시, 예술, 과학의 공통된 어머니로 여겨질 수 있는 한에서, 신화는 창조적인 역량이 자유롭게 무언가를 지어내는 활동, 상상과 환상의 활동에서 처음 표현된다. 바로 여기에서 우리는 현실에 조응하지 않는 환상의 산물들을 처음으로 발견하게 된다.

파이힝거의 설명을 받아들인다면, 과학과 신화는 동일하지 않다. 방법론이 다르고 인간의 필요 중 어떤 것을 충족시키느냐도 다르다. 하지만 우리가 알 수 없는 세계로부터 안식처를 마련하기 위해 세우는 임시변통이라는 점에서는 과학과 신화가 같다. 프로이트는 과학과 기타 사고 양태들 사이에 딱 떨어지는 경계를 긋고 싶어했지만 사실 그 둘 사이의 경계는 흐릿하고 유동적이다.

프로이트 자신도 과학과 종교 사이에 명확한 구분선을 긋지 못했다는 사실은 그 구분 자체가 얼마나 불안정한지를 보여 준다. 프로이트는 어떤 종교에도 유혹되지 않았고 그의 무신론은 견고했다. 그런데도 그는 종교가 인간의 발달에서, 그리고 정신분석을 가능하게 만드는 데에서, 다른 것으로는 대신할 수 없는 중요한 역할을 하고 있다고 생각하게 되었다. 마지막 저서 『모세와 일신교*Moses and Monotheism*』(1939)에서 프로이트는 우리가 무의식에 대해 알게 된 것은 어느 정도 일신교 덕분인지도 모른다고 언급했다. 정신분석이 과학이라면, 이 과학은 모든 환상 중에서도 가장 거대한 환상에 그 존재를 빚지고 있는 셈이다.

종교의 역사에 대한 프로이트의 설명은 참신할 정도로 비정통적이다. 흔히들 기독교의 등장으로 인간 사상에 주요한 진보가 찾아왔다고 생각하지만 프로이트는 기독교가 엄격한 의미에서 일신교가 아니며, 오히려 모세의 일신교로부터 한 걸음 퇴보한 것이라고 설명했다. 모세의 종교인 유대교는 우상을 금지하면서 '보이지 않는 실재'라는 개념을 탄생시켰다. 이로써, 전에는 존재하지 않던 방식의 자기 성찰이 가능해졌다. 신이 눈에 보이지 않는다면, 우리의 내면세계도 신이 그렇듯이 우리 인식에 잡히지 않는 것일지 모른다. 그런데 기독교는 신이 인간을 닮았다는 개념을 들여왔다. 성육신의 신화에서는 신이 심지어 인간 중 하나가 되기도 한다. 더 이상 신은 보이지 않는 존재가 아니라 신성이 깃든 인간이다. 신이 인간이라면, 적어도 우리가 우리 자신을 알 수 있는 만큼은 신에 대해서도 확실하게 알 수 있게 된다. 이렇게 해서 우리가 우리의 내면세계 중 많은 부분을 모를 수 있다는 가능성, 즉 무의식의 존재에 대한 가능성은 사라졌다.

무의식에 대한 지식을 확장하고 정신분석을 수행하는 데에 또 하나의 장애물은 소크라테스적 전통이었다. 소크라테스가 설파한 종류의 자기 성찰은 정신분석에서 수행되는 것과는 매우 다르다. 플라톤이 설명한 대로라면, 소크라테스는 인간의 정신이 논리와 윤리의 법칙에 복종한다는 점에서 우주와 같다고 믿었다. 따라서 우리가 스스로를 제대로 이해한다면 우리는 선할 수 밖에 없다. 하지만 프로이트는 이런 가정을 하지 않았다. 프로이트는, 정신의 비밀스런 작동은 논리를 무시하며(이드는 자기 모순을 막는 법칙을 알지 못한다) 옳고 그름에 무관심하다고 생각했다. 소크라테스적인 자기 성찰은 진리를 추구한다고 주장하지만 사실은 신화를 바탕으로 작동하는 것이다.

프로이트가 '환상'을 공격할 때 그 대상은 주로 종교였지만 세속적인 신화에 대한 암묵적인 공격은 그보다 더 치명적이었다. 진보의 신화는 현대 인류에게 큰 위안제 노릇을 한다. 하지만 프로이트의 목표는 또 다른 형태의 위안을 제공하는 것이 아니었다. 그에게 목표랄 게 있었다면 그것은 위안을 주는 것들 없이 사는 삶이란 어떤 것인가를 탐구하는 것이었다. 프로이트는 다음과 같은 질문을 제기한 사상가였다. 오늘날의 인간이 오늘날의 신화들 없이 살 수 있을까? 그리고 살 수 있다면, 어떻게?

최고의 허구

사유의 끝은 끝없는 의심인 것 같다. 이런 상황에 봉착한 시인 윌리스 스티븐스는 우리가 허구를 믿어야 한다고 말했다.

"최종적인 믿음은 허구를 믿는 것이다. 어떤 것이 온전히 허구임을
알면서도 그것을 믿는 것이다. 최고의 진리는 허구임을 알면서도 그
것을 기꺼이 믿는 것이다."

스티븐스는 "최고의 허구를 향한 노트Notes Toward a Supreme Fiction"
라는 유명한 시에서 위 구절의 의미를 더 깊이 탐구했다. 이 시는 논증
이 아니다. 스티븐스는 설득에는 관심이 없다. 이 시에서 그는 인간의
사고가 최종적으로 도달해야 할 것이 무엇인지에 대해 이야기한다.

그것은 반드시
가능해야만 한다……
실재인 것을 찾는 것
절대적인 것의 허구,
그 단 하나를 제외한 모든 허구를 벗겨 내는 것.
그것을 위해……

절대적인 것의 허구 하나만 빼고 다른 모든 허구들을 벗겨 내는 것
은, 위의 시에 나온 표현을 빌자면, 우리의 정신이 "그것을 넘어서면
사고가 사고로서는 더 이상 진행될 수 없는 지점"에 도달한 것이다. 그
지점에서는 우리가 그냥 선택을 해야 한다고 스티븐스는 말하는 것 같
다. 하지만 어떻게 허구들 중에서 선택을 할 수 있는가? 어떻게 진실

이 아닌 줄 알면서도 믿을 수 있는가? 프로이트가 언급했듯이, 의식적으로 허구를 선택하는 것은 "불합리하기 때문에 믿는다"는 테르툴리아누스의 명제와 같다. 프로이트는 이런 선택이 불가능하다고 보았다. 하지만 허구에 기초한 삶이 불가능할 수는 없다. 그런 삶을 우리는 날마다 살고 있으니 말이다. 우리가 우리 삶의 기초가 되는 허구들을 의식적으로 선택하지는 않을지 몰라도, 그와 상관 없이 우리의 삶은 항상 허구에 의지해 굴러간다.

이런 말이 혼란스럽게 여겨지는 이유는 '믿음'이라는 개념 때문이다. 우리는 우리의 삶이 우리 자신과 세계에 대한 믿음에 기반해 있다고 생각한다. 과학은 참인 믿음을 추구하는 것이고 종교는 궁극적인 것들에 대한 우리 믿음의 총체라고 여기는 것이다. 이런 식으로 생각하면 (이런 생각은 서구 철학의 유물이다) 믿음이야말로 지극히 중요한 것이다. '기꺼이 허구를 믿는다는 것'에 대해 시를 쓸 때 스티븐스도 이 오랜 혼란에 빠졌다. 그는 "믿음에 대한 더 좋은 지식, 즉 믿고 있는 것이 참이 아닌 줄을 아는 것"을 궁극의 지식으로 "붙잡고" 싶어했다. 하지만 허구는 의식적인 거짓이 아니다. 상상의 창조물인 허구들은 참도 거짓도 아니다. 우리는 참이라는 개념 없이는 살 수 없다.(우리가 뭐라고 생각하든 세상사는 그 나름대로 흘러가지만 말이다.) 하지만 우리는 우리가 의지하는 허구들이 사실이라고 믿지는 않고서도 살 수 있다. 조화롭지 않은 세상을 외면하려고 세상사에 대한 우리의 견해를 늘상 기우고 덧댈 필요는 없다.

불안에 떨다 믿음에 집착하는 것이야말로 서구 정신의 주된 취약함이다. 이 고착은 철학의 아버지 소크라테스로까지 거슬러 올라가는 오랜 역사를 가지고 있다.(적어도 오늘날 우리가 알고 있는 소크라테스와 그의 철학대로라면 말이다.) 하지만 서구의 몇몇 종교 사조와 그것을 계승한 휴머니즘 사조 들을 제외한 다른 곳에서는 믿음이 실천의 기반이 아니다. 여러 종교들이 베단타, 불교 변증법, 카발라 등과 같이 개념과 사상을 발달시키는 매우 정교한 방법론적 체계들을 만들어 냈다. 하지만 이것들은 믿음에 이유를 대기 위한 변명이 아니다. 베단타나 불교 변증법, 카발라 등에 실질적인 임무가 있다면, 그것은 믿음으로는 파악할 수 없는 현실을 가리켜 보여 주는 것이라 말할 수 있을 것이다. 이 점에서 이것들은 스티븐스가 말한 허구와 비슷하다.

스티븐스는 최고의 허구가 되려면 몇 가지 요건이 필요하다고 말한다. '추상적이어야 한다.' '변해야 한다.' '쾌락을 주어야 한다.' 이것들은 매우 흥미로운 요건들이다. 신화들은 시간이 지나면서 달라지는데도 시대를 초월하는 영원한 것으로 여겨진다. 스티븐스는 이렇게 묻고 있는 듯하다. 왜 명백한 것을 인정하지 않는가? 왜 우리의 삶을 구성한 허구들이 우리의 삶 자체만큼이나 달라질 수 있다는 것을 받아들이지 않는가? 허구에 쾌락을 요구하는 것은 이상해 보일지 모르겠다. 하지만 쾌락도 주지 않는다면 왜 그것을 삶의 일부분으로 받아들여야 한단 말인가? 허구는 당신이 정당화해야 할 무언가가 아니다. 그저 그것이 당신에게 왔을 때 자유롭게 받아들이면 그뿐이다. 다른 사람들도 각자 그렇게 할 것이다.

최고의 허구라는 것은 어떤 궁극의 신념이 아니라 허구를 만드는 행위다. 스티븐스는 시를 최고의 허구 가운데 하나로 봤다. 허구는 의지로 만들어질 수 없다. 우리가 원하는 대로 만들어질 수 있는 것이라면 언제든 우리가 원하는 대로 사라질 수도 있을지 모른다. 그것이 휴머니즘의 프로젝트다. 하지만 우리가 의지하는 허구는 인간이 만든 것이긴 해도 인간이 통제할 수 있는 범위를 벗어나 있다. 스티븐스는 "그저 존재하는 것에 대해서On Mere Being"라는 시에서 허구가 오는 방식을 종려나무에서 노래하는 황금새에 비유했다. 허구들은 이렇게 온다.

마음의 끝에서,

마지막 생각의 너머로⋯⋯

황금새가 노래한다. 깃털이 빛난다.

스티븐스가 말하는 "그저 존재하는 것"은, 우리의 허구가 가끔은 우리에게 알려줄지도 모르는, "순수하게 텅 비어 있는 상태"다. 우리의 가장 중요한 허구들은 이해를 넘어서는 방식으로 드러나며, 일종의 운명처럼 다가온다. 하지만 모든 사람에게 같은 운명은 아니다. 모든 사람에게, 아니 단 한 사람에게라도, 영원히 최고의 허구가 될 수 있는 허구는 없다. 최고의 허구는 꼭 가져야 할 유일한 사상이 아니다. 그런 사상은 존재하지 않는다.

우리의 삶이 허구에 의해 구성된다는 점을 받아들이면 일종의 자유를 얻을 수 있을지 모른다. 아마도 이것이 인간이 획득할 수 있는 유일한 자유일 것이다. 세계에 의미가 부여돼 있지 않다는 점을 받아들이면 우리가 만들어 낸 의미에 스스로 갇힐 일도 없다. 우리 세계에 있는 어떤 것도 실체가 없다는 것을 알게 되면 세상에서 가치라는 것이 아예 없어지지 않겠느냐고 생각할지도 모르겠다. 하지만 이러한 '아무것도 없음'이야말로 우리의 가장 귀한 재산일지 모른다. 우리 자신을 넘어서 존재하는 세상을 우리에게 열어 보여 주기 때문이다.

행복, 없어도 되는 허구

프로이트는 환자 중 한 명에게 이런 편지를 썼다. "나보다는 운명이 당신에게서 고통을 없애는 편이 더 쉬우리라는 것을 나는 의심하지 않습니다. 하지만 우리가 당신의 히스테리적인 비참함을 보통의 불행으로 바꾸는 데에 성공했을 때 얼마나 많은 것을 얻을 수 있는지 당신 스스로 보게 될 것입니다. 내면의 삶을 되살림으로써 당신은 그 불행에 맞서 싸울 무기를 더 잘 갖출 수 있게 될 것입니다." 프로이트가 보기에, 행복을 추구하는 것은 삶에서 곁길로 새는 것이나 마찬가지였다. 그는 행복보다는 무언가 다른 것을 추구하는 것이 더 낫다고 생각했다. 인간으로 존재하는 것이 흥미롭고 가치 있는 경험이라는 것을 발견하기 위해 꼭 '충족'이라는 환상이 필요하지는 않은, 그런 형태의 삶 말이다.

오늘날 유행하는 사조에 따르면, 사람은 자신이 진정으로 원하는 사람이 될 때에만 자아실현과 충족감을 얻을 수 있다. 우리 각자의 내면에는 무언가 고유한 가능성들이 있고, 그것들은 언젠가 발현되기를 기다리고 있다고 한다. 그리고 우리의 불행은 이러한 가능성들이 대부분 좌절된다는 점에 있다고 한다. 그래서 안타깝게도 많은 사람들이 진정한 자신이 될 기회를 잃어버리고 내면이 억눌린 채로 숨이 막힐 듯한 삶을 살고 있는 것이라고들 흔히 생각한다. 하지만 그렇게 생각하는 사람들은 자신이 진정 어떤 사람이 되고 싶은지 알고 있는가? 그리고 그런 사람이 되면 그들은 '행복'할까? 그렇게 너무 멀리 나아간 공상에 자기 삶을 맡기다 보면 만성적인 비참함에 빠질 뿐이다. 현실에서 사람들은 대부분 희망을 품은 혼돈 속에서 살아간다. 사람들은 행복을 추구하려 한 결과 발생한 고통 속에서 의미를 찾는다. 공허에서 벗어나려 하면서, 현대 인류는 다른 무엇보다도 이러한 행복한 비참함의 상태에 강하게 들러붙는다.

자아실현이라는 이상은 낭만주의 운동에 많은 것을 빚지고 있다. 낭만주의자들에게 지고의 성취는 고유성, 독창성이었다. 새로운 형태들을 만들어 낸다는 점에서 예술가들은 신과 마찬가지였다. 낭만주의 예술가들에게 자신의 시와 그림은 전통적인 주제의 변주가 아니었다. 그들의 작품 활동은 이 세상에 무언가 새로운 것을 창조한다는 의미였다. 그리고 이는 모든 인간의 삶이 이러한 방식으로 고유하고 독창적일 수 있다는 생각으로 이어졌다. 진정한 자아를 발견하고 그 자아대로 되어야만 사람은 행복해질 수 있다는 믿음이 생겨난 것이다.

하지만 프로이트가 보기에 발견되어야 할 진정한 자아란 것은 존재하지 않았다. 그는, 정신은 혼돈이고 그 혼돈에 질서를 부과하는 것이 이성의 임무라고 보았다. 1932년에 '전쟁은 사라질 수 없는가?' 라는 아인슈타인의 질문에 답장을 쓰며 프로이트는 이렇게 언급했다.

"물론 본능적인 삶을 이성으로 지배하는 사람들의 공동체야말로 가장 이상적일 것입니다. 사람들 사이에 감정적 유대가 없는 경우라 할지라도 완전하고 끈질기게 사람들을 융합시킬 수 있는 것은 그것밖에 없습니다. 하지만 어느 모로 보나 그것은 유토피아적 기대일 것입니다."

프로이트에게 인간의 삶은 내면의 자아라는 허구를 추구하는 과정이 아니라 에고를 짓는 과정이었다. 진정한 자아를 찾는 노력은 끝없는 실망만을 가져올 뿐이다. 당신이 어떤 특별한 잠재력도 없다면, 내면의 속성을 불러와서 어떤 성과를 내고자 노력하는 것은 고통스럽도록 잘못 쓰여버린 삶이라는 비용만 치르게 만들 뿐이다. 놀라운 재능이 있다손 치더라도, 다른 사람들 역시 그 재능에 가치를 두어야만 자아를 충족하고 실현시킬 수 있다. 아무도 원치 않는 재능을 가진 사람처럼 불행한 사람이 또 있을까? 어쨌든, 인정받기를 기다리면서 어슬렁거리는 것으로 인생을 보내고 싶은 사람은 없을 것이다. 존 애쉬버

리가 언급했듯이,

자기실현을 위한 재능

그것은 고작해야 빈터로 당신을 데려갈 뿐이다.

기껏해야 벌목장 옆, 점호 장소 정도로.

내 이름은 a로 시작하니까 앞부분에서 이름이 불리겠지.

저기 서너 사람이 모여 서 있는 곳에 가서 줄을 서면 될까?

낭만주의의 이상은 사람들에게 진정한 자아를 찾으라고 이야기하지만 그런 자아는 없다. 그렇다고 우리가 원하는 대로 자신을 만들 수 있다는 의미는 아니다. 재능이란 행운이 주는 선물이지 선택할 수 있는 것이 아니다. 갖지 못한 재능을 가졌다고 상상하면 작곡가 살리에리의 처지가 된다. 살리에리의 삶은 모차르트의 등장으로 망가졌다. 살리에리에게 능력이 없는 것은 아니었다. 인생의 상당 기간 동안 그는 성공적인 경력을 쌓았다. 하지만, 푸쉬킨 등이 묘사한 것이 사실이라면, 살리에리는 스스로를 가짜라고 의심하다 지쳐 버렸다. 자기 자신이 되라는 가르침을 받고 자란 사람들이 사는 사회는 가짜들로 가득한 사회가 될 수 밖에 없다.

자아실현이라는 개념은 근대의 허구 중에서도 가장 파괴적이다. 이 허구는 단 한 종류의 삶에서만, 아니면 아주 소수의 비슷비슷한 삶에서만 당신의 삶이 꽃필 수 있다고 말한다. 하지만 사실 사람들은 여러 가지 다양한 삶의 방식으로도 잘 살아갈 수 있다. 우리는 무언가를 실현해 내고 충족하는 것으로 정점을 찍는 삶을 행복한 삶이라고 생각한다. 아리스토텔레스 이래로 철학자들은 이렇게 되돌아보기식 방식으로 생각하라고 줄곧 가르쳐 왔다. 하지만 이는 당신의 삶을 이미 끝난 것으로 생각하라는 의미나 마찬가지다. 그리고 우리 중 누구도 자신의 삶이 어떻게 끝날지 알지 못한다. 당신이 어쩌면 되었을지도 모를 어떤 사람의 부음 기사를 쓰며 인생을 보내는 것은 살아가는 방법치곤 매우 이상한 방법이다.

행복을 삶의 목표로 삼지 않는다면, 사람들은 살아갈 방법을 더 잘 찾을 수 있을지 모른다. 행복을 간접적으로 추구해야 한다는 말이 아니다.(이 개념도 아리스토텔레스에게서 유래하는 것이다.) 그보다는, 아예 행복을 추구하지 않는 게 우리가 더 잘 살 수 있는 방법일지 모른다는 말이다. 행복을 추구하는 것은 삶이 끝나기 전에 삶을 다 살아 버리는 것이나 마찬가지다. 이런 방식의 삶에서는 당신이 무엇을 원하며 당신이 누구인지와 같은 중요한 질문에 대한 답이 이미 다 정해져 있다. 살아가면서 당신이 당신 자신에게 들려주는 이야기에 너무 집착하지 말고 그저 되어 가는 대로 당신의 삶을 만들어 가는 편이 더 나을 것이다.

나 자신을 안다는 것은 내 삶을 전보다 더 상상력 있는 이야기로 만들 수 있게 되는 것을 의미한다. 이 새로운 이야기 속에서 나를 보게 되면 나 자신이 달라질 것이다. 그러면 나의 삶은 새로운 허구에 의해 구성될 것이다. 이러한 허구들을 만들어 내는 것이 바로 프로이트가

"에고를 짓는 과정"이라고 부른 작업이다. 에고는 그 자체로 허구이며, 고정되거나 완성될 수 없다. 프로이트는 이렇게 언급했다.

"허구의 영역에서 우리는 우리가 원하고 필요로 하는 많은 삶들을 발견한다."

융, 아리아인의 무의식, 신화는 무엇이 아닌가

프로이트는 신화가 어떻게 되살아날 수 있을지에 대해서는 고려하지 않으려고 했다. 후에 결별하게 되는 프로이트의 동료 카를 융Carl Jung은 그것을 고려하면 어디로 가게 되는지를 보여 준다. 융의 사상은 그 자체의 가치 때문에 흥미롭다기보다는 어떻게 심리학이 새로운 종교의 수단이 되었는지를 보여 준다는 점에서 흥미롭다. 프로이트는 심리학이 종교가 되는 것을 늘 경계했다. 반면 융은 심리 치료사들에게 현대의 영혼을 지휘하는 사람이라는 위치를 부여했는데, 이들은 영혼을 지하 세계로 이끄는 지휘자다. 하지만 융이 인류를 데려가고자 했던 지하 세계는 융 자신의 발명품이었다. 어떤 면에서 융은 나치즘이 유럽 전역을 휩쓸 것으로 보이던 시기에 자신이 취한 행동을 가리기 위해 지하 세계를 고안한 것일 수 있다.

신화에 대한 융의 개념은 그 자신이 처음 만들어 낸 것도, 프로이트에게서 유래한 것도 아니었다. 그 개념들은 융이 정신분석을 알기 이

전, 19세기 말과 20세기 초에 독일에서 유행했던 지적 조류의 일부였다. 당시 독일에는 과학에 기초한 진화론적 종교를 발달시키려고 한 주술주의자들과 신지론자들의 운동이 매우 우세했다. 그러한 운동의 지도자격인 인물로 에른스트 헤켈Ernst Haeckel(1834~1919)을 들 수 있다. 그는 예나 대학 동물학과 교수로, 독일어권에서 많은 추종자를 거느리고 있었다. 헤켈은 과학적 물질주의와 진화론에 기초한 새로운 종교를 만들려고 했는데, 이 종교를 일원론Monism이라 불렀다. 헤켈은 유럽에 다원주의가 퍼지는 데 다른 어떤 사상가보다 크게 공헌했고 생태학을 창시하기도 했지만, 인류가 인종별로 위계를 이루며 우생학을 활용해서 특정 인구 집단의 질을 향상시킬 수 있다는 주장을 편 사람이기도 하다. 그는 이러한 생각들이 범신론적인 통합 교리로 발전할 수 있으리라고 믿었고 그것이 기독교를 대신하게 되리라고 생각했다.

19세기 말 20세기 초 무렵이면 중부 유럽 전역에 일원론자 단체들이 존재했다. 1906년에 헤켈을 중심으로 그 모임들을 아우르는 〈일원론자 연맹Monist League〉이 결성됐는데, 논리 실증주의의 창시자 에른스트 마흐, 수많은 다원주의 과학자들, 현대 사회학의 창시자 중 한 명인 페르디난트 퇴니스Ferdinand Tönnies, 영적 세계를 과학적으로 탐구하려 했던 문학평론가이자 철학자 루돌프 슈타이너Rudolf Steiner 등이 여기에 참여했다. 훗날 독일 공산당의 고위 인사가 되는 사람들과 나치의 주요 인물이 되는 사람들 중에도 많은 이들이 이곳의 회원이었다. 헤켈은 극우 민족주의자들의 비밀 조직인 〈툴레회Thule Society〉의 회원이기도 했는데, 나중에 히틀러의 부총통이 되는 루돌프 헤스Rudolf Hess도 여기 속해 있었다. 2차 대전 후에 헤켈은 동독에서 지식인 영웅으로 추앙받기도 한다.

이들에게 '진화론에 기초한 종교'는 지극히 매력적이었다. 이들은 기독교와 유대교에 맹렬한 적대감을 가지고 있었으며(헤켈을 포함한 많은 이들이 공공연한 반유대주의자들이었다) 현대 과학에 고대의 사고 양태를 결합시킬 수 있는 새로운 종교를 원했다. 헤켈은 의식적인 사고가 고대의 정신 작용에 기반해 있다고 생각했다. 또 폴키쉬Völkisch 운동▪에 관여한 사상가들은 과거에 존재했(다고 그들이 믿었)던 "유기적 문화"로 되돌아가고자 하면서, 영혼이 [개인 단위가 아니라] 민족이나 인종 단위로 존재한다는 개념을 설파했다. 독일어 폴크volk는 민속과 전통을 뜻하는 영어 포크folk와 같은 어원에서 나온 말로, 비판적인 사고의 방해를 받기 이전의 삶의 방식이나 공동체를 의미했다. 이 상상의 민속 세계를 되살린다는 것은 그 공동체의 평화를 교란할지 모르는 소수자들을 쫓아내거나 그들의 특성을 없애 버리겠다는 뜻이었다. 모든 유토피아가 그렇듯이, 폴크주의자들의 이상은 방해가 되는 요인들을 억압해야만 달성될 수 있었다.

바로 이런 분위기에서 융은 집단 무의식이라는 개념에 착안했다. 융이 말하는 집단 무의식은 원형적原型的 형상들의 저장소인데, 그 형상

▪ 나치의 극우 인종차별주의에 기반한 국수주의적 민족주의 운동

들은 사람의 정신에 꿈이나 환영으로 나타난다. 융이 프로이트와 결별한 후 발전시킨 심리 치료의 주요 목적은 이러한 형상들과 그것이 구현하는 신화들을 무의식에서부터 되살리는 것이었다. 그에게 심리 치료는 환자 개개인이 자신의 신화를 만들어가는 행위가 아니라 환자를 원형의 신화에 연결시키는 행위였다. 융은 원형의 신화가 일종의 '영원한 실재'이며, 영지주의 문헌들과 고대 연금술의 상징 기호 등에 드러난다고 보았다. 그는 이러한 영원의 실재들이 현대 인간의 정신과 다시 하나로 통합될 수 있으며 그 결과, 서로 상충하는 요인들이 조화로운 전체로 녹아들어가는 정신적 합일에 이를 수 있다고 믿었다.

융이 말한 집단 무의식이 정확히 무엇이냐에 대해서는 논란이 있다. 후기 저작들에서 융은 그것이 인간 보편적인 것이라고 주장하지만, 초기 저작들에서는 서로 다른 인간 집단들은 서로 다른 종류의 무의식 정신을 가진다고 언급하기도 했다. 나치가 정권을 잡고서 〈베를린 정신분석연구소〉가 헤르만 괴링의 사촌인 마티우스 괴링Matius Göring에게 넘어간 후 그곳에서 열린 강연에서, 융은 "아리아인의 무의식은 유대인의 무의식보다 더 상위의 잠재력을 가지고 있다"고 말한 바 있다.

융은 1936년에 "보탄Wotan"이라는 글에서 나치즘의 발흥을 고대의 폭풍과 광기의 신이 일어서는 것이라고 해석했다. 이 글에서 융은 독일에서 벌어지고 있는 혼돈이 매우 파괴적일 수 있다고 암시하면서, 그것을 긍정적으로 해석하지는 않으려고 했다. 그리고 1943년이 되면 융의 입장은 확실히 연합국 쪽으로 기운다. 그가 심리 치료를 했던 미국인 메리 밴크로프트Mary Bancroft의 중개로 융은 미국 정보기구의 정보원 역할을 하게 된다.* 융은 이러한 위치를 활용해 나치의 프로파일러로도 일하면서, 일설에 의하면 그와 동시에 히틀러를 무너뜨리기 위한 비밀 계획에서 여러 저항 세력과 접촉하는 통로 역할도 한 것으로 알려져 있다. 완전한 진실이 무엇이었는지는 알 수 없지만, 아마도 융이 나치 시기에 위험을 줄이기 위해 이곳 저곳에 분산해서 판돈을 걸었으리라고 생각해 봄직하다.

나치즘에 대한 융의 태도는 현대의 영혼을 치료하기 위해서는 새로운 종교가 필요하다는 확신과도 관련이 있었다. 여기에서 융과 프로이트의 차이는 화합할 수 없이 명확해진다. 융과 프로이트는 1910년에 편지를 주고 받았는데 이때 융은 "종교는 종교로만 대체될 수 있다"며 정신분석이 "예수를 '예언하는 포도나무의 신'으로 다시 바꾸어 내는" 것이어야 한다고 주장했다. 이에 대해 프로이트는 이렇게 언급했다.

"하지만 자네는 나를 종교의 창시자로 여기지 말아야 하네. 나는 그렇게까지 멀리 나가는 것을 의도하지 않는다네. 나는 종교를 대신할 것을 만들려는 게 아닐세. 종교에 대한 그러한 욕구는 반드시 바람직한 다른 방향으로 승화되어야 하네."

융과 달리 프로이트는 결코 자신이 영혼을 치유한다고 주장하지 않

---

* 사교계 명사였던 매리 밴크로프트는, 스위스 전략 사무국의 대표였다가 나중에 미 중앙정보국장이 되는 앨런 덜레스Allen Dulles의 애인이었다.

았다. 내면의 분열은 인간으로 존재하는 한 치러야 할 대가였다. 영혼의 분열은 상당 부분 억압된 욕망 때문에 발생하지만 프로이트는 욕망의 억압은 피할 수 없다고 보았다. 어떤 종류의 문명이든, 문명화된 삶에서는 본능적인 만족감을 잃을 수밖에 없다. 하지만 프로이트는 야만 상태가 그에 대해 매력적인 대안이라고는 여기지 않았다.

융처럼 프로이트도 전간기 유럽이 대중적 정신 질환의 나락으로 떨어지고 있다고 생각했다. 하지만 융과 달리 프로이트는 이러한 상황이 전개되는 것을 달가워한 적이 없다. 이 시기에 풀려난 활력은 신비한 지혜의 무의식 속 저장고에서 나온 신성의 힘이 아니었다. 그것들은 억압되어 있다가 내면의 제약에서 풀려난 충동들이었다. 경제가 무너져 부르주아의 삶이 그토록 피폐해지지 않았더라면 나치즘이 그렇게 끔찍하게 파괴적인 힘을 갖는 운동으로 발전하지 못했을 것이다. 하지만 전간기 유럽에 살던 대부분의 사람들에게 나치즘은 야만을 약속한다는 점 때문에 매우 큰 호소력을 발휘했다. 프로이트는 그 호소력을 이해했지만 그것에 동참하려고는 하지 않았다. 현대 문명이 병증을 가지고 있는 것은 사실일지 모르지만 그것은 인간 동물 자체도 마찬가지였다. 프로이트는 광기를 받아들인다고 해서 영혼이 온전한 통합체가 되는 것은 아니라고 생각했다.

융과 프로이트의 차이는 융이 신화를 찬양한 반면 프로이트는 정신에서 신화를 없애고자 했다는 점에 있는 것이 아니다.(때로 프로이트가 정신에서 신화를 없애고자 한 건 사실이기는 했지만 말이다.) 둘의 근본적인 차이는 신화를 서로 다르게 이해하고 있었다는 데에 있다. 융은 신화를 창조하려는 충동이 인간을 영혼의 영역에 연결시켜 주는 요인이라고 믿었지만 프로이트는 그것이 자연적인 역량이라고 생각했다. 인간의 삶이 어떤 기억이나 충동의 억압을 필요로 한다면, 인간의 삶은 신화 또한 필요로 한다. 억압은 단지 욕망의 표현을 막는다는 의미만 있는 것이 아니다. 사회가 갑자기 부서져 나가면, 유아기 때 느끼는 속수무책의 무력감과 정신의 급진적인 교란이 발생하게 된다. 인간 동물은 망각을 통해 이런 트라우마를 흡수한다. 하지만 이런 종류의 망각은 전체적이지도 최종적이지도 않다. 억압된 기억들은 내면의 장애와 불안정이라는 증상으로 되돌아온다. 그리고 신화로도 되돌아온다.

신화의 필요성은 인간 정신의 분절에 대한 프로이트의 설명에서 자연스럽게 도출된다. 신화는 우주의 저장고에 들어 있는 영원한 원형이 아니다. 우리 시대에 신화들은 유동적이고, 찰나적이며, (즉각적으로 수백만 명의 사람들에게 전파될 수 있긴 하지만) 매우 개인적이다.

근미래에 대한 신화들

오전 8시가 막 지난 시각, 케런즈는 호텔 발코니에서 밖을 내다보았다. 석호 동쪽편으로 400미터쯤 떨어진 곳에 폐허가 된 백화점 건물들이 있고, 그 옥상 위로 거대 겉씨식물들이 무성하게 자라 숲을 이루고 있다. 그 숲의 뒤쪽에서 해가 떠오르고 있었다. 커다란 황록색 잎들이 그늘을 만들었지만 태양의 무자비한 위력은 분명하게 느껴졌다. 내리꽂히는 햇빛이 케런즈의 맨가슴과 어깨에 닿았고 그는 땀을 흘리기 시작했다. 케런즈는 눈을 보호하기 위해 짙은 선글라스를 꼈다. 태양은 이제 테두리가 명확한 동그라미가 아니라 경계선 없이 널리 퍼져 동쪽 지평선을 물들이는 타원형의 거대한 불덩이였다. 납빛이던 석호의 표면이 햇빛을 받아 눈부신 구릿빛 방패가 되었다. 4시간쯤 지나 정오 무렵이 되면 석호의 물은 불이 붙은 듯이 뜨거워질 것이다.

J. G. 발라드J. G. Ballard가 쓴 『물에 잠긴 세계The Drowned World』 (1962) 시작 부분에서 주인공 로버트 케런즈 박사는 폐허가 된 리츠 호텔의 위층 창문에서 기후변화로 달라져 버린 런던의 풍경을 바라본다.

런던의 상당 부분이 이미 오래 전에 사라졌다. 철근이 지탱하는 고층 건물들만이 옛 상업 지구와 금융 지구에서 넘쳐 들어오는 물 위로 살아남아 있었다. 벽돌 집이나 교외의 단층 공장들은 쓸려온 토사에 묻혀 완전히 사라졌다. 토사가 쌓인 곳에서는 거대한 숲이 칙칙한 푸른 빛을 띤 타는 듯한 하늘로 치솟으며 자라, 온대 기후였던 유럽과 북미의 옛 밀밭들을 뒤덮어 버렸다. 때로 높이가 거의 90미터에 달하기도 하는 빽빽한 거대 밀림들은 빠르게 고생대로 되돌아가는 환경에서 생명체들이 벌이는 악몽 같은 경쟁의 장이 되었다. 유엔의 군사 기지로 가는 유일한 통로는 이전의 도시들을 덮어 버린 석호들을 통하는 길뿐인데, 이조차 토사로 막혀 가라앉고 있었다.

소설에서, 지구 환경이 아주 먼 지질시대로 역진화하면서 런던이 가라앉는다. 그리고 동일한 과정 속에서 케런즈의 개인사도 사라지고 있다. 인간 이전의 이미지들이 인간의 기억들을 덮어 버렸기 때문이다.

런던이 늪으로 바뀐다는 모티프는 발라드가 처음 쓴 것이 아니다. 자연주의자인 리처드 제프리스Richard Jefferies도 소설 『런던 이후: 황야의 영국After London: Wild England』(1885)에서 정체를 알 수 없는 재앙 탓에 런던이 이상 기후에 지배되는 미래 상황을 묘사했다. "노인들이 그들의 아버지들에게서 들었다는 말에 따르면, 들판에 사람의 손길이 닿지 않게 되면서 눈에 띄는 변화가 시작되었다고 한다. 런던이 사라지고 난 뒤 첫 번째 봄에는 세상이 온통 녹색이 되어 영국은 어딜가나 다 똑같이 보이게 되었다." 런던은 거대한 호수 아래로 가라앉았고 야만의 시대로 돌아갔다. 곧 신중세 문명이 떠오르게 되는데, 제프리스는 가라앉아 버린 현대 문명에 비해 신중세 문명이 더 지속적이고 인간적인 문명이라고 말하는 듯하다. 발라드도 격동적인 기후변화가 온 이후의 런던을 묘사하는데, 발라드가 그린 쪽이 더 진실된 신화일 것이다. 발라드의 소설에는 더 나은 문명이 오리라는 암시가 없다. 주인공이 과거로 간다고 해도, 그 과거는 현대 이전의 꿈의 세계가 아니라 인간 동물이 존재하기 이전의 세계이다.

발라드는 어린 시절에 당시만 해도 세계에서 가장 발달된 도시였던 상하이에서 살았는데, 어떤 면에서 『물에 잠긴 세계』는 그 시절의 경험을 담고 있다. 소설에 나오는 물에 잠긴 세계는 이론의 여지 없이 현대 세계다. 폐허가 된 호텔과 고층 건물, 물이 빠진 수영장 등에 대한 묘사는 일본이 중국을 침략했을 때 발라드가 상하이에서 본 광경을 바탕으로 한 것이다. 그는 상하이에서의 경험을 잊으려 하면서 20년을 살았고, 그 경험을 기억하려 하면서 또 다른 20년을 살았다고 말하곤 했다.

『물에 잠긴 세계』의 주인공은 지구가 인간이 거주하기에 적합하지 않은 고지질 시대로 돌아가는 것을 딱히 재앙이라고 생각하지 않는다. 이런 변화가 개인적인 기억들을 소멸시킨 덕분에 부담스러웠던 정체성으로부터 해방될 수 있었던 것이다. 기억을 지워 버리는 풍경 속에서 자신의 과거 역시 지워지면서, 케런즈는 인간이 존재하기 이전의 본성들로 다시 연결될 수 있었다. 이는 융이 말한 영원한 원형이 아니라 케런즈의 신경계에 암호화되어 있던 지구 행성의 과거 흔적들이다. 이런 흔적들이 물리적인 구조인지 그의 무의식이 만들어 낸 이미지인지는 중요하지 않다. 어떻든 간에 여기서 볼 수 있는 것은, 삶을 송두리째 바꾸는 변화에 직면한 인간 생명체들이 그에 대한 창조적인 반응으로서 (더 이상 필요 없어진) 개인성을 내버리는 모습이다.

이 책은 케런즈가 밀림에 가는 것으로 끝난다. 아무도 읽지 않으리라는 것을 알면서도 그는 벽에 이렇게 새겨 놓는다.

27일째 날. 휴식을 취했고 남쪽으로 간다. 다 잘 될 것이다.
케런즈.

발라드는 인간 삶에서 가장 영속적인 것으로 보이는 특징들도 한순간에 사라질 수 있다는 것을 발견하고 충격을 받았으며, 이에 대한 반응으로 그의 개인적인 신화를 만들어 내었다. 회고록 『삶의 기적들 *Miracles of Life*』(2008)에서 그는 일본이 상하이를 점령한 뒤에 아버지와 자전거를 타고 거리를 지나면서 본 광경을 이야기한다. 발라드는 델몬트 나이트 클럽에 자전거를 세우고 "조용한 도박장"을 까치발을 하고 들여다 보았다. 그곳의 "룰렛 테이블들은 넘어져 있었고, 바닥에는 깨진 유리와 도박 칩들이 널려 있었다. 금을 입힌 조각상들은 카지노 길이만큼 뻗어 있는 바의 덮개에 깔려 있었고, 바닥에는 천장에 매달려 있던 샹들리에가 오래된 신문과 깨진 병들 사이로 기우뚱히 떨어져 있었다. 어스름한 빛 속에 사방에서 금이 반짝였다. 그래서 이 폐허가 된 카지노가 아라비안 나이트에 나오는 마법의 동굴처럼 보였다."

발라드는 이런 광경에서 교훈을 발견했다. 텅 비어 버린 카지노는 "나에게 깊은 울림을 주었다. 현실 그 자체가 언제라도 부서져 버릴 수 있는 무대 세트나 마찬가지라는 생각, 그래서 얼마나 거대하고 장엄해 보이는 것이든 간에 과거의 파편들 속으로 쉽게 쓸려가 버릴 수 있다는 생각이 든 것이다." 폐허가 된 나이트 클럽은 사회가 만든 임시방편들의 암호였다. "나는 그 카지노가, 그리고 그것 위의 도시와 세계가 댄서와 손님 들로 번성하던 시절보다 더 진짜이며 더 의미 있다는 느낌을 받았다." 상하이의 몰락은 인간 삶의 모든 것이 임시적이고 일시적이라는 것을 발라드에게 보여 주었다. 또한 영원한 것도 보여 주었는데, 바로 인간들이 그 속에서 자신의 운명을 연기하는, 하지만 인간의 것이 아닌 풍경이었다.

신화의 힘은 의미의 폐허에서 의미를 만들어 내는 데에 있다. 발라드의 신화는 어린 시절 겪은 정신적 충격의 찌꺼기를 금으로 바꾸어 내었다. 추하고 의미 없었던 것이 사랑스럽고 삶을 긍정해 주는 것이 되었다. 이러한 변화는 융이 중세 연금술을 떠돌면서 꿈꾸었던 종류의 신비한 과정을 통해서가 아니라 전적으로 자연적인 과정을 통해서 만들어진 것이었다.

물론 그 과정은 의식적이지 않았다. 신화는 의도적으로 고안되지는 않는다. 의도적으로 고안된다면 그 결과는 기껏해야 초인에 대한 니체의 신화와 비슷할 것이다. 초인 신화의 힘은 환상을 부풀리는 데에 있었다. 하지만 진정한 신화는 환상을 교정하는 역할을 한다. 이카루스의 이야기를 생각해 보자. 이카루스는 밀랍으로 만든 날개를 달고서 하늘로 날아가 지상을 벗어나고자 했지만 태양에 너무 가까이 가 버리는 바람에 밀랍이 녹아 땅으로 곤두박질쳐서 목숨을 잃었다. 또 프로메테우스는 어떤가? 인류를 위해 제우스에게서 불을 훔친 벌로 바위에 묶여 독수리에게 간을 쪼여 먹히게 되었다. 이런 신화는 위안을 주기 위해 만들어진 것이 아니다. 이카루스와 프로메테우스 신화는 자만에 관한 진리를 담고 있다. 그들은 벌을 받을 만했다.

그리스 신화는 현대의 신화가 부인하는 진실을 담고 있다. 하지만 고대의 신화만 진실한 건 아니다. 24시간 뉴스와 인터넷을 통해 전 세계 수억 명의 사람들에게 몇 분이나 몇 시간 만에 퍼지는 오늘날의 신화는 찰나적일 수 있다. 이것들은 진실한 신화일까, 아니면 대량 제조된 환상일까? 때로는 둘 다이다. 최근 몇 년 동안 압제에 대한 저항의 이미지들이 대중매체를 통해 전 세계로 전파되었다. 이들 중 많은 것이 저항하는 사람들 자신이 휴대전화로 찍은 것이었다. 저항하는 사람들을 움직인 혁명의 신화는 한동안 매체가 그것을 뉴스로 다루어 주면서 강화되었다. 하지만 신화는 그것을 받아들이는 사람들이 그 신화를 수행하는 동안까지만 살아남을 수 있다. 대중 봉기가 '저항→무정부 상태→되살아난 압제'라는 일반적인 양상을 따라가면서 혁명의 신화는 소멸하고 음모와 배신이라는 새로운 신화가 그 자리를 차지하게 된다.

신화는 어딘가 시간을 초월한 곳에 꽁꽁 언 채 보관되어 있는 영원의 원형이 아니다. 신화는 정신 속에서 연주되는 음악의 조각 같은 것이다. 어딘가에서 홀연히 나타나, 한동안 우리와 함께 머물다가, 그리고 나서 사라진다.

틀뢴, 그리고 두 개의 오후가 없는 역사

"내가 우크바르를 발견한 것은 어떤 거울과 어떤 백과사전이 합쳐진 덕택이다." 보르헤스의 유명한 단편 「틀뢴, 우크바르, 오르비스 테르티우스Tlon, Uqbar, Orbis Tertius」 ■ 는 이렇게 시작한다. 여기에서 보르헤스 자신의 허구적 버전인 서술자는 틀뢴이라는 세계를 발견하게 된 것이 우연이었다고 말한다. 서술자는 친구와 어느 별장에서 저녁 식사를 했는데, 그 친구가 우크바르의 어느 이교도 지도자가 "거울과 성교는 사람의 숫자를 증식시키기 때문에 혐오스러운 것이다"와 비슷한 말을 했다는 글을 보았다고 말했다. 흥미를 느낀 서술자가 출처를 묻자 친구는 『영미백과사전』의 '우크바르uqbar' 항목에서 보았다고 대답했다. 그들은 곧바로 그 별장에 있던 『영미백과사전』을 찾아보았다. 『영미백과사전』(뉴욕, 1917)이라고 쓰여 있었지만 사실은 1902년판 『브리태니커 백과사전』의 뒤늦은 해적판이었다. 하지만 그들은 우크바르 항목을 발견하지 못했다. 다음 날, 친구가 자신의 집에 있던 백과사전을 가지고 왔다. 전날 본 것과 마찬가지로 『영미백과사전』 46권이었지만 (사실 둘 다 『브리태니커 백과사전』 제10판의 해적판), 친구의 책에는 네 페이지가 더 있었고 거기에 우크바르 항목이 있었다. 그 항목 아래에 이렇게 쓰여 있었다. "이들 그노시스주의자 중 하나에 따르면, 눈에 보이는 세계는 환상이거나 더 정확하게는, 궤변이다. 거울과 부성父性은 고약한 것이다. 그 세계를 증식하고 분명히 선포하기 때문이다." 서술자는 해당 백과사전 동일 판본의 다른 책들도 찾아보지만 우크바르 항목이 있던 추가적인 네 페이지는 없었다.

그러던 어느 날, 서술자는 『틀뢴 제1백과사전, XI권: 흘래르Hlaer에

■ 1940년에 아르헨티나에서 처음 출판됐다.

서 장그르Jangr까지』라는 책을 발견한다. 서술자 아버지의 친구 한 명이 사망하기 며칠 전에 소포로 받은 것인데, 그가 숨지고 몇 달 뒤에 서술자가 그 책을 발견한 것이었다. 책에는 출판 일자나 장소 등이 쓰여 있지 않았다. 서술자는 이 책을 보고 "약간 놀라운 어지럼증"을 느꼈다. "그때 내 손에는 알려지지 않은 어느 행성의 전체 역사를 방대하고 체계적으로 아우른 자료 중 일부가 들려 있었다. 그 행성의 건축물, 도박 카드, 무서운 신화, 언어, 그 행성에 존재하는 광물들, 새들, 물고기들, 그 행성의 대수학, 그 행성의 불, 그 행성에서 벌어진 신학적 혹은 형이상학적 논쟁들 등이 있었다. 어떤 교리상의 의도도 눈에 띄지 않고 패러디라는 낌새도 보이지 않는 채로, 모든 것이 서로 잘 맞물리고 일관성이 있었다." 이 책을 발견하고 서술자는 XI권 이외에 다른 권들도 찾으려 해 보았지만 찾지 못했다. 하지만 그는 다른 권들이 존재한다는 것을 의심하지 않는다. 그는 사라진 다른 권들에 묘사되었을 틀뢴이라는 "멋진 신세계"는 "천문학자, 생물학자, 공학자, 형이상학자, 시인, 화학자, 대수학자, 도덕주의자, 화가, 기하학자 등으로 구성된 비밀스런 모임이 어떤 천재적인 그림자 인간의 지시를 받아 만들었을 것"이라고 추측한다.

"처음에는 틀뢴이 단지 혼돈이며 창조적인 상상력이 무책임하게 표현된 것으로 보였지만, 이제는 그것이 하나의 조화로운 세계이며 그 세계의 운행을 지배하는 법칙들이 (잠정적인 것일지라도) 구성되어 있다는 것을 우리는 안다."

틀뢴의 특징은 그곳 거주자들이 "선천적으로 관념론자"들이라는 점이다. 그들은 모두 관념론을 전제로 사고한다. 관념론은 세상이 그것을 인식하는 개인 외부에 독립적으로 존재하는 물질적 실체들로 구성되어 있다고 보지 않고 인간의 생각으로 구성되어 있다고 보는 철학이다. 틀뢴은 영국(아일랜드) 철학자 조지 버클리George Burkeley(1685~1753)가 상상한 것과 비슷한 세계이다. 그 세계에서 우리를 둘러 싸고 있는 물질적 대상들은 우리가 그것을 인식할 때에만 존재한다. (단, 버클리의 세계와 틀뢴이 다른 점이 한 가지 있다. 버클리는 대상들을 인식하는 특정 인간이 없더라도 그것들을 인식, 지각해서 계속 존재하게 해 주는 신성한 정신이 있다고 주장했는데 틀뢴에는 그런 존재가 없다.) 틀뢴의 언어에는 명사가 없다. 시간에 구애되지 않고 영속적으로 존재하는 것이 없기 때문이다. 틀뢴에는 연속적인 행동이나 사건 들만 있을 뿐이다. 이는 "과학을 무용지물로 만들고" 논리도 소용 없는 것으로 만든다.

이런 종류의 세계에서 철학은 "환상 문학의 한 분야다." 왜냐하면 "모든 철학은 그 정의상 변증법적인 게임, 즉 '흡사-그와-같이'의 철학Philosophy des Als Ob'이 되기 때문이다." "틀뢴의 형이상학자들은 '참인 것'을 추구하지 않는다. '그럴 법한 것'도 추구하지 않는다. 그들은 남을 놀래키는 것을 추구한다." 사고 체계가 무수히 많이 생겨나지만, 틀뢴의 철학자들은 질서를 모순되게 닮은 것에 가장 즐거워한다. "틀뢴의 철학자들 사이에서 가장 큰 소동을 일으킨 것은 '유물론'이었다."

이 이야기는 추신으로 끝난다. 1947년에 쓰인 것으로 되어 있는 추신에서 서술자는 "틀뢴의 미스터리"가 "완전히 밝혀졌다"고 말한다. 1941년에 편지 한 통이 발견되어 틀뢴의 세계가 17세기 어느 시점에 "비밀스런 자선 단체"에 의해 발명되었다는 가설이 확인됐다는 것이다. 나중에 조지 버클리도 이 모임의 회원이 되며, 19세기 초에는 은둔적인 미국의 자유 사상가로 노예제를 옹호한 어떤 이도 이 모임에 관여하게 되었다고 한다. 이 미국인은 상상의 행성 틀뢴에 대한 종합적인 백과사전을 내자고 제안하면서 "이 작업이 사기꾼 예수 그리스도와 어떤 맹약도 하지 않는다는" 전제하에 자금을 지원하겠다고 했다. 그는 "신을 믿지 않았지만, 필멸의 존재인 인간이 세상을 만들어 내고 구성할 수 있다는 것을 그 존재하지 않는 신에게 증명해 보이고자 했다."

이 백과사전은 1914년에 완성되어서 300명의 회원들이 마지막 제40권을 받았다고 한다. 그리고 또 다른 작업이 계획되었는데, 더 야심찬 이 계획은 틀뢴의 언어 중 하나로 『오르비스 테르티우스』라는 틀뢴 연구서를 쓰는 것이었다. 그리고 1942년에 틀뢴의 물건들이 현실에 나타나기 시작한다. 파란 바늘이 북쪽을 가리키는 나침반이 발견되는데, 다이얼에 쓰인 문자들이 틀뢴의 언어였다. "이것은 틀뢴의 환상 세계가 실제 세계로 치고 들어온 첫 번째 사례였다." 몇 달 뒤, "작지만 믿을 수 없을 정도로 무거운 원뿔(우리 세계에는 속해 있지 않은 금속으로 만들어진 것이었다)도 나타났다." 서술자에 따르면, 그것은 "틀뢴 행성의 어느 지방에서 섬기는 신의 우상"이었다. 틀뢴의 다른 사물들도 뒤이어 나타나서 인간 세계의 질서를 흩뜨렸다.

서술자는 이렇게 결론 짓는다. "틀뢴과 접하면서 이 세계는 해체되었다." 인류는 틀뢴이 이 세계를 접수했다는 사실을 반겼다. 틀뢴의 침입은 (틀뢴은 "미로이지만 인간이 만들어 낸 미로이고 인간에 의해 해독될 것이 분명한 미로"이다) 질서가 인간 정신에 의해 만들어질 수 있다는 것을 보여 주는 것 같았다.

"즉시 현실은 하나 이상의 지점에서 '함몰' 되었다. 진실을 말하자면, 현실은 함몰되기를 원했다." "10년 전＊에는 (⋯) 어떤 대칭성도, 질서의 형상을 띤 어떤 시스템도 (그것이 변증법적 유물론이건, 반유대주의이건, 나치주의이건 간에) 인류에게 주문을 걸고 최면을 걸 수 있었다. 그러니 어떻게 이 세상이 틀뢴의 주문에 빠져들지 않을 수 있었겠는가? 엄밀하게 질서 지워진 행성에 대한 세세하고 방대한 증거들에 어떻게 굴복하지 않을 수 있었겠는가?"

틀뢴은 질서에 대한 인간의 꿈을 나타내는 상징이다. 틀뢴은 먼저 혼돈에서의 탈출을 제시하고 그 다음에는 (기독교, 그리고 그것의 휴머니즘 후계자들도 그랬듯이) 전보다 더 무질서한 것을 창조한다. 종교적인 신앙이든, 세속적인 신앙이든, 신앙에 빠진 사람들은 죄 많고 오류투성이의 인간이 신앙을 잘못 사용한 결과 혼돈이 생긴 것이라고 말한다. 이런 논리에 따르면, 틀뢴을 들여와도 그것이 인간 삶에 질서를 가져다 주지 않는다면 이는 인간들이 틀뢴에 살기에 아직 적합하지 않기

＊ 여기서 '10년 전' 은 1930년대로, 보르헤스는 1930년대 말에 이 이야기를 구상하고 집필했다.

때문이다. 하지만 틀뢴은 백과사전의 페이지 위에서만 질서정연해 보일 뿐이다. 그리고 백과사전은 인간이 만들어 낸 인공물이다. 현실에서, 틀뢴이라는 허구의 현실에서도, 세계는 혼돈이다. 보르헤스는 틀뢴이 서로 환원할 수 없이 다르고, 논리로든 인과 관계로든 연결되어 있지 않은 일련의 분절적인 사건들로 구성되어 있다고 말함으로써 그러한 암시를 주었다. 틀뢴도 불가피하게 이성의 취약함을 재생산할 수밖에 없다. 프로이트가 말한 식으로 정신의 숨겨진 작동들이 논리를 무시하기 때문만이 아니다. 논리 그 자체가 허구적 구성물인 것이다. 엄밀함과 자기 완결성을 목표로 하는 사고 체계라도 반드시 모순과 모호함들로 부서지게 된다. 틀뢴의 혼돈은 우연이 아니다. 틀뢴의 혼돈은 인간 정신의 혼돈이다.

인간이 질서라는 허구에 사로잡혀 있지 않은 세계를 상상하는 것이 가능할까? 바로 그 점 때문에 덜 혼돈스러운, 그런 세계를? 보르헤스는 "그럴 수도 있었을 텐데Things That Might Have Been"라는 시에서 이 질문을 제기한다.

그럴 수도 있었겠지만 결코 그렇게 되지 않았던 일들을 생각한다.

비드가 결코 쓰지 않은 색슨 신화들.

단테가 신곡의 마지막 구절을 쓰자마자

떠올랐을 수도 있는, 하지만 결코 쓰지 않은 작품.

독배의 오후와 십자가의 오후, 이 두 개의 오후가 없는 역사.

보르헤스는 서구 역사를 구성한 두 개의 허구를 짚어 내고 있다. 십자가에 못 박혀 죽은 예수와 독배를 마시고 죽은 소크라테스 말이다. 이 둘은 상충되는 듯이 보이지만 사실 동일한 확신을 담고 있다. 예수는 영원한 존재자인 신의 현신이고, 소크라테스는 (플라톤에 따르면) 영원한 형상의 영역에 접했다. 그들의 삶은 역사에서 로고스(질서의 원리)가 작동한 사례들이다.

이 두 개의 죽음이 없었다면 역사가 달라졌으리라는 말은 맞지만, 그래도 삶은 여전히 허구의 지배를 받았을 것이다. 자신이 이해할 수 없는 세계 안에 있다는 걸 발견하면 인간은 늘 허구의 세계를 만들어 낼 것이다. 하지만 틀린처럼 그 또한 이해되지 않는 세계일 것이다.

언어와 재

"우주의 완전한 체계를 찾는 것은 어렵다. 그런 것은 없기 때문이다. 우주는 부분 부분으로 **조직되어** 있다. 나머지는 타 버리고 나서 흩어지는 재이다."

이러한 결론을 낸 사람은 시인 T. E. 흄T.E. Humle이다. 그는 생전에 고작 여섯 편의 시를 발표했지만 사망하기 전* 약 10년 동안 철학과 언어에 대해 도발적인 글을 연달아 썼다. 흄은 매우 철저한 유명론자였다. 유명론은 존재하는 것은 개별적인 사물들뿐이며 추상적인 개념은 개별 사물들을 언어가 실용적인 목적에서 범주화한 것이라고 보는 철학이다. 반대로 실재론은 사물들의 자연적인 범주가 실재하며 추상적인 개념들은 그 실재하는 범주를 반영한다고 보는 철학이다.

유명론과 실재론의 차이는 철학자들 사이에나 있을 법한 칙칙한 논쟁이 아니다. 그것은 인간 세계를 완전히 다른 방식으로 바라보는, 인간 정신의 매우 다른 두 입장이다. 많은 사람들은 세상이 한 권의 책과 같다고 생각한다. 어떤 페이지는 찢어지고 인쇄가 번졌을 수도 있다. 몇 페이지는 없어졌을 수도 있다. 그리고 책을 택시에 두고 내릴 수도 있다. 하지만 그 책을 전부 다 읽는다면 우리는 우리가 살고 있는 세상을 이해할 수 있을 것이라고 한다.

흄은 그렇게 생각하지 않았다. 1906년과 1907년 사이에 쓰기 시작한 일련의 메모에서(그는 이 글들을 "재Cinders"라고 불렀다) 흄는 이렇게 언급했다.

"절대로 책 안에서 생각하지 말아라. 책에는 '진리'라든가 그밖에 대문자로 시작하는 추상적인 말들이 있다. 무대 안에서 생각하고 관객을 관찰하라. 여기에 바로 현실이 있고 인간 동물이 있다. 영웅에 대한 말들을 들어라. 그리고 그 다음에 관객석에서 환호하는 사람들을 보라. 모든 철학은 여기에 종속된다. 이것은 '세계'와 나중에 그 세계에 부여된 '인간'의 통합에 대한 문제가 아니다. **이것은 인간 동물에**

▪ 흄은 1917년 1차 대전 중 플랑드르의 참호에서 숨졌다.

대한 문제다. 그리고 인간 동물의 취향과 욕구를 세련되게 표현한 것으로서의 철학의 문제다."

인간은 상징 체계라는 장비를 장착한 동물이다. 상징들은 우리가 이해하지 못하는 세계를 다루는 데 도움을 주는 유용한 도구 노릇을 한다. 하지만 우리는 우리가 이러한 상징들을 가지고 만든 세계가 '실재'한다고 믿으면서 생각하고 행동하는 경향이 있다. 이는 우리가 인간인 한, 바꿀 수 없는 성향이다. 우리는 인간의 정신이 우주를 모델로 설계되었다고 생각한다. 철학과 종교는 상당 부분 이러한 기만을 합리화하는 것에 불과하다.

흄은 이와 다른 견해를 제안했다. "재"에서 흄은 이렇게 언급했다.

"진실을 말하자면, 궁극의 원리라는 것은 없다. 그 위에 지식 전체를 단번에, 그리고 영원히 쌓아 올릴 수 있는 단단한 바위 같은, 그런 궁극의 원리 말이다. 하지만 우리가 빗대어 생각할 수 있도록 도와줄 수 있는 '유사한 것들'은 무한하다. 그리고 그것들을 인식할 때 우리는 혼돈을 다뤄나갈 힘이 우리에게 있는 듯한 느낌을 가질 수 있다. 그 영역은 무한하고 거기에서 모든 독창적 가능성이 나온다. 여기에서 하늘 아래 무언가 새로운 것들이 생겨난다."

세계로부터 떨어져서 존재하거나 아니면 세계 안에서 천천히 진화해 나가는 어떤 상위 질서가 있고 인간이 그 상위 질서를 (불완전하나마) 드러내는 구현체라고 보는 생각을 흄은 거부했다. 그는 인간이 "고도로 조직된 혼돈"이며, 따라서 조직되어 있긴 하지만 "언제라도 혼돈으로 되돌아가기 쉬운 존재"라고 보았다. 그에게 이 세상은 우리가 어렴풋이 인식하는 조화의 상태가 아니었다. "재"에서 그는 이렇게 썼다. "우리의 눈(이것이 곧 세상의 아름다움이다)은 대변으로부터 조직되었다. 인간은 먼지로 돌아간다. 마찬가지로 세상의 표면도 태고의 재로 돌아간다." 도덕주의자들과 논리주의자들에게 법칙은 인간이 만든 관습에 불과한 게 아니다. 그들은 인간에게서 독립돼 있으며 좀 더 절대적인 무언가를 이야기한다. 하지만 흄은 이렇게 언급했다. "**절대적인 것**이란 완벽하다고 묘사될 수 있는 종류의 것이 아니다. '절대적인 것'이 만약 존재한다면 그것은 본질적으로 불완전하고 혼돈스럽고 재와 같은 것이라고 묘사될 수 있을 것이다.(덧붙이자면, 나의 이 견해조차도 궁극의 견해는 아니다. 세계관을 파악하려는 인간의 욕망을 일시적으로 만족시킬 비유를 들기 위해 고안된 것일 뿐이다.)" 사람들은 인간이 진화한다고 한다. 인간이 채택하기도 하고 뒤에 남겨 놓고 가기도 하는 세계관들이 그 모든 것을 포괄하는 하나의 무언가로 발전해 간다는 듯이 말이다. 하지만 세계관들이란 정원과도 같아서 날씨가 나쁘면 쉽게 파괴된다. "자연의 통합성이라는 것은 극히 인공적이고 부서지기 쉬운 다리나 꽃나무 보호망과 같다." 인간의 사상들은 쓰레기더미 속에서 잠깐 동안 만들어질 수 있는 일시적인 깨끗함이다. "일군의 개념들을 묶어서", 험한 환경을 피해 "몸을 누일 수 있는 오두막으로 삼은 것"이 인간의 사상인 것이다. 그렇게 하면 우리는 대체로 재와 같은 실제 현실을 보지 않은 채 지나갈 수 있다. 하지만 그렇다고 그것들이 사라져 없어지는 것은 아니다. 문명은 잿더미 위에 지어져 있다. "재"에서 흄은 말한다.

"잘 조직된 도시에서는 이 세상의 재와 같은 요소들을 보는 것이 쉽지 않다. 그런 요소들은 모두 사라진 것 같다. 하지만 그것을 심리적으로 보는 것은 쉽다. 다른 유명론자들이 〔원활한 작동을 방해하는〕 기계 사이에 낀 작은 돌'이라고 부르는 것을 나는 그 기계의 근본적인 요소라고 말하겠다."

흄은 인간 동물에 대한 자신의 견해를 "고전주의적" 견해라고 부르고, 이를 "낭만주의적" 견해와 대비한다. 낭만주의적 견해는 인간의 가능성은 기본적으로 무한하며 인간이 한계를 갖게 된 것은 어쩌다 우연히 그렇게 된 것이라 여긴다. 반면, 고전주의적 견해에서 인간은 본질적으로 유한한 존재이며 인간의 잠재력은 고정되어 있고 폭도 좁다. 「낭만주의와 고전주의Romanticism and Classicism」에서 흄은 이렇게 설명했다.

"간단히 말하면, 두 가지 견해는 이렇다. 하나는 인간이 본질적으로 선한데 환경에 의해 물이 든다고 보며, 다른 견해에서는 인간이 본질적으로 한계가 있는데 질서와 관습에 의해 어지간히 괜찮은 상태로 규율된다고 본다. 인간의 본성을 전자는 우물이라고 보고 후자는 양동이라고 본다. 나는 인간을 우물로, 즉 가능성들로 가득한 저수지로 보는 견해를 낭만주의라고 부르고, 인간을 매우 유한하고 고정된 존재로 보는 견해를 고전주의라고 부른다."

흄의 고전주의는 종교와는 반대되고 물질주의와 부합하는 것처럼 보인다. 특히 종교의 경우 인간이 신성을 취하고 있는 것으로 본다는 점에서 고전주의에 반대되는 것처럼 보인다. 하지만 흄은 5세기에 펠라기우스주의 이단*을 몰아내고 원죄의 교리가 정통으로 확립된 이래로, 교회의 가르침은 인간을 불완전한 존재로 보았다는 점에서 고전주의 견해를 담고 있었다고 지적했다. 또한 흄은 고전주의를 물질주의와 동일하다고 보는 것은 잘못이며, 오히려 고전주의는 정상적인 종교적 태도에 부합한다고 설명했다.

"신성에 대한 믿음은 인간의 고정된 본성 중 일부다. 물질의 존재, 객관적인 세계의 존재 등을 믿는 것이 인간의 바뀔 수 없는 본성 중 일부이듯, 그리고 식욕이나 성욕 등이 인간이 가진 고정된 속성이듯 말이다. 그런데 때때로 어떤 힘이나 수사법에 의해 이런 본성들이 억압된다. (…) 그러면 억압된 본성들은 불가피하게 비정상적인 방향으로 분출될 수 밖에 없다. 종교적 본성도 마찬가지다. 합리주의의 뒤틀린 수사법 때문에 신성을 믿고자 하는 인간의 자연스런 본성이 억압되고, 그에 따라 우리는 신성의 존재를 알 수 없다는 불가지론자가 된다. 다른 본성들의 경우와 마찬가지로, 이렇게 되면 자연은 복수를 한다. 종교에서 합당하고 적절한 분출구를 찾았어야 마땅할 그 본성들은 다른 길을 통해 분출된다. 이제 신을 믿지 않게 되었

---

* 인간 본성의 선함과 자유 의지를 강조하면서 원죄의 교리를 받아들이지 않았다. 이에 따르면 죄를 지은 상태는 인간의 보편 상태가 아니라 자발적으로 타락한 상태이다. 옮긴이

으므로 우리는 사람이 신이라고 믿기 시작한다. 천국을 믿지 않게 되었으므로 우리는 지상에 천국을 지을 수 있다고 믿기 시작한다. 다른 말로, 우리는 낭만주의자가 된다. (…) 낭만주의는, 내가 내릴 수 있는 가장 적절한 정의로는, 엎질러진 종교적 충동이다."

그런데 합리주의자들 역시 인간이 가진 가능성은 무한하다는 생각을 발전시켰다. 지식의 성장으로 인간 동물이 자연 세계의 제약에서 벗어날 수 있으리라 믿은 과학 신봉주의자들도 합리주의자에 속한다. 종교에서 엎질러진 충동이 '인간은 자신의 본성을 초월할 수 있다'는 견해로 발전한 것은 낭만주의에서만 볼 수 있는 것이 아니다. 흄의 논리에 따르면(그리고 이는 실제로 사실이기도 하다), 합리주의도 엎질러진 종교적 충동이라고 볼 수 있다.

흄은 20세기 초 시 세계를 풍미했던 이미지즘의 창시자다. 이미지즘 작가로는 포드 매독스 포드Ford Madox Ford, 에즈라 파운드Ezra Pound, F. S. 플린트F. S. Flint, 'H. D.(힐다 둘리틀Hilda Doolittle)' 등이 있다. 이미지즘은 후대 시인들인 D. H. 로렌스D. H. Lawrence나 윌리엄 칼로스 윌리엄스Wiliam Carlos Williams 등에게도 영향을 미쳤다. 이미지즘 작가들은 일종의 정확성을 추구하는데, 사물에 대한 '사실들'을 정확히 묘사하려 하기보다는 어떤 특정한 '인상들'을 정확하게 연주해 내고자 한다. 이미지즘 시인들에 따르면, 우리가 사용하는 평범한 언어는 습관으로 지속되는 타협의 연속이다. 「낭만주의와 고전주의」에서 흄은 이렇게 말했다.

중요한 목적은 정확하고 정밀하며 뚜렷하게 묘사하는 것이다. 첫 번째로 해야 할 일은 이 일이 얼마나 어려운지를 인식하는 것이다. 이것은 단지 세심하게 주의를 기울인다고 되는 일이 아니다. 우리는 언어를 사용해야만 하는데, 언어라는 것은 공동체적 속성을 가지고 있다. 다시 말하면, 언어는 절대로 정확한 것을 표현하지 못하고 타협된 것만을 표현한다. 당신에게, 나에게, 모두에게, 공통된 것으로 타협된 것 말이다. 하지만 사람들은 각자 조금씩 다른 것을 본다. 그리고 자신이 보는 것을 분명하고 정확하게 파악하려면 언어와 엄청난 투쟁을 해야만 한다. 그것은 단어와의 투쟁이 될 수도 있고 다른 예술 기법과의 투쟁일 수도 있다. 언어는 그 자체에 특별한 속성이 있다. 그것 자체의 관습과 공동체적인 개념들을 가지고 있는 것이다. 그것을 당신의 목적에 맞도록 고정시키려면 매우 세심한 정신의 노력이 필요하다.

언어와의 투쟁을 통해 얻을 수 있는 결과는 일종의 "견고하고 건조하고 고전주의적인 운문"이 될 것이었다. 흄은 그것이 새로운 방식으로 감각을 불러일으켜 줄 것이라고 생각했다. 흄의 시 "가을Autumn"은 이를 구현한 그의 대표작이다.

가을 밤의 쌀쌀한 감촉
밖으로 나서서 걷다 보니
얼굴이 붉은 농부처럼
불그레한 달이 울타리 위에 걸쳐져 있었네

멈춰 서서 말을 하지는 않았지만 고개를 끄덕여 주었지

그리고 주위에는

도시 아이들처럼 하얀 얼굴을 한 별들이

생각에 잠긴 듯이 맴돌고 있었네

이미지즘 작가들이 언어에 접근하는 방식은 작시법에 혁명을 가져왔다. 하지만 이미지즘 작가들처럼 사물을 보는 것은 단순히 운문 기법상의 변화만을 의미하는 것이 아니었다. 흄에게 그것은 세상에 대한 태도였다. 이는 자신이 높은 가치를 부여하는 것이 위태로워졌을 때 목숨을 걸 수도 있는 태도를 포함하는 것이었다. 1914년 8월에 1차 대전이 일어나자 흄은 사병으로 입대했다. 그리고 참호에서의 경험을 통해 세상은 혼돈이라는 생각이 더 확고해졌다.

"참호들 사이의 땅, 안전하려면 밤에만 다닐 수 있기 때문에 낮에는 사실상 아무에게도 보이지 않는 그 둑을 생각하다 보면 궁금해진다. 여기에는 온갖 죽은 것들이 가득하다. 죽었지만 묻히지 못한 동물들, 포탄에 죽고 부서진 말의 뼈들. 전쟁 속에서 나중에 그것을 생각하다 보면, 언제 그것을 다시 낮에 볼 수 있게 될까 궁금해진다."

흄은 부상을 입었고, 영국에서 회복되는 동안 "북쪽 스태프North Staffs"라는 필명으로 전쟁을 지지하는 일련의 논쟁적인 글을 출판했다. 그가 주로 공격한 대상은 버트런드 러셀Bertrand Russell이었다. 러셀은 당시 반전평화주의에 가까웠고 전쟁에 반대하는 입장이었다. 흄의 주장들은 합리주의나 공리주의 윤리가 인정하지 않는 가치들을 추구하려는 욕구에 호소력이 있었다. 징고이즘(jingoism, 맹목적 주전론)을 지지한 것은 아니었지만, 그는 "삶을 넘어선 윤리적 가치들을 위해서는 더 영웅적이고 비극적인 체계"가 필요하다고 주장했다. 하지만, 자신의 반反합리주의 철학에 일관되게, 흄은 이러한 주장이 당시 벌어지고 있던 충돌을 정당화할 수는 없다고 인정했다.

"내가 러셀 씨의 윤리적 전제들에 반대해 펴는 주장은 모두 옳을 수 있다. 하지만 그래도 이 전쟁은 아마 역사상 가장 거대한 어리석음일 것이다."

흄이 덧붙인 이 말은 예언처럼 실현됐다. 1916년 3월에 영국 해병 포대의 부름을 받고 참호로 돌아온 그는 1917년 9월에 포탄에 사망한다. 전쟁의 결과, 유럽 문명(그는 어떤 면에서는 자신이 유럽 문명을 지키고 있다고 생각했다)은 그가 상상도 해보지 못한 야만으로 빠져들었다.

신이 없는 신비주의

다시 한 번 나는 말할 수 없는 것을 말하려 시도할 것이다. 미약한 언어로, 유명론적 신비주의, 회의주의적 신비주의 안에서 독실한 무신론을 표현하려 시도할 것이다. (…) 세상은 두 번 존재하지 않는다. 세상으로부터 독립적으로 존재하는 신은 없고, 신으로부터 독립적으로 존재하는 세상도 없다. 이런 생각은 범신론이라고 불려 왔다. (…) 왜 아니겠는가? 그것들은 결국 언어에 불과하다. 최고로 신비로운 환각 속에서 자아는 스스로 신이 되는 경험을 한다. 왜 아니겠는가? 나는 언어에 대해 논쟁하고자 한다. 10년 동안 나는 자아감은 착각이라고 말해 왔다. 개인의 통일성은 착각이다. 만약 내가 내가 아니라면, 그런데도 내가 존재한다면, 나는 다른 모든 존재 역시 개별적인 개체들인 것처럼 **보일 뿐이라고** 믿어도 좋을 것이다. 그것들은 나와 다르지 않다. 나는 그것들과 하나다. 그것들과 나는 하나다. 이것들은 단지 일련의 철학적인 단어-나열하기인가? 언어의 게임인가? 아니다. 내가 경험할 수 있는 것은 더 이상 단지 언어에 불과한 것이 아니다. 내가 경험할 수 있는 것은 현실이다. 그리고 나는, 잠깐 동안이나마, 개인화의 원리에 대해 더 이상 아무것도 알지 못하는 상태를 경험할 수 있다. 세계와 나 자신 사이의 차이가 멈추는 상태를 말이다.

이 글을 쓴 사람은 많은 글을 남긴 철학자 프리츠 마우트너Fritz Mauthner(1849~1923)다. 오늘날 마우트너는 비트겐슈타인Wittgenstein이 『논리 철학 논고Tractatus Logico-Philosophicus』에서 그를 비판하면서 언급한 다음 구절로 더 잘 알려져 있다. "모든 철학은 '언어 비판'이다. 마우트너가 생각한 의미에서의 언어 비판은 아니지만 말이다." 마우트너는 20세기 철학에 실질적으로 거의 영향을 미치지 못했는데, 비트겐슈타인이 위와 같이 부정적으로 언급한 게 그 이유 중 하나일 것이다.

마우트너는 비트겐슈타인과 거의 동시대 사람이었고, 비트겐슈타인처럼 후기 합스부르크 제국의 세련되고 훌륭한 지적 문화의 산물이었다.[*] 매우 영향력 있는 비트겐슈타인의 철학 가운데 많은 부분이 사실 마우트너에게서 빌려온 개념들에 빚지고 있다. 비트겐슈타인은 언어 비판을 '사다리를 오르고 나서 사다리를 걷어차는 것'에 비유했고, 언어를 고대 도시나 게임과 같다고 표현했는데, 이는 마우트너가 쓴 세 권짜리 저서 『언어 비판*Contributions to a Critique of Language*』(1901~1903, 제2판 1923)의 첫 30페이지에 나온 말들을 떠올리게 한다. 하지만 마우트너의 글은 비트겐슈타인의 철학과는 매우 달랐다. 많은 면에서 비트겐슈타인은 그가 그렇게나 많은 개념을 빌려온 잊혀진 전임자와 대척점에 있다.

마우트너의 언어 이론은 철학자들 사이에서는 잊혀졌지만 문학계에는 의미 있는 영향을 미쳤다. 언어를 극한까지 밀어붙인 것으로 유명한 20세기 작가 사뮈엘 베케트Samuel Beckett는 1930년대 말에 마우트너의 『언어 비판』을 읽고 많은 메모를 남겼다.(이중 어떤 것들은 제임스 조이스James Joyce에게 읽어 주기도 했다.) 그리고 세 권짜리 『언어 비판』을 40년 뒤에도 여전히 소장하고 있었다. 베케트는 1978년에 쓴 편지에서 『언어 비판』이 자신의 글에 미친 영향을 다음과 같이 인정했다.

---

[*] 마우트너는 보헤미아의 작은 마을에서 태어나 프라하에서 자랐고 체코어와 독일어와 헤브루어를 했다.

나에게 그것은 이렇게 요약될 수 있다:

사고는 언어.
언어는 덧없고 의미없다.
고로 사고는 덧없고 의미없다.
이것이 나의 경솔함이었다.

베케트는 처음으로 마우트너를 읽었던 시절 즈음에 쓴 일기에 이 생각을 더 확장시켰다.

우리가 고통스럽게 체념하면서 이성은 초월자가 인류에게 수여한 선물이 아니라는 것을 느끼게 될 때, 이성은 영원히 변하지 않는 신성이 아니라는 것을 느끼게 될 때, 이성은 인류 속에서 진화해서 지금의 모습이 되었지만 다르게도 진화할 수 있었다는 것을 느끼게 될 때, (…) 우리가 비루하게 살아가는 일상의 매순간에서뿐 아니라 우리 정신의 영원하고 변하지 않는 면이라고 믿었던 것에서마저도 우리가 우연의 게임에 불과하며 이 세상 자체도 그러한 우연이라는 것을 깨닫게 될 때, 우리의 이성(결국 우리의 이성은 언어다)이 우연적 이성일 수 밖에 없다는 것을 깨닫게 될 때, 우리는 인류학자들이 관습이라든가, 믿음이라든가, 집단적인 정신적 "사실들" 같은 것을 두고 그렇게 열정적으로 논쟁을 벌이는 걸 보고 웃을 수 밖에 없을 것이다.

마우트너가 베케트에게 남긴 가장 큰 영향력은 소설 『와트*Watt*』에서 찾아볼 수 있을 것이다. 프랑스 레지스탕스로 활동하던 시절에 게슈타포를 피해 도망다니면서 쓴 이 소설은 1953년에 출간됐는데 소통의 어려움과 지식의 불가능성이 핵심 주제다. 하지만 마우트너의 "언어에 대한 회의"는 베케트의 작품 전반에 나타난다. 마우트너가 쓴 책의 마지막 문장은 다음과 같다. "순수한 비판은 유려한 웃음일 뿐이다." 베케트가 일생 동안 수행한 언어와의 투쟁도 결국은 웃음으로(그가 쓴 희곡에서 보이는 냉소적 웃음과 폭소, 그리고 그가 말년에 쓴 산문들에서 보이는 정교한 유머), 그리고 "그 모든 것의 기저에 있는 침묵"으로 귀결됐다.

마우트너의 글처럼 베케트의 글도 말할 수 없는 것을 말하려는 시도이다. 베케트는 한 편지에서 마우트너를 연상시키는 말을 했다. "이러한 '무無언어의 문학'을 향한 길에서는 (나에게는 이 길이 매우 바람직해 보인다) 일종의 유명론적 아이러니를 피해갈 수 없다." 침묵한다는 것의 의미는 내면의 독백을 잠재운다는 것이다. 내면의 독백은 인간이 가진 자기 인식이라는 의심스런 특권이고, 여기에는 언어로 시도하는 수없이 많은 실험이 포함된다. 인간은 침묵 속에서 살 수 없기에 이 애잔한 말장난은 일종의 어리석음이다. 요양원에서 숨지기 몇 달 전에 쓴 가장 마지막 글(미완성 작품이었다)에서 베케트가 말했듯이 말이다.

어리석음—
어리석음이 그— 이—

그러니까 그− 저기−

어리석음이 이 − 저기에서 −

그러니까 이 모든 − 저기에서……

그 단어가 뭐였더라−

그 단어가 뭐였더라

베케트의 작업이 침묵을 목표로 하고 있었다 해도 침묵이 평화를 가져다 줄 것이라 기대해서 그런 건 아니었다. 마우트너가 언급했듯이,

마음의 평화를 얻고자 하는 욕구는 지식을 추구하는 사막에서 인간의 정신을 유혹해 안식처라는 신기루를 보게 한다. 학자들은 그들의 언어적 근원을 믿는다. 언제나, 그리고 어디에서나, 특정한 시대의 과학은 가련한 인간 정신이 안식을 찾고자 하는 욕망의 애처로운 표현이다. 비판만이 안식을 취할 수 없다. (아무리 가련한 머리에서라도 비판이 여전히 살아 있는 한 말이다.) 비판은 안식할 수 없기 때문이다. 비판은 거칠게 과학을 깨워야 한다. 과학에서 오아시스의 환상을 제거하고, 과학을 더 뜨겁고 치명적이며, 아마 목적과 방향성도 없을 사막의 길로 몰아붙여야 한다.

비트겐슈타인은 마우트너가 묘사한 것과 같은 종류의 안식처를 추구했다. 『논리 철학 논고』에서조차 비트겐슈타인은 철학이 자신을 의심에서 놓여나게 해 줄 치료법이라고 생각했던 것 같다. 말년 저작에

서는 끊임없이 회의주의와 싸웠는데, 그렇다고 대안적인 철학적 입장을 개발한 게 아니라 (후기의 비트겐슈타인은 그런 입장이 없다고 주장했다) 회의적인 질문들이란 언어에 대해 그릇되게 사고하는 데에서 나오는 것이라고 주장함으로써였다. 그는 일상의 언어는 그 이상의 것은 아무것도 필요로 하지 않고 허용하지도 않는 삶의 형태라고 생각했다. 인간은 그들이 만든 세상의 등장인물이었다. 안식(비트겐슈타인이 철학을 포기할 수 있을 때 자신이 누릴 수 있을 것이라 상상한 안식)이란, 존재할 수 있는 것은 이 인간 세계뿐이며 다른 세계는 없음을 받아들이는 것을 뜻했다.

마우트너의 작업 역시 치유적 목적이 있었지만 의심을 잠재움으로써 안식을 찾으려는 것은 아니었다. 흄과 베케트처럼 급진적인 유명론자였던 마우트너는 정신을 움켜잡고 있는 언어의 영향력을 느슨하게 만들려고 했다. 언어를 넘어서고자 하는 충동을 침묵시키려 노력하기보다는 그 충동이 이끄는 대로 따라가 보기를 원했다. 신비주의에 대한 마우트너의 글을 읽으면, 그 충동을 받아들인 결과 그가 어디에 도달했는지를 알 수 있다. 타협할 수 없는 무신론자였으며 무신론 사상의 역사에 대한 네 권짜리 책을 쓰기도 한 그는 '무신론'이 '신'과 마찬가지로 단지 언어에 불과하다고 말했다. 그의 무신론atheism은 당대의, 그리고 우리 시대의 복음주의적인 무신앙unbelief과는 관련이 없다. 아주 순수한 의미에서 말하자면, 종교가 믿음의 문제가 아니듯 무신론도 믿지 않음의 문제가 아니다. 엄격하게 말하자면 무신론은 전적으로 비실증적인 입장이다. 신학자들이 긍정하는 것을 부인한다고 해서 무신론자가 되는 것이 아니다. 신학의 개념과 원리 자체가 아무 소용이 없게 되어야 무신론자라 할 수 있다.

이러한 엄격한 무신론은 부정 신학[*]과 비슷한 점이 있다. 부정 신학은 신이 개념이나 사상 속에서 인식될 수 있다고 보지 않는다. 마우트너는 진정한 무신론자로서 마이스터 에크하르트Meister Eckhart[**]를 존경했다. 에크하르트가 신에 대해서는 아무것도, 심지어 신이 존재한다는 것조차 말해질 수 없다고 주장했기 때문이다.

부정 신학은, 마우트너가 마땅하다고 생각하는 방식대로 언어를 사용했다. 즉 언어로 표현될 수 없는 어떤 것을 지칭하기 위해 언어를 사용한 것이다. 실재하는 것만이 언어로 포착될 수 있다면 신은 비실재다. 하지만 이런 식으로 비실재인 것은 '신' 뿐만이 아니다. '물질'이나 '인류' 같은 모든 일반론적 용어들, 무신앙의 교리 문답에 등장하는 이러한 추상 개념들도 마찬가지다. 무신론은 '신을 믿는 것'을 거부하는 것이 아니다. 무신론은 언어가 실용적인 편의품을 넘어서는 것이라는 생각을 포기하는 것을 뜻한다. 이 세계는 언어의 산물이 아니다. 이 세계는 부정 신학에서의 신처럼 언어를 피해 가는 무언가이다. 무신론은

---

[*] 부정 신학은 '신은 ~이다'라고 긍정함으로써 신을 이해하기보다는 '신은 ~이 아니다'라고 부정해 나감으로써 신을 이해하려 한다. 옮긴이

[**] 에크하르트는 14세기 기독교 신비주의자로, 대심문 이후에 숨졌으나 정확히 어떤 상황에서 사망했는지는 알려지지 않았다.

회의주의를 더 철저하게 밀어붙이는 와중에 거치게 되는 한 단계다.

마우트너는 이 견해를 ("단지 단어-상징을 갖기 위해서 그것을 표현할 말을 굳이 찾자면") '신이 없는 신비주의'라고 불렀다. 그가 말하려던 바는 언어로 말해질 수 없었다. 이는 표현되어야 할 것이 아무것도 없다는 뜻이 아니었다. 『논리 철학 논고』(7.7)에서 비트겐슈타인은 이런 유명한 말을 했다. "말할 수 없는 곳에서는 침묵해야 한다." 그리고 그가 나중에 발달시킨 언어 이론에 따르면 비트겐슈타인에게는 침묵해야 할 것은 없었다. 하지만 마우트너에게는 말해질 수 없는 것이 언어로 표현될 수 있는 것보다 훨씬 중요했다.

신이 없는 신비주의자들은 더 큰 존재를 상상하면서 자신을 그 존재에 연결시키려 하지 않는다. 그들은 자신들의 (존재하지 않는) 자아를 없애 버리는 쪽을 택한다. 존 애쉬버리의 말처럼 말이다.

모래는 바삐 떨어져 내린다

모래시계에서. 하지만 우리에겐

변화시킬 시간이 있다, 완전히 파괴할 시간이

매일 아침, 거울의 가장자리

모래시계 속에 숨어 있는

너무도 익숙한 저 이미지를.

3장

또 다른
햇빛

내면의 소리에 진력이 난 인간은
자기 생각이 내는 소리를 없애기 위해 침묵에 기댄다.
그러나 인간이 침묵을 추구하면서 찾고자 하는 것은
또 다른 종류의 소음이다.

빛에 잠긴 프리즘

"공기는 시원하고 건초와 꽃 향기가 가득하다. 검은새와 개똥지빠귀가 노래를 한다. 매는 으스러진 검은 칼새를 발톱으로 집어 들고서 꾸준히 먼 숲으로 날아간다. 이제 이곳은 두 시간 전의 이곳과는 다른 장소이다. 우리가 '장소'라고 부를 수 있는 어떤 신비로운 본체가 있는 것이 아니다. 장소는 변화이다. 하지만 우리의 정신은 장소의 움직임을 죽여서 기억의 화석에 보존한다." 장소의 속성을 이렇게 통찰한 사람은 J. A. 베이커J. A. Baker이다. 그는 영국 에섹스의 자그마한 땅에서 새를 관찰하면서 10년을 보냈는데, 이 이야기를 『송골매*The Peregrine*』라는 책으로 펴냈다. "나는 10년 동안 송골매를 따라다녔다. 나는 완전히 푹 빠져 있었다. 내게 송골매는 성배였다." 베이커는 새를 관찰하면서 새들의 습성에 대해 잘 알게 되긴 했지만 통상적인 의미의 새 관찰자는 아니었다. 또한 사냥하는 송골매를 따라다니기는 했지만 사냥꾼도 아니었다. 베이커는 그 경험을 이렇게 기록하고 있다.

"나는 이번 겨울에[*] 그가 가는 곳이면 어디든 따라갈 것이다. 사냥에 수반되는 두려움, 환희, 지루함 등을 그와 함께 느낄 것이다. 내 약탈적인 인간의 모습이 매의 밝은 눈 속 깊은 망막에 서린 오색의 만화경을 두려움으로 어둡게 만들지 않을 때까지 매를 따라다닐 것이다. 나의 이교도적인 심장은 겨울의 땅으로 가라앉아서 그곳에서 정화될 것이다."

『송골매』는 자연에 대한 글이라고 흔히 여겨지지만 사실 자연을 다룬 대부분의 책들과 상당히 다르다. 보통 자연에 대한 책은 인간이 자연 세계를 관찰해서 얻을 수 있는 게 무엇인지를 보여 주고자 한다. 하지만 베이커의 목적은 더 급진적이었다. 물론 베이커도 날아가는 새의 모습을 보고 얻은 자유의 느낌을 찬양하긴 했다. 하지만 그보다 더 중요한 점은 이 책이 저자가 새를 따라가면서 보게 되는 풍경을 '새의 눈을 통해' 보려고 한 시도였다는 점이다. 베이커가 송골매를 따라다닌 것은 송골매를 관찰하기 위해서가 아니라 인간 관찰자의 시각에서 벗어나기 위해서였다.

때때로 베이커는 정말로 인간의 정체성을 벗어버리고 새가 된 것처

---

[*] 베이커는 이 책에서 10년을 한 해의 겨울로 압축하고 있다.

럼 느끼기도 한다.

눈을 감고 나의 의지를 매의 마음 속, 빛에 잠긴 프리즘에 고정시키려고 노력했다. 태양의 냄새가 나는 기다란 풀잎들 사이에 단단히 서서 따뜻함을 느끼면서 나는 매의 피부와 피와 뼈 속으로 가라앉았다. 땅은 내 발 밑에서 나뭇가지가 되었고 내 눈꺼풀 위의 태양은 무겁고 따뜻했다. 나는 매처럼 인간의 소리를 듣고 그 소리를 싫어했다. (…) 나는 북쪽에서 무언가가 나를 끌어당기는 것을 느꼈다. 철새의 신비와 매력이었다. 나도 그와 같이 어디론가 가고픈 이상한 열망을 느꼈다. 나는 앉아서 깃털처럼 가벼운 매의 잠을 잤다. 그러고서 내가 깨어나자 매도 깨어났다.

매를 따라 다니면서 베이커는 자신을 잊는다.

내 눈은 재빠르게 주위를 둘러보면서, 걸어 다니는 인간의 머리가 있는지 주의를 기울였다. 무의식중에 나는 매의 움직임을 모방하고 있었다. 어떤 원시의례에서처럼 사냥꾼은 자신이 사냥하는 대상이 되었다. 나는 숲 속을 들여다 보았다. 그늘진 은신처에서 매가 죽은 나뭇가지를 붙잡은 채로 쭈그리고 앉아 나를 바라보고 있었다. 요즘 우리는 이 열린 공간에서 똑같이 생활한다. 황홀하면서도 두려운 삶이다. 우리는 인간을 피한다. 우리는 휙 들어 올려지는 인간의 팔을 싫어한다. 팔다리를 마구 흔드는 그 어이없는 인간의 몸짓을 싫어한다. 아무렇게나 뒤뚱거리는 인간의 걸음걸이를 싫어한다. 아무 생각도 없고 목적도 없이, 발부리나 걸리는 인간의 길을 싫어한다. 인간 얼굴의 묘비 같은 창백함을 싫어한다.

또 다른 저서 『여름의 언덕*The Hill of Summer*』(베이커의 저서는 이 두 권뿐이다)에서 베이커는 위의 책에서와 비슷하게, 하지만 이번에는 매가 아니라 여우로 자신의 정체성이 이동한 것을 묘사한다.

나는 햇빛 속에 긴 그늘이 가로지르는 공터에 왔다. (…) 수풀이 움직이다가 휙 갈라지는가 싶더니 갑자기 여우 한 마리가 내 앞 좁은 길에 나타났다. 내게 여우의 냄새가 악취로 느껴지는 것보다 여우에게 내 냄새가 더 심한 악취로 느껴졌을 것이다. 하지만 한참 동안 여우는 아무 짓도 하지 않았다. 여우는 생각을 하는 듯 매우 천천히 움직이고 있었다. 낮잠에서 미처 다 깨어나지 못했는지도 모른다. 노란 빛과 흰 빛이 옅게 섞인 여우의 얼굴을 보면서 (여우의 얼굴 색은 호박색으로 빛나는 여우의 눈 색보다 조금 더 짙었다), 여우의 부드러운 얼굴이 내 위를 지나가는 듯한 느낌을 받았다. 나는 악취가 진동하는 숨결을 느꼈고, 절대로 잠들지 않은 채 항상 주의를 기울이는 코를 느꼈으며, 인간으로서는 참을 수 없을 만큼 날카로운 감각이 뜨겁게 나를 감싸는 것을 느꼈다. 여우의 가면 속에서 나 자신은 쪼그라들어 사라졌다. 마치 내가 여우의 땅, 여우의 은신처인 듯이 말이다. 그러고서 그 이상한 느낌은 사라졌고 다시 1미터쯤 앞에 그 여우가 보였다. 여우는 나를 적으로 여긴다는 낌새를 보이지 않고 천천히 걸어서 지나갔다. 그리고 수풀 속으로 사라졌다.

멀리서 농부와 사냥꾼의 말소리가 들리는 일부 장면을 제외하면 베이커가 쓴 두 권의 책에 등장하는 인간은 베이커뿐이고 그나마도 거의 등장하지 않는다. 베이커의 생애에 대해서는 그다지 많이 알려져 있지 않은데, 외견상으로는 별다른 큰 일 없이 살았던 것 같다. 지방 엔지니어링 회사에서 일하던 제도사의 아들로 태어나서 평생(1926~1987년)을 첼름스퍼드에서 살았다. 열여섯 살에 학교를 그만두었고 대학에는 가지 않았다. 친구에게 보낸 편지들을 보면 여러 일자리를 전전했는데 대체로 임시직이었던 것 같다. 대영 박물관에서 카트를 미는 일을 몇 달 하기도 했다. 그러다가 자동차협회 지부의 매니저가 되었고 그 다음에는 브리트빅 음료수 회사의 창고 관리인이 되었다. 자동차협회에서 일했지만 베이커 본인은 운전을 할 줄 몰랐다. 첼름스퍼드 근처의 시골로 새를 관찰하러 갈 때는 자전거를 타고 갔다. 그가 매를 따라다닌 것은 1950년대 중반부터 1960년대 중반까지로, 이때 쓴 일기의 일부가 『베이커 전집Complete Works』에 실려 있다. 『여름의 언덕』이 출간되었을 무렵에는 류머티스 관절염으로 몸이 성치 않은 상태였지만 아내의 도움을 받아서 새 관찰을 계속했다.(그는 아내 도린과 31년을 같이 살았고 『송골매』를 아내에게 헌정했다.) 아내는 자동차로 베이커를 시골에 데려다 주고 저녁에 다시 데리러 가는 식으로 그를 도왔다. 베이커는 관절염 치료의 부작용으로 생긴 암 때문에 숨을 거뒀다.

매를 보고 있을 때는 첼름스퍼드를 둘러싼 풍경이 베이커에게 다르게 보였다. "나는 이 새가 얼마나 아름다운지 보여 주고 싶었다. 그리고 이 새가 사는 땅, 내게는 아프리카만큼이나 무성하고 장엄한 이 땅이 얼마나 아름다운지 알리고 싶었다." 관점을 이동하니 또 다른 장소가 드러났다.

> 매가 아래를 내려다 보았다. 갈색과 초록의 줄들로 줄어드는 과수원을, 한데 모여드는 어두운 숲들이 언덕을 가로질러 뻗어 가는 것을, 초록색과 흰색이었다가 갈색으로 변하는 들판을, 시냇물 물줄기의 은빛 선을, 구불구불 감기다가 다시 천천히 펴지는 강을, 골짜기가 점점 평평해지다가 넓어지는 것을, 멀리 보이는 마을들이 얼룩을 만들고 있는 수평선을, 푸른색과 은색의 입으로 초록 섬들을 머금고 있는 듯한 강어귀가 그 입을 벌리는 것을 보았다. 그리고 그 너머로, 이 모든 것의 너머로, 갈색과 흰색의 땅 표면 위에서 수은의 테처럼 움직이는 바다의 쭉 뻗은 선을 보았다. 매가 높이 날아오르자 바다는 낮아졌다. 바다는 번쩍이는 번개를 들어 올렸고 땅에 둘러싸인 매에게 자유의 천둥을 쳤다.

베이커가 알던 시골("모든 슬픔을 상처 지지듯이 막아 주는 어둑하고 평평하고 적막한 땅")이 새로운 땅이 되었다.

"뱃사람처럼, 매는 어디에도 매여 있지 않은 세계에 산다. 땅과 물의 표면이 솟아오르고, 기울고, 가라앉는 세계에 산다. 땅에 속박된 우리들은 이러한 시야가 가진 자유를 상상할 수 없다."

베이커는 이렇게 언급했다. "가장 어려운 것은 거기에 정말로 무엇이 있는지를 보는 일이다." 그가 보는 장소들은 움직이고 사라지며 시시각각 변화했다. "이 장소의 영혼은 잡히지 않고 미끄러지며 그것을 둘러싼 공기 속으로 사라진다. 하지만 시야의 가장자리에서 막 내리기 시작하는 비처럼 무언가가 숨을 쉰다. 그것은 감각을 가볍게 자극하고 떠나간다. 멀리서 보면 숲은 하나의 독립체, 하나의 나무처럼 독립된 무언가로 보인다. 하지만 안에 들어가면 그 전체성은 흩어지고 부분부분으로 나뉘어서 개별 나무들보다 더 많은 것들로 흩어진다." 빛은 변화하지 않는 장소 위를 지나가는 것이 아니다. 빛은 미지의 풍경을 지나가면서 우리 눈에 보이는 바로 그 장소들을 만들어 낸다.

"태양이 아래로 내려오는 동안 차가운 공기는 땅에서 올라간다. 빛이 눈을 찌르듯 점점 분명해진다. 남쪽의 하늘은 더 짙은 파란색으로 빛나다가 옅은 자주색, 그리고 보라색, 마침내 옅은 회색이 된다. 바람이 천천히 잦아진다. 이내 바람 없는 공기가 얼기 시작한다. (…) 해가 진 후 잔광은 길고 차가운 호박색으로 빛나고, 그 빛 속으로 검은 달 그림자가 분명하게 보인다. 들판 위를 덮은 그 빛에는 동물의 신비가 있다. 그것은 뭉친 근육처럼 햇빛에 몸을 풀고 일어날 것이다."

자신이 본 것을 모두 문자로 옮기는 게 베이커의 목적은 아니었다. "코츠월드 그 자체는 고유한 장소이고, 숨겨진, 외딴 곳이다. 코츠월드에는 자신만의 빛, 차가움, 하늘, 그리고 구름이 있다. 그것은 언어의 그물에 걸려 들지 않을 것이다." 그 풍경은 원시의 과거에서 오는 것처럼 보였다.

"내가 겪은 어느 날보다도 맑고 추운 날이었다. (…) 왜가리 한 마리가 깊은 눈 속에 서 있었다. 강풍에도 흔들리지 않았고 긴 회색 깃털은 헝클어지지 않았다. 장엄하게 얼어 죽은 채로 왜가리는 얇은 얼음 관 속에서 바람을 맞으며 서 있었다. 이미 왜가리는 먼 옛 시대의 것처럼 보였다. 나는 그것보다 오래 살아남았다. 횡설수설하는 원숭이가 공룡보다 오래 살아남았듯이 말이다."

베이커에게 매는 인간 세계를 벗어나는 출구였다. "나는 바깥으로 향하는 삶의 일부가 되기를 오래도록 바라 왔다. 저 밖으로 나가 세계의 가장자리에 존재하면서, 여우가 속세의 것이 아닌 듯한 물에서 자신의 냄새를 씻어 버리듯이 허공과 침묵 속에서 인간의 얼룩들을 씻어 버리고자 했다. 그러고서 낯선 자가 되어 마을로 돌아오고 싶었다." 마을로 돌아오면 그는 마을의 아름다움에 놀랐다. 매의 눈으로 보면 인간이 해 놓은 일들도 자연적인 것으로 보였다.

"매가 보면 이 모래 같은 시골길은 조약돌이 깔린 해변처럼 보일 것이다. 잘 닦인 도로들은 황무지의 화강암처럼 반짝여 보일 것이다. 인간이 만든 괴물 같은 구조물들도 매의 눈에는 모두 자연적이고 더럽혀지지 않은 것으로 보일 것이다."

베이커는 사실 인간 세계에서 벗어날 수 있는 길은 없다는 걸 알고 있었다. 잠깐 동안 그 자신에게 낯선 사람이 될 수는 있어도 인간이기를 멈출 수는 없었다. 빛이 만들어 낸 새로운 장소들을 방문할 수는 있었지만 인간이 만든 폐허들을 떠날 수는 없었다.

"금빛 이끼로 부드러워진 붉은 벽돌 벽이 잊혀진 정원, 빈 집의 고요를 둘러싼다. 배나무의 흰 꽃구름이 벽 위에 드리운다. 파란 하늘에 불타는 듯한 흰 색의 꽃구름. 안에서 부드럽게 들리는 피리새의 울음은 구멍 난 붉은 벽 때문에 이국적이고 멀게 느껴진다. 나는 벽돌처럼 붉고 깨끗하며 부드럽고 순수한 수컷 피리새의 가슴을 상상할 수 있다. 이것이 이 숲의 심장인 것 같다. 이곳에서 빛은 더 깊어지고 나는 금방이라도 계시가 올 것 같은 느낌을 받는다. 하지만 그것은 환상이다."

그는 자연 세계가 평화로운 천국이 아니라는 사실을 잘 알고 있었다. "나는 피비린내 나는 살육을 분명하게 말하고자 한다. 매를 옹호하는 사람들은 이것을 종종 그냥 얼버무린다. 육식을 하는 인간도 더 나을 건 없다. 죽은 자를 사랑하는 것은 너무나 쉬운 일이다. '포식자'라는 말은 온통 오남용되어 쓰인다. 모든 새가 살면서 어느 한 시기에는 육식을 한다. 차가운 눈을 가진 개똥지빠귀를 생각해 보자. 왕성하게 풀을 물어뜯고 벌레를 찌르며 달팽이를 후려쳐서 죽인다. 우리는 개똥지빠귀의 노래만 낭만화하면서 개똥지빠귀의 삶을 지탱하기 위해 필요한 살육을 잊어서는 안 된다." 그는 아름다움에 얼마나 많은 고통이 숨겨져 있는지 알고 있었다. "나뭇잎이 자비롭게도 우리 눈을 가려 준 덕분에 그토록 많은 잔인함을 보지 않아도 된다. 우리는 초록의 여름날 위에 걸려 있는 고통의 뼈를 거의 보지 못한다. 숲과 들판과 정원은 끊임없이 찌르고, 베고, 짓밟고, 난타하는 장소다. 우리는 표면에 떠다니는 것만을 본다. 색, 노래, 둥지, 새끼에게 먹이를 주는 어미. (…) 우리 가운데 동물 세계를 분명하게 바라보는 것을 견딜 수 있는 사람은 없을 것이다." 숲을 걸으면서, 그리고 개똥지빠귀가 새순을 물어뜯는 것을 보면서, 그는 새의 삶이 가진 폭력성을 생각하지 않을 수 없었다.

"부리를 집어 넣어 새순을 비틀어 뜯어 내는 모습은 매가 먹잇감의 목을 부러뜨리는 장면을 떠올렸다. 파괴되는 것이 무엇이든 간에, 파괴 행위들 사이에는 별로 큰 차이가 없다. 아름다움은 죽음의 구덩이에서 나오는 증기이다."

매의 눈으로 본 땅의 모습은 베이커가 상상한 것이다. 베이커는 인간이 어디를 보아도 자신의 반영만을 마주하게 되는 세상에 공포를 느껴서 거기에서 도망치려고 했다. 그리고 그 세계에서 도망칠 수는 없었다 해도 인간의 눈으로 볼 수 있는 것의 맨 가장자리까지 갈 수는 있었다. 실제 매의 눈으로 사물을 보지는 못했다 해도 예전의 그가 가졌던 눈이 아닌 다른 눈으로 세상을 볼 수 있을 만큼 충분히 자기 자신을 벗겨 낼 수는 있었다. 긴 세월, 많은 나날 들을 좁은 땅에서 지내면서, 그는 장소를 영속적인 무언가가 아니라 순간적인 사건으로 이해할 수 있게 되었다. "매를 따라다니면 시각이 예리해진다. 날아가는 새의 뒤로, 눈부신 색상의 삼각주 속 새의 눈에서 땅이 흘러넘친다. 도끼가 비스듬히 나무의 한가운데로 치고 들어가듯이, 매의 각진 눈이 표면의 찌꺼기를 치고 들어간다. 장소에 대한 생생한 감각이 마치 또 하나의 팔다리처럼 자라난다." 변화하는 것은 장소만이 아니다. 베이커에게는 시간도 다르게 흘렀다.(그리고 아마 매를 따라다니던 말년에는 자신의 질병 탓에 시간이 더 빨리 지나가는 것처럼 느껴진다는 것을 알았을 것이다.)

"시간은 심장 박동처럼 흐른다. 내가 적극적으로 움직여 매와 가까워지고 매를 쫓고 있을 때는 박동이 빨라지고 시간도 빠르게 흐른다. 내가 가만히 기다리고 있을 때는 박동도 잦아지고 시간도 느리게 흐른다. 매를 쫓을 때는 빡빡한 용수철처럼 안으로 수축하는 강박적인 시간 감각을 갖게 된다. 해의 움직임이 싫어지고, 빛이 서서히 변하는 것이 싫어지며, 점점 배가 고파지는 것이 싫어지고, 미친 듯이 요동치는 심장 박동이 싫어진다. 우리가 '열 시'라든가 '세 시'라고 말할 때, 이것은 인간 세상에서 말하는 회색빛의 쪼그라든 시간이 아니다. 시간은 그날, 그때, 그 장소에만 유일하며, 사냥꾼에게는 불타는 마그네슘만큼이나 생생한, 빛의 형태가 폭발하듯 바뀌는 기억이다."

시인 윌리스 스티븐스는 이렇게 언급한 바 있다. "또 다른 햇빛은 또 다른 세상을 만든다." 달라지는 빛의 수만큼이나 많은 세계가 있다. 스스로를 너무 닫아 버린 탓에 우리는 이렇게 변화하고 사라지는 장소들을 느끼지 못한다. 수도사와 신비주의자 들은 마음을 안정시켜서 영원을 파악하려고 한다. 하지만 베이커는 그 반대였다. 그는 감각을 날카롭게 해서 찰나에 오고 가는 것들을 파악하려 했다.

"나는 뒤늦게야 새를 사랑하게 됐다. 오랫동안 나는 새를 시야의 가장자리에 있는 미세한 떨림 정도로만 생각해 왔다. 새들은 고통과 즐거움을 인간에게는 가능하지 않은 방식으로 아주 단순한 상태에서 지각한다. 새들의 삶은 우리의 심장이 결코 도달할 수 없는 박동으로 빨라지고 덥혀진다. 새들은 망각으로 질주한다."

동물을 사랑하는 사람들은 종종 동물을 의인화한다고 비난받는다. 하지만 베이커는 그러지 않았다. 오히려 그는 자신을 비의인화하는 실험을 했다. 세상을 매의 눈으로 보려고 시도하면서, 그는 때때로 예전의 자신과 다른 존재가 되기도 했다. 매를 따라다니는 동안 베이커도 자기 자신을 잊고서 망각으로 질주했다.

동물들의 침묵

침묵을 추구하는 것은 인간의 고유한 행위로 보인다. 다른 동물들도 소음을 피하려고는 하지만 그것은 외부의 소리를 피하려는 것이다. 인간만이 자기 머리 속의 소음을 침묵시키고 싶어한다. 내면의 소리에 진력이 난 인간은 자기 생각이 내는 소리를 없애기 위해 침묵에 기댄다. 그러나 인간이 침묵을 추구하면서 찾고자 하는 것은 또 다른 종류의 소음이다.

침묵을 수련하기 위해 만들어진 인간의 제도들은 이런 소음으로 가득하다. 교회가 조용해지는 것은 텅 비어 있을 때뿐이다. 심지어 텅 비어 있을 때도 조용하지 않은 경우가 많다. 기도를 하는 사람들은 결코 끝나지 않는 불쾌한 소음을 남겨 놓는다. 단조롭게 재생되는 인간의 일화들이 지루한 메아리로 남는 것이다. 폐허가 되어 유적으로 남아 있는 교회들에서는 이러한 소리들이 서서히 사라진다. 특히 아주 오래 전에 폐허가 된 교회에서 더욱 그렇다. 풍파에 손상된 교회는 현재 신도들이 모이는 교회가 갖지 못한 종류의 침묵을 가지고 있다.

『침묵해야 할 시간A Time to Keep Silence』의 서문에서 작가이자 군인이자 여행가인 패트릭 리 퍼모어Patrick Leigh Fermor는 수많은 옛 수도원이 폐허가 된 것을 애석해한다. 이 책은 그가 1950년대에 프랑스의 수도원으로 은둔한 시절의 이야기를 담고 있다.

이 수도원들은 4세기 전에 가라앉은 아틀란티스의 봉우리처럼 들판에 솟아 있다. 폐허가 된 수도원들은 고랑 사이에 무용하게 서 있고, 부서진 기둥만 이 이전에 기둥과 복도가 이루던 균형미의 흔적을 담고 있다. 나무 위로 매끈한 곡선을 그리며 뻗어 있는 아치형 벽은 천정 쪽 부분이 깨져 있다. 기둥은 밑둥이 그 깨진 벽과 수풀에 얽혀 있고 딱총나무 꽃에 둘러싸인 채로 떼까마귀가 날아다니는 하늘 아래에서 커다란 스테인드글라스의 텅빈 창틀을 매달고 있다. 그레고리 성가가 수백 년 전의 절정기에 어떤 방해를 받아 화석이 된 것 같아 보인다.

리 퍼모어는 침묵이 필요하다고 느낄 사람 같아 보이지는 않는다.

그는 삶의 대부분을 즐거움과 모험에 바쳤고 사람들과 어울려 인생을 즐겼으며 대화를 좋아했던 사람으로 잘 알려져 있다. 1933년에는 18세의 나이로 유럽을 걸어서 돌아다니기도 했다. 이 경험은 아주 나중에(그는 완벽주의자이기도 했다) 유려하고 생생한 두 권의 책으로 출간됐다. 한 권은 1977년에 나온 『선물의 시간*Time of Gifts*』이고, 다른 한 권은 1986년에 나온 『숲과 강 사이에서*Between the Woods and the Water*』다. 2차 대전 때는 특수작전국에서 활동했는데 크레타 섬에서 목동으로 위장 잠복하면서 독일군 장교를 납치하는 작전을 지휘했다.▪ 2011년에 96세의 나이로 숨졌으니 장수했다 할 수 있고 삶의 거의 마지막까지도 매우 활동적이었다. 80대 후반의 나이에 에게 해에서 수영을 했고 죽기 전날에도 잘 차려진 성찬으로 저녁 식사를 했을 정도다.

하지만 이런 유형의 사람이라고 침묵을 열망하지 않는 건 아니다. 그렇게 생각한다면 그건 근거 있는 사실이 아니라 편견일 뿐이다. 삶이 긴박할 때 어쩔 수 없이 '행동'을 하게 된다고는 해도 관조와 명상의 욕구가 없어지는 것은 아니다. 세계대전을 거치며 자신이 속한 문명에서 가치 있다고 여겨졌던 모든 것들이 소멸되는 것을 지켜본 리퍼모어는 싸우는 수밖에 다른 방법이 없었다. 아서 쾨슬러처럼 퍼모어도 충돌과 갈등에서 멀리 비켜 서 있을 수 없었다. 하지만 '행동'은 삶의 전부가 아니며, 삶에서 늘 가장 가치 있는 부분인 것도 아니다. 그

▪ 이 작전은 영화 〈야간 기습' Il Met by Moonlight〉(1950)의 소재가 되었다.

리고 관조 속으로 놓여날 필요를 가장 많이 느끼는 사람은 가장 활동적인 사람인 경우가 많다. 모험심이 많은 사람은 다른 사람과 함께 있을 때에만 만족감을 느낄 것이라는 생각은 현대 인간이 스스로를 너무나 잘못 파악하고 있기 때문에 내리는 결론이다.

퍼모어도 폐허가 된 옛 수도원이 사람들로 북적이는 현재의 교회당들에서는 찾아볼 수 없는 침묵을 담고 있음을 인정했을 것이다. 그러면서도 그는 수도원의 삶이 몰락한 것을 유감스러워했는데, 그도 그럴 만하다. 교회와 수도원은 침묵이 인간의 정상적인 상태가 아니라는 점을 보여 준다. 자기 자신을, 그리고 남들을 침묵시키려 하는 것은 인간에게 자연스러운 일이지만, 침묵의 상태로 존재하는 것은 자연스러운 일이 아니다. 바로 그 때문에 인간은 침묵을 추구해야만 할 것 같다는 생각을 하게 된다. 근대 이전 시기 유럽 곳곳에 존재했던 수도원, 그리고 20세기 말까지 티베트에 존재했던 방대한 수도사들의 공간은 단순한 중세의 유물이 아니다. 그것들은 본질적으로 인간만이 가진 어떤 욕구를 증명한다. 이 욕구는 근현대 사회를 거치며 억압되었지만, 그렇다고 사라지지는 않았다.

요즘에는 사람들이 더 이상 침묵을 수련하지 않는다. 아마도 침묵을 수련해야 할 필요성을 인정하려면 자신의 내면이 불안정하다는 것을 받아들여야 하기 때문일 것이다. 예전에는 내면의 불안정함이 비참한 상태로 여겨졌지만 요즘은 칭찬받을 미덕으로 여겨진다. 파스칼Pascal은 『팡세Pensees』에서 이렇게 언급했다. "내가 자주 말했듯이, 인간이 불행을 느끼는 유일한 이유는 그가 방에서 조용히 머무는 법을 모르기 때문이다." 침묵이 필요하다는 사실을 인정한다는 건, 이제까지 삶의 많은 부분이 사실은 주의를 다른 곳으로 돌리려는 노력이었음을 받아들이는 것이다. 파스칼의 말처럼 많은 이들이 그렇게 살아왔다.

"인간의 본성에 대해 감을 잡고 있는 사람들은 무엇보다도 휴식을 피하고자 한다. 그들은 방해받기 위해서라면 무엇이든 할 것이다."

삶을 지속적인 불안정의 상태로 여기게 되면 사람은 늘 방해받기를 원하게 된다. 일은 게으름이라는 더 무거운 부담에서 벗어나게 해 준다. 출퇴근의 과정조차 내면의 웅얼거림을 잠재우는 데에 도움이 된다. 계속해서 분주히 무언가를 하는 것이 정신을 다른 데로 돌리는 행위의 일종이라는 것은 오래 전부터 잘 알려져 있었지만 이것이 '삶의 의미'로까지 승격된 것은 아주 최근의 일이다.

침묵을 추구한다는 것은 행동하는 삶으로는 충분치 않음을 받아들이는 것이다. 오늘날에는 이 사실을 인정하는 사람이 거의 없을 것이다. 현세에서는 충족감을 얻을 수 없다는 걸 인정한다는 점에서, 한물간 종교 수행자들이 현대인들보다 오히려 더 현실적이다. 하지만 그들도 정신을 다른 데로 돌리는 수단을 가지고 있는데, 그중 하나는 침묵의 욕구야말로 인간이 다른 동물보다 우월하다는 표시라고 생각하는 것이다. 『침묵의 세계*The World of Silence*』에서 스위스의 가톨릭 신학자 막스 피카르트Max Picard는 이렇게 언급했다.

동물의 침묵은 사람의 침묵과 다르다. 사람의 침묵은 투명하고 환하다. 사람의 침묵은 매 순간 언어를 내보냈다가 다시 받아들이면서, 언어에 직면하기 때문이다. (…) 동물의 침묵은 무거운 돌덩어리와 같다. 동물은 침묵의 돌덩어리들 위를 걸으면서 자기 자신을 거기에서 떼어내려 하지만 이내 다시 묶여 버린다.

동물 안에서 침묵은 고립된다. 따라서 동물은 외롭다.

동물의 침묵은 마치 손에 잡히는 물질성이 있는 것만 같다. 동물의 침묵은 곧바로 그 동물의 밖으로 나오며, 그 동물은 구원되지 않는다. 언어가 없기 때문만이 아니다. 그 침묵 자체가 구원되지 않는 침묵이기 때문이다. 그것은 단단하게 굳어진 침묵이다.

동물의 침묵과 인간의 침묵이 다른 속성을 가진 것은 사실이지만 피카르트가 생각한 대로는 아니다. 동물에게는 침묵이 자연적인 휴식의 상태이지만 인간에게는 내면의 소동에서 벗어나기 위한 노력이다. 변덕스러운 데다 정신없고 조화를 이루지 못하는 속성을 가진 인간 동물은 자신의 속성대로 존재하는 데서 놓여나기 위해 침묵에 기대려 한다. 하지만 다른 동물들은 일종의 타고난 권리로 침묵을 즐긴다. 인간은 자기 자신으로부터 구원되기를 바라는 마음에 침묵을 추구하지만 동물은 구원을 필요로 하지 않기에 침묵 속에서 살아간다.

피카르트는 동물의 침묵과 인간의 침묵이 가진 속성을 거꾸로 뒤집어서 인간을 한 단계 높은 곳에 올려 놓는다. 이는 하이데거가 동물을

'세계-빈곤'이라고 칭하면서 인간을 한 단계 높은 곳에 위치시킨 것과 비슷하다. 하이데거의 신기독교적 견해에서 보면, 쥐, 호랑이, 고릴라, 하이에나 등은 그들을 둘러싼 세계에 단지 수동적으로만 반응하면서 존재한다. 동물은 자신의 근원인 신비로운 '존재'를 인식하지 못하며, 대상으로서의 사물과 다를 바 없다. 반면, 인간은 대상이 아니다. 인간은 자신이 사는 세계를 형성해 나가기 때문이다.

이 따분하고 오래된 이야기는 잊는 게 좋다. 인간뿐 아니라 지각력 있는 모든 생명체는 세상을 구성해 낸다. 우리의 단단한 세계가 우리가 구성해 낸 산물이듯이 매의 부유하는 세계도 매의 창조물이다. 동물에게 무언가가 결여되어 있다는 것은 어찌 보면 맞는 말일지 모르지만 여기에서 결여는 인간이 결코 획득할 수 없는 이상이다. 기독교도들과 그 뒤를 이은 휴머니스트들이 동물의 침묵을 폄하한 것은 부러워서였는지도 모른다.

인간의 침묵과 동물의 침묵이 다른 것은 언어 사용의 결과이다. 동물이 언어를 갖고 있지 않다는 말은 아니다. 새의 대화는 인간의 은유보다 풍부하다. 고양이와 개는 자면서도 몸을 움직이고, 살아가면서 자기들끼리 여러 가지 일들에 대해 이야기한다. 하지만 인간만이 자아상을 만들고 자신의 삶을 이야기로 만들기 위해 언어를 사용한다. 하지만 동물이 내면의 독백을 하지 않는다고 해서 인간이 동물보다 우월하다는 의미는 아니다. 침묵을 깨버리고 난 뒤 그것을 되살리기 위해 요란하게 노력하는 것이 뭐 그리 대단한 일이란 말인가?

인간은 '의식'이라 불리는 것을 갖고 있다는 점에서 동물과 다르다고 흔히들 생각한다. 이런 생각의 가장 세련된 형태는 우주가 스스로를 바라볼 수 있기 위해 인간이라는 해법을 내놓았다고 보는 것이다.

우리는 아무것도 아닌 곳으로부터 와서 아무것도 아닌 곳으로 돌아간다.

그것은 우리를 시간에 빌려 준다.

우리가 말없이 우주를 관조하며 누워 있을 때

그들이 말하길, 우리는 우리를 관조하고 있는 우주를 느낀다고 한다.

이것은 틀렸다. 하지만 누가 진실을 견딜 수 있겠는가.

우리 자체가 바로 관조에 잠긴 우주이다.

우리는 그것의 유일한 신경이고, 손이고, 눈이다.

'인간은 자기 자신을 바라보는 우주', 참으로 사랑스러운 이미지다. 하지만 왜 이런 식으로 인간에게 특권을 부여해야 하는가? 인간은 언어의 베일을 통해서만 세계를 본다는 점에서 다른 동물들이 인간보다 밝은 눈을 가지고 있을 수도 있다. 침묵을 쫓아 뛰어가는 인간은 자신의 세계를 만든 기호들을 버리려 애쓰는 것이다. 이런 노력은, 언어 그 자체가 그렇듯이, 인간이 보편적으로 갖는 특성이다. 인간은 자기 삶을 꽁꽁 싸맨 언어에서 벗어나기 위해 시나 종교, 혹은 자연 세계에 빠져든다. 침묵하려는 인간이 하는 일이란 고작 이런 것이다. 이 노력은 결코 성공할 수 없다. 하지만 그렇다고 이 노력이 무의미한 것은 아니다.

철학자들은 인간의 정신이 언어로 이뤄져 있기 때문에 인간은 결코 침묵할 수 없다고 말할 것이다. 이들 멍청이 철학자들에게는 침묵 역시 하나의 단어에 불과하다. 언어로 언어를 극복하는 것은 당연히 불가능하다. 내면으로 들어가면 당신은 당신의 일부인 언어와 이미지 들만 발견하게 될 것이다. 하지만 밖을 향해 눈을 돌려 본다면, 가령, 새, 동물, 그리고 그것들의 터전인 빠르게 변하는 장소들로 눈을 돌려 본다면, 당신은 언어를 넘어선 무언가를 들을 수 있을 것이다. 인간도 침묵을 발견할 수 있다. 자신이 발견하고자 하는 종류의 침묵을 잊을 수만 있다면 말이다.

대영 박물관의 방문객

인간 방문객에게는 대영 박물관이 한물간 신들을 모아 둔 창고 같아 보일 것이다. 박물관에 전시된 다양한 물건 중에서도 특히 신의 형상을 빚은 작품들은 가장 강한 무상함을 느끼게 해 준다. 박물관에는 오래 전에 사라진 삶의 방식에서 사용되었던 많은 물건들이 있지만, 그 중에서도 신의 형상들은 영원하리라 믿었었던 신성을 기리기 위해 만들어졌다는 점에서 더 특별한 애잔함을 느끼게 한다. 이러한 신의 형상을 만든 장인들은 신도 인간이 만든 것이라는 사실을 깨닫지 못했을 것이다. 자신이 그림이나 조각으로 만들어 길이 남기려고 하는 신이 허구라는 사실을 깨달았다면 그들은 어떤 생각을 했을까?

1929년에서 1930년 사이 어느 시점에 쓰여진 윌리엄 엠프슨William Empson의 시 "대영 박물관에 바치는 오마주Homage to the British Museum" 는 신의 덧없음에 대한 사색을 담고 있다.

> 거기에 서서, 여러 나라의 문화를 흡수하고
>
> 그 나라들의 모든 규칙을 우리의 판단에 녹여 버리자.
>
> 그러고서 자연스런 주저함을 느끼면서,
>
> (사람들은 계속해서 나가는 길을 물어본다),
>
> 여기에 서서, 우리에게는 길이 없음을 인정하자.
>
> 모든 것이긴 하지만 아무것도 아니지는 않을 거라고 생각하자.
>
> 아니면, 좋을 대로 해석해서,
>
> 이 신에게 먼지의 성수를 뿌리고
>
> 이 건물 전체에 그의 지배권을 부여하자.

그들이 신성화한 삶의 방식이 불멸이 아니었듯이 신들 역시 불멸이 아니라는 점을 엠프슨은 차분히 받아들이고 있다. 하지만 오늘날 이런 생각을 하는 사람은 매우 드물다. 믿음 없이는 삶을 견디지 못하는 사람들에게는 어떤 믿음이라도 없는 것보다는 낫다. 이것이 근본주의가 주는 호소력이다. 근본주의는 의지의 행동을 통해 의미의 결여를 없앨 수 있다고 약속한다. 신을 만들려는 듯한 휴머니스트들의 열정도 마찬가지다. 휴머니스트들은 새로운 신성이 왔다고 주장하는데 그 신성은 이전에 숭배된 어느 것보다도 추악하며 그들 자신을 신격화한 형태에 불과하다.

「대영 박물관의 비둘기The Pigeons at the British Museum」(1884)에서 리처드 제프리스Richard Jefferies는 박물관 건물을 자연 세계의 구성 요소 중 하나로 보는 비둘기 방문객의 시각을 묘사한다.

그들에게는 이 건물이 편리하게 동굴들이 뚫려 있는 하나의 큰 돌덩어리로 보일 것이다. 그들은 건물의 외관을 자신의 목적대로 이용하지만 더 깊이 침투하지는 않는다. 공기와 빛, 태양이 내리쬐는 자갈길, 그 사이의 잔디밭과 바깥 울타리, 이런 것들이 그들의 유일한 관심이다. 소리가 들리기는 하지만 옥스퍼드 가의 복잡하고 꽉 막히는 교통은 그들의 관심사가 아니다. 돈을 벌려고 고생하는 것도 그렇다. 그들은 그런 것에 관심이 없다. 위대한 도서관에서 무언가를 찾고, 또 찾는 많은 영혼들에게도 그들은 관심이 없다. 이 고된 정신노동은 차에 짐을 싣는 노동과 별반 다르지 않다. 손에 잡히는 생산품이든 지적인 성취이든 간에 아무 가치도 없다. 오직 공기와 빛뿐이다. 건물 안의 갤러리에는 성물들이 있고 그 조각상들 위로는 그 이래로 수천 년을 비추어온 뜨거운 동방의 태양이 있다. 얼마나 잘못 만들어졌든 간에 이것들은 인간이 노력을 기울여 만든 것이고 인간의 사고와 손기술이 만들어 낸 결과물이다. 비둘기들은 그 당시에 사원들 주위를 훨훨 날아다녔다. 대기와 빛을 듬뿍 받으면서. 비둘기들은 그리스의 더 훌륭한 사원들 주위도, 철학이 태어난 건물 지붕 위도, 훨훨 날아다녔다. 여전히 빛, 햇빛, 그리고 천상의 대기뿐이었다. 우리는 고되게 일하고 고민하며, 우상들을 조각하고, 끊임없이 무언가를 기록한다. 하지만 수세기가 지나도 우리는 제자리다. 그런 육체의 노력이나 사고의 노력을 하지 않는 비둘기들은 햇빛을 가지고 있다. 그렇다면 비둘기 쪽이 더 낫지 않은가?

제프리스는 대영 박물관에 전시된 인간이 만든 신에서 대기와 빛으로 눈을 돌렸고, 거기에서 자유를 찾고자 했다. 하지만 그런 자유는 어디에서든 얻을 수 있다. 복잡한 도로에서도, 심지어 교회에서도 말이다. 자연을 경외하는 사람들이 인간이 만든 풍경을 넘어서서 찾고자 하는 자유는 종교의 영적 영역과 비슷하다. 즉 그것 역시 인간의 사고가 만든 구성물이다. 자기 자신에게서 벗어나기 위해 자신의 그림자를 쫓는다면, 그 노력은 수포로 돌아갈 수밖에 없다. 하지만 사고의 막으로 덮이지 않은 눈으로 본다면, 우리는 단 한순간만 포착할 수 있는 광경을 볼 수도 있을 것이다.

무한한 도시들

인간이 만들지 않은 광경을 보기 위해 꼭 인간 세계 밖을 보아야 하는 것은 아니다. 인간 세계 자체가 인간에게 미지의 것이기 때문이다.

인간이 자신을 위해 만든 마을과 도시 들은 깊은 숲 속만큼이나 이해 불가능하고 파고들기 어려운 곳일 수 있다.

어떤 사람을 하나 알고 있었다. 그는 런던에서 아주 멀리 떨어진 곳에서 죽어가고 있었는데, 지하철 플랫폼 위, 둥근 틈으로 양털처럼 솟아올라와 희미한 빛 속으로 사라지는 연기의 광경, 때 묻고 녹슨 쇠로 된 덮개 옆에서 볼 수 있을 법한 연기의 모습을 그리며 이상하게 한숨을 쉬었다. 그는 다른 사람들이 나폴리 만이나 카타니아의 올리브 나무들을 다시 보고 싶어하듯이 그 연기를 다시 보고 싶어했다. 또 다른 사람이 있었는데, 그는 너무나 간절히 어떤 박물관 계단 앞 자갈 위의 비둘기떼를 다시 보고 싶어했다. 이상한 모자를 쓰고, 비둘기들이 어깨 위, 손 위, 발 사이 할 것 없이 앉아 있거나 머리 주위에 후광을 그리듯 날고 있는 채로, 손에는 빵 부스러기가 담긴 종이 봉투를 들고 서 있는 어느 가난한 사람의 허름한 모습을, 그는 다시 보고 싶어했다. 런던은 이러한 '편린' 들이다. 런던에서는 시골 마을에서와는 달리 한 눈에 많은 것을 볼 수가 없다. (…) 멀리서 보면 런던은 지평선 위의 구름이다. 어두운 밤에 보면 서리힐 쪽으로 멀리 떨어진 곳에서 야생화, 소나무, 느릅나무 등이 잉크색 하늘을 배경으로 스카이라인을 이루고 있고, 그 위로 음울하고 사악한 빛이 보일 수도 있다. 그것이 런던이다. 런던은 구름 위에 자신을 드러낸다.

포드 매독스 포드가 쓴 『런던의 영혼*The Soul of London*』(1905)에 나오는 구절이다. 이 책에서 소설가이자 시인이자 문학평론가인 포드는 인상주의 기법으로 도시를 묘사한다. 그의 가장 혁신적인 작품이라 할 수 있는 『훌륭한 군인The Good Soldier』(1915)도 같은 방식으로 쓰여졌다. 『훌륭한 군인』에서 포드는 실제 삶과 기억이 그렇듯이 비약과 엉성함과 미끄러짐이 많은 방식으로 이야기를 풀어 놓으면서, 소설이라는 것의 속성을 바꿔 냈다. '경험'이 가진, 잡힐 듯 말 듯한 성질을 되살리기 위해 전지적 작가 시점을 거부한 것이다. 네 권짜리 작품 『퍼레이드의 끝Parade's End』(1924~1928, 아마 20세기 영국 소설 중 최고로 꼽을 수 있을 것이다)에서도 포드는 비슷한 기법을 도입했는데, 이번에는 1차 대전이 영국에서의 삶에 미친 영향을 재창조하기 위해서였다. 서사적 서술 방식을 버리고 인식과 기억의 불규칙성을 포착하는 방식으로 옮겨가면서, 포드는 더 많은 정확성을 담아내려 했다. 일관된 서사를 지어내는 대신 그는 한 개인의 경험을 드러낸다. 하지만 그 개인은 지속적인 행위자나 관찰자가 아니라 감각들의 꾸러미이다.

포드의 '문학적 인상주의'는 미술에서의 인상주의와 비슷한 시기에 시도됐다. 그리고 이 둘 사이에는 비슷한 점이 있다. 인상주의 화가들은 사물을 재현하려 하기보다는 감각들을 기록하려 했다. 세계가 안정적인 사물들로 구성되어 있다고 여기면서 세상을 보는 것은 환각을 보는 것이나 마찬가지다. 빠르게 사라지는 광경들은 책과 미술 작품에서 고정성을 획득한다. 문학적 인상주의는 새로운 종류의 사실주의적 시도였다.

포드는 그가 비판하는 종류의 글쓰기를 하는 예로 테니슨Tennyson을 들었다.

그리고 박쥐들은 조각난 하늘들로 돌아다닌다.
비칠 정도로 얇은 형상들이 빙빙 돌며 움직이거나 빛을 낸다.
이 형상들은 흰 털이 달린 망토 같은 모습에
털이 북슬북슬한 가슴, 그리고 구슬 같은 눈을 하고 황혼을 떠돈다.

이 부분을 인용하고서 포드는 이렇게 지적했다.

자연사 차원에서는 의심의 여지 없이 매우 좋은 기록이지만 인상주의는 분명코 아니다. 황혼에 박쥐를 보는 사람 중에 흰 털이나 북슬북슬한 가슴, 혹은 구슬 같은 눈을 볼 수 있는 사람은 없으니 말이다. 이런 것들은 책에서 읽을 수 있거나 동물원이나 박물관에서 관찰할 수 있는 사실일 것이다. 아니면 길에서 죽은 박쥐를 관찰해서 알았을 수도 있다. 하지만 한 순간의 관찰을 기록하는 데에 완전히 다른 순간의 관찰을 끌어들이는 것은 인상주의가 아니다. 인상주의는 전적으로 순간적인 것이기 때문이다. (…) 인상주의 작품은 그것이 시이든, 산문이든, 그림이든, 조각이든 간에 순간의 인상이어야 한다. 여러 상황에서의 관찰을 한데 모으고 주석을 단 형태여서는 안 된다. 그것은 당신의 마음속에서 10년 전, 혹은 10분 전에 벌어졌던 상황들의 기록이다. 혹은 현재의 인상일 수도 있다. 중요한 것은, 그것이 '인상'이지 퇴고하고 수정한 연대기가 아니라는 점이다.

인상주의적 시각으로 보면, 인간이 경험하는 세상은 언젠가 우리가 더 완전히 파악할 수 있게 될 어떤 실재의 불완전한 표현이 아니다. 인간 세계는 그 세계를 만드는 동물(즉 인간 동물)의 속성을 반영하고 있으며, 따라서 분절된 것들의 연속이다. 사물을 완전하게 인식하는 것은 가능하지 않다. 인식될 때마다 사물이 변화하기 때문이다.

어떤 철학자들은 인간 세계 이외의 것은 알 수 없다 해도 인간이 구성한 것들은 알 수 있다고 말할지도 모른다. 하지만 인간이 만든 것들 역시 파악할 수 없을 것이다. 지도는 어떤 한 시점에 구성된 도시의 물리적인 구조들을 나타낼 수 있다. 하지만 그 도시 자체는 기록으로 남겨질 수 없다. 지도가 완성될 무렵이면 도시의 물질적 환경이 바뀌어버리기 때문이기도 하지만, 도시가 가지고 있는 무한한 장소들을 지도에 담는 것이 애초에 불가능하기 때문이기도 하다. 그 안을 지나다니는 사람들을 포함해서, 고정되지 않은 그 무한한 장소들을 지도에 다 담을 수는 없다. 지도는 추상이다. 비교가 안 될 만큼 훨씬 더 다양한 경험들을 단순화한 것이다. 우리는 우리 자신에 대해 생각하는 것과 비슷한 방식으로 도시에 대해 생각한다. 시간이 지나도 안정적으로 쭉 이어지거나 계속 나타난다고 말이다. 하지만 사람이든 도시든, 계속해서 나타나는 것은 실체 없이 부유하고 변화하기 쉬운 '사고의 구성물'일 뿐이다.

포드에게 런던은 변치 않는 장소가 아니라 움직이는 미로다.

충분히 멀리 떨어져 생각해 볼 때, 런던에 대해서는 놀라울 정도로 거의 아무런 모습도 떠올릴 수 없다. 런던은 본질적으로 '도시'다. 하지만 도시이기보다는 하나의 추상이다. 사람들은 "그는 그의 런던을 알아"라고 말하지만 실제로 '그의 것'인 부분을 넘어서면 그가 아는 것은 얼마나 적은가? 또 우연히 그가 천문학자라고 해도 태양계에 대해서인들 얼마나 더 알겠는가?
그리고 그것의 '분위기'(그게 뭐든 간에), 그것의 '특성'(그게 뭐든 간에), 익숙하고 내 집 같은 기분을 느끼게 하는 이상한 느낌들, 즉 런던 경찰의 경찰모, 가게들이 늘어선 런던 거리의 앞면, 가로등의 불빛이 안개 속에, 주택가의 정면에, 정원 나무들의 앞면에, 공원의 길에 발하는 효과들 등, 런던의 분위기와 특성을 만드는 모든 작은 것들이 이제까지처럼 앞으로도 그에게는 '런던' 하면 떠올리게 되는 원형의 장소로 계속 남아서 이후에도 런던을 여기에 비추어 보고 이것을 기준으로 생각하게 될 것이다. 그래도 런던은 여전히 누구의 것도 아닌 채로 남아 있을 것이다.

런던이 결코 파악될 수 없는 무언가라고 이야기한 사람은 포드가 처음이 아니다. 19세기 초의 에세이 작가 토머스 드 퀸시Thomas de Quincey도 아편에 취한 채 런던을 돌아다니다가 자신이 걷는 거리가 환영이라는 인상을 받았다고 말한 바 있다. 드 퀸시와 동시대 사람으로, 역시 아편 중독자였으며 독일 관념론 철학의 영향을 받은 시인이자 철학자

새뮤얼 콜리지Samuel Coleridge처럼, 드 퀸시는 감각이란 영적인 것들을 해독하는 암호라고 보는 초월적 주술주의를 믿었다. 하지만 감각 너머의 영역에 대한 주술적 믿음과 인상주의 사이에는 좁힐 수 없는 간극이 있다. 인간이 만든 상징의 세계는 정확히 해석하기만 하면 만물의 비밀스런 지식에 접할 수 있는 신비로운 경전이 아니다. 인간이 만든 상징들은 이해할 수 없는 세계 위에 흩뿌려져 떠다니는 먼지다.

낭만주의자들이 인간이 만들지 않은 의미 있는 것을 찾기 위해 인간이 만든 것들에서 눈을 돌린다면, 관념론자들은 의미의 상실을 벗어나기 위해 인간이 만든 세계로 되돌아온다. 이는 둘 다 실수이다. 인간의 정신은 자신도 모르는 사이에 파악할 수 없는 세계들을 만들어 낸다. 인간이 만든 것들은 보통의 인간 눈에는 보이지 않는 아름다움을 담고 있다. 인간이 만든 장소들도 숲 속에서 볼 수 있는 광경만큼이나 신비롭고 찰나적이다. 평범하고 일상적으로 세상을 인식하게 만드는 주문을 깨면, 탐험가들이 지도에 나오지 않는 곳을 다니면서 발견하는 것처럼 도시 안에서도 예상하지 못했던 장소들을 발견하게 될 것이다.

숨넘어갈 듯한 기침과 초록 코트

당신이 요절할 운명이라는 것을 알게 된다면 남은 시간 동안 무엇을 하겠는가? 그냥 작은 연못가에 앉아 있기로 한 사람이 한 명 있었다.

인공 연못처럼 아름다운 모양을 하고 있었지만 사실은 아니었다. 넓은 언덕 지대의 골짜기에서 지표수가 흘러들어 만든 자연 못이었다. 하지만 언제나 내게는 그 못이 마법의 못으로 보였다. 나는 그곳을 지날 때마다 언젠가는 모종의 특별 허가를 받아서 이 작은 못, 초록의 성수가 담긴 이 작은 그릇에 서 삶의 비밀을 말해 주는 속삭임을 듣게 될 것이라고 생각하곤 했다. 여름 날 건조한 나비의 시간이 지나고 나서 이슬점에 도달했을 때 꽃잎을 갑자기 촉촉하게 적시면서 스스로를 드러내는 이슬만큼이나 확실하고 자연스럽게 삶의 비밀이 내게 드러날 것이라고 생각했다.

항상 그 영광의 시간을 바라며 나는 계절마다 그 연못의 가장자리를 어슬렁 거렸다. (⋯) 지난 9월의 어느 부드러운 저녁, 내가 찾던 지식의 숨결이 내게 로 왔다. (⋯) 모든 것이 고요했고, 모든 것이 무언가 좋은 일을 기대하고 있 는 듯했다. 그리고 드디어 내가 기다리던 전령이 나타났다.

그것은 토끼 한 마리였다. 나는 멀리서 그 토끼를 보고, 손가락을 까딱한 것 말고는 아무 짓도 하지 않았다. 토끼는 주저하며 다가오더니, 앞으로 나왔다 가, 뒤로 물러섰다가, 즐겁게 뛰놀았다가, 우울해했다가 하면서 점점 더 가 까이 왔다. 토끼는 실제로 물을 마시려고 한 것이었을까? 토끼의 부드러운 갈색 턱이 물에 닿는 것을 10미터나 떨어진 곳에 있던 내가 정말 본 것일까? 그런 섬세한 움직임을 보는 것이 허용되었다면, 나는 드디어 내가 바라던 계 시를 얻은 것이다. 그날 저녁의 고요함은 너무나 깊어서 땅쥐의 털이 잔디에 스치는 소리도 들릴 정도였다. 무한히 먼 하늘에서는 달이 완벽한 고요 속에 떠 있었다. (⋯) 나는 황홀경에서 갑자기 깨어났다. 그리고 어떤 소리를 들었

다. 잎에 떨어지는 비처럼 신선하고 부드러우면서도 민감한 소리였다. 나는
그 토끼가 물 마시는 소리를 들었다.

르웰린 포위스Llewelyn Powys는 성인이 된 이후 거의 내내 죽음을 가
까이에 두고 살았다. 더 잘 알려진 작가인 존 쿠퍼 포위스John Cowper
Powys(1872~1963)와 시어도어 포위스Theodore Powys(1875~1953)의 동생
이자 목사 찰스 프랜시스 포위스Charles Francis Powys의 자녀 열한 명 중
한 명인 르웰린은 스물다섯 살이던 1909년에 자신이 폐결핵에 걸렸다
는 사실을 알게 되었다. 『위험한 판돈Skin for Skin』에서 그는 이렇게 기
록했다.

중병에 걸렸다는 사실을 알게 된 충격은 내게 이상한 효과를 미쳤다. 나는
죽음이 이 세상에 태어난 모든 아기가 맞게 될 결과가 아니라 신비롭게도 나
하나만을 위해 존재하는 길인 것처럼 행동했다. (…) 나는 거기에서 무엇이
건 내가 얻을 수 있는 감각을 얻고 싶었다. 하지만 그와 동시에 마음 깊은 곳
에서는 내 병이 얼마나 중한지 깨닫고 싶지 않았다. 나는 죽음에 대해 이야
기하는 것을 좋아했지만 죽고 싶지는 않았다. (…) 나는 가능한 모든 방법으
로 내 처지를 극화했다. 내 상황을 완전히 외면하고서, 안전하게 나무 위에
앉아 있는 작은 다람쥐처럼 죽음에 대해 수다를 떨었다.

르웰린이 아프다는 이야기를 듣고 그의 형 존은 파리에서 도르세로

르웰린을 보러 왔다. 존이 새벽에 도착하면 그들은 아침까지 이야기를 하곤 했다. 폐에 부담을 주지 않기 위해 르웰린은 속삭이듯 말했다. 근처 마을에 살던 르웰린의 또 다른 형 시어도어도 르웰린을 찾아왔다. 하지만 존의 방문과는 사뭇 달랐는데, 시어도어는 병이 자신에게 옮을까 봐 신경을 쓰는 눈치였다. "그[시어도어]는 열린 창문 옆에 앉아서 맑은 공기를 들이쉬면서, 그가 관찰한 천 가지의 이상하고 환상적인 일들에 대해 이야기했다."

또 다른 방문객도 있었다. 늙은 석공이었다. "그는 내 침대맡에 앉아 있었는데 그의 태도는 어떤 사람이 다른 누군가가 악마의 덫에 걸린 것을 보았을 때 갖게 되는 특유의 의기양양함을 보이고 있었다. **'당신은 곧 숨넘어갈 듯이 기침을 하는군요.'** 석공의 이 말로 정신이 번쩍 들었다. 나는 감각을 고양하기 위해 내 상황을 극화하는 그 모든 일이 끝나면, 나 혼자만이, 나만이, 차가운 느릅나무 관 안에서 며칠이고 몇 년이고 몇 세기이고 추운 날들을 지내게 되리라는 것을 깨달았다."

르웰린은 치료를 하기 위해 1909년에 영국을 떠나 스위스의 크라바델로 간다. 그곳 요양원에서 2년을 보내는데, 요양 중에 그는 죽음에 대한 꿈을 반복적으로 꾼다. 『위험한 판돈』에서 그는 이렇게 기록했다.

어린 시절부터도 계속 그랬지만, 이 기간에는 실체가 없는 그 이미지들이 전보다 더 손에 잡힐 듯 보였고 더 진짜인 것처럼 느껴졌다. 꿈에서 나는 어디인지 모를 곳을 떠돌다가 코를 자극하는 어떤 냄새를 갑자기 알아차린다. 그 냄새는 달콤하면서 동시에 역하다. "아하." 나는 혼잣말을 한다. "이것은 죽음의 냄새로구나. 인간의 살이 썩는 냄새로구나." 그리고 곧바로 내가 선 땅이 내 밑으로 가라앉고 나는 사방으로 무너지는 묘지에서 버둥거린다……. 훗날, 사랑했던 사람들의 시신에 겁도 없이 너무 가까이 다가갔을 때, 나는 알게 되었다. 꿈에서 맡은 냄새는 죽은 인간의 냄새가 **맞았다**. 죽은 소에서 나는 냄새와는 약간 달랐다.

죽음을 늘 곁에 두고 살아가면서 르웰린은 자신이 당시 영국의 중산층 문화에 팽배해 있던 성적 억압에서 벗어났다고 느꼈다. 그래서 중산층의 도덕 따위는 아무래도 좋았던 요양소의 생활이 그에게는 그리 불행하지 않았다. "이런 놀이터에 있다는 게 운 좋게 느껴졌고 너무나 기뻤다. 나비(가령, 큰멋쟁이나비)가 도시의 아스팔트 길을 지루하게 날고 나서 드디어 제라늄이 가득한 정원에 도달했을 때 느낄 법한 무한한 만족감을 정말로 느꼈다." 그곳의 몇몇 환자들과 달리 르웰린은 살고 싶다는 열망이 여전히 강했지만, 감염의 위험을 무릅쓰고 동료 환자들과 유쾌한 접촉을 하면서 자신의 건강을 거는 모험을 했다.

남은 생애 동안 르웰린은 성적 자유를 열렬히 옹호하고 기독교를 단호히 반대했다. 성적 억압에 일조했다는 점도 기독교를 반대한 이유 가운데 하나였을 것이다. 르웰린은 스스로를 로마 시인 루크레티우스 Lucretius의 사도라고 생각했다. 하지만 성은 정신의 평정을 위협하는 것이므로 피해야 한다던 루크레티우스의 에피쿠로스주의적 신념은 받아들이지 않았다. 르웰린은 말년에 쓴 대부분의 글에서 물질주의를 강하게 옹호했다. "물질의 소멸, 우주의 소멸, 이것이 가능한가? 여기에 우리가 삶에 대한 철학의 토대로 삼을 만한 가설이 있다." 르웰린은, 종교를 거부한다는 것은 이 세계의 질서라는 개념을 모두 거부하는 것이어야 한다고 생각했다.

버려야 할 것은 신에 대한 믿음만이 아니다. 내세에 대한 희망만도 아니다. 미리 설계돼 있는 도덕적 질서가 존재한다는 믿음도 모두 버려야 한다. 이는 우리가 아는 태양이 어떤 꼼꼼한 신의 지시하에 존재하는 게 아닌 것만큼이나 자명한 사실이다. (…) 인간과 별도로 독립적으로 존재하는 도덕적 질서란 없는 게 확실하다. 우리는 나침반 없이 형세를 살펴야 하고 구명 보트의 갑판이 발 밑으로 미끄러져 사라지는 상황에 준비되어 있어야 한다. 모든 선함에 대해 근본적으로 회의하는 철저한 허무주의자로서, 우리는 난파한 배의 선원처럼 가진 것들을 궁여지책으로 활용한다. 우리에게는 방향 감각이 없다. 그리고 우리는 우리 자신이 겪는 미미한 순간들의 경계를 넘어서는 아무것도 존재하지 않는다는 것을 의심하지 않고 받아들인다.

성 바오로는 '독창적이고 열정적인 시인' 예수의 엇나간 가르침으로부터 삶을 부정하는 종교를 창안했다. 르웰린은 바오로가 개발한 종교에 대항해 싸우기보다는 그것을 그냥 뒤에 남겨 놓고 가라고 조언한다. "그냥 가게 두어라. 그게 뭐가 중요한가? 그러거나 말거나 다 똑같을 뿐이다. 각다귀가 노래하게 두어라. 벌이 주둥이에 꿀을 묻힌 채 윙윙거리게 두어라. 그때 (지금도 그렇듯이) 나뭇가지에서 잠을 자는 새들과 한밤에 풀잎의 밑단에서 뭔지 모를 임무를 수행하는 벌레들은 이 사람의 정신을 동요시킨 환상에서 완전히 사라질 것이다." 인간은 "꿈꾸는 소재, 입김의 형상들이다. 인간은 세계의 초원을 거쳐 무덤으로 빠르게 지나가는 그림자다. 그곳에서는 손뼉 한 번 칠 사이에 영원이 하루와 같고 하루가 영원과 같다."

르웰린은 전통적인 종교에 적대적이긴 했지만 그 아름다움을 모르지는 않았다. 『위험한 판돈』에서 그는 이렇게 언급했다. "가끔 일요일 새벽에 나는 성체를 받기 위해 오래된 회색 성당에 들어가곤 했다. 그리고 그 아름답고 역사적인 의례를 받아들이기 위해 무릎을 꿇고 절을 하면서, 이 유언비어가 두세 사람만 모일 수 있는 곳이라면 어디에서나 수세대를 거쳐 살아남을 수 있었던 비결이 무엇일까 하고 생각해보았다. 내 주위에서 알 수 없는 평화가 느껴졌고, 창 밖으로 보이는 교회의 뜰에는 잎이 다 떨어진 나무가 서 있었다. (…) 그러고 있자니 나도 반쯤은 믿고 싶다는 생각이 들었다. 안 될 건 뭔가?" 르웰린은 기독교가 널리 퍼진 것을 놀라워했고 기독교가 그렇게 많은 사람을 개종시킨 것에 유감스러워했지만, 기독교가 이토록 성공한 것이 인간의 어리석음 때문이라고 보지는 않았다. 종교는 바뀌지 않는 현실들에 인간이 직면할 때, 무엇보다도 죽음이라는 현실에 직면할 때, 그에 대해 내보이는 시적인 반응이다.

르웰린은 병세가 호전되자 도르세로 돌아왔다. 그리고 시골길을 걷다 늙은 나무꾼을 만났다. 『위험한 판돈』에 그 장면이 묘사되어 있다.

"오, 세상에!" 그가 외쳤다. "르웰린 도련님, 다시 뵐 수 있을 거라고는 생각 못했어요. 돌아가신 시신으로라면 몰라도 말이에요." 늙은 나무꾼은 모자부터 신발까지 나를 위아래로 훑어보았다. 내 신발은 잡초 때문에 노란 얼룩이 져 있었다. "여름에 많이 돌아다니셨나 봐요." 그가 얼룩을 알아보고 말했다. "하지만 기침이 다 낫진 않았네요. 의사가 도련님을 치료해 줄 수 있다고 말했지만 그들은 할 수 없어요. 어떻게 땜질은 해 놓을지도 모르지만요. 하지만 두려워하지 마세요. 도련님은 곧 초록 코트를 입게 되실 거예요." 여기서 "초록 코트"는 곧 내가 묻힐 (그는 내가 곧 그렇게 될 것이라고 확신하고 있었다) 무덤 위로 자랄 풀을 말하는 것이었다.

르웰린이 완치되지 못할 것이라 생각했다는 점에서는 나무꾼이 맞았지만 르웰린이 '곧' 죽을 거라던 생각은 틀렸다. 르웰린의 형제 중 한 명이 영국령 동아프리카에서 농사를 짓고 있었는데, 르웰린도 1914년에 그곳에 가서 5년간 목축업을 하며 살았다. 나중에 그는 아프리카 생활을 책으로 펴내 미국에서 유명해진다. 아프리카에서 생활하면서 르웰린의 생각은 더 확고해졌다. "아프리카는, 그곳의 흑색 갈기 사자처럼, 오랫 동안 인간의 눈앞에서 춤추면서 인간을 행복하게 했던 그 모든 정교한 환상들을 빨아들여 없애 버린다. 진실만이 살아남는다. 유럽에서는 약간 미심쩍었던 생각이 여기에서 확실해졌다. **삶의 우물 밑바닥에는 아무 희망도 없다.** 전갈자리 아래에서, 남십자성 아래에서, 열대지방의 밝고 무심한 빛 속에서, 세상의 영혼은 텅 비어 있다는 것이 분명히 드러난다. 표면이 전부이고 그 아래에는 아무것도 없다." 표면 아래에는 아무것도 없다는 생각은 르웰린을 불안하게 만들기는커녕 삶을 더 즐기도록 만들어 주었다.

도르세로 돌아온 후, 1919년에 르웰린은 형 존과 함께 미국에 가서 작가 겸 강사로 살려고 했다. 하지만 기질적으로 가르치는 일에 적합하지 않았던 그는 (형과 달리) 글쓰기로 돈을 많이 벌지 못했다. 뉴욕 6번가에서 하루 25센트라고 광고하는, 중앙 통로가 난 지하 묘지 같은 여관 방에 묵을까 생각한 적도 있었다.

"나는 드넓은 아프리카의 평원을 달리던 때를 떠올리며 무한한 향수를 느꼈다. 내가 탄 말이 발굽으로 사자의 뼈를 박차고 달리는 것을 떠올렸다. 인간도 없고 인간들이 서로를 잡으려 놓아둔 덫도 없어서, 코뿔소들이 호모 사피엔스라고 불리는, 말도 못하게 교활하고 흉포한 직립 유인원이 이 세상에 존재했었다는 사실 따위는 완전히 잊고서 새끼들에게 젖을 먹일 수 있었던 그곳을 떠올렸다."

1925년에 르웰린은 영국으로 돌아와서 앨리스 그레고리Alyse Gregory와 함께 도르세 해변의 외진 곳에 정착했다. 앨리스는 미국 문학 저널 『다이얼Dial』의 전직 편집자로, 1924년에 뉴욕에서 르웰린과 결혼했다. 그들은 많은 곳을 함께 돌아다녔다. 미국으로 돌아갔다가"

그 다음에는 팔레스타인과 카프리로 갔고, 다시 미국으로, 그 다음에는 서인도로 갔으며, 도르세로 돌아왔다가, 다시 스위스로 갔다. 1884년생인 르웰린은 1939년에 출혈성 궤양으로 숨졌다.

르웰린은 그가 쓴 『사랑과 죽음: 상상의 자서전Love and Death: An Imaginary Autobiography』(1939년 5월 출간)에서 상상했던 것과 비슷한 모습으로 죽은 것 같다.

다시 우리 둘만 있는 걸 보니 앨리스가 간호사더러 이제는 가도 좋다고 말한 모양이다. 나는 알고 있다. 열은 내렸다. 추위에 으슬으슬 떨고 있지만 내 정신은 명료하다. 나는 죽어가고 있으며 그 사실을 알고 있다. 내게는 남은 날이 없고, 이제 들이쉬고 내쉬는 숨을 포기해야 한다. 드디어 이 무서운 순간이 왔다. 하지만 두렵지 않다. (⋯) 죽음은 내가 생각했던 것보다 끔찍하게 느껴지지 않는다. (⋯) 내 가슴은 규칙적으로 헐떡거린다. 한번도 본 적 없는 깊은 어둠이 내게로 밀려와 내 존재를 가라앉힌다. 완전한 어둠, 감각의 죄를 범하지 않고 생각의 죄도 범하지 않은 어둠, 끝없는 세월의 먼지와 맹목적이고 무심하게 교류하는 것만 빼고는 그 어떤 것에도 관심이 없는 어둠 속으로 나를 가라앉힌다.

■ 르웰린은 아프리카 회고담 『흑단과 백상아Ebony and Ivory』와 『검은 웃음Black Laughter』으로 드디어 미국에서 유명해졌다

스위스에서 임종을 한두 시간 앞두고 르웰린은 아내에게 이렇게 말했다. "내가 먼지의 달콤한 그물이었으면 좋겠어." 앨리스는 1년 뒤에 도르세로 돌아와서 이렇게 기록했다. "우리의 기원은 동물적인 기원이며 우리는 먼지로 돌아간다. 우리의 뇌가 만드는 환상들은 바람 속의 엉겅퀴에 불과하다. 나는 격식, 능숙한 일처리, 그리고 세련된 행동과 생각을 좋아한다. 하지만 그러면서도 나는 삶이 **아무것도 아니라는 것** 역시 알고 있다. 팡파르, 떼까마귀의 날개, 소년이 부는 휘파람처럼 사라져 버리는 것이 삶인 것이다." 앨리스는 4반세기를 더 살았는데 대체로 행복했다. 전 세계에서 친구들이 찾아왔고 전에 남편과 함께 살던 집 주변의 자연 풍광을 즐겼다. 도르세에서 살려면 많이 걸어다녀야 했는데, 건강이 악화돼 그럴 수 없게 되자 앨리스는 1957년에 그곳을 떠나 내륙 지역으로 갔다. 그리고 10년 뒤, 남편이 즐겨 입던 외투 위에 누워서 독약 가루를 먹고 자살했다.

르웰린은 자살을 하지는 않았지만 목숨이 다하려 할 때 그것을 막으려 애쓰지도 않았다. 그는 의사가 권하는 수술을 거부했다. "그들은 나를 잘못된 길로 끌고 가려고 한다. 나는 이제까지 행복하게 살았으며, 마지막에는 에피쿠로스를 따르는 사람처럼 죽고 싶다." 죽기 1주일 전에 르웰린은 친구에게 쓴 편지에서 이렇게 언급했다.

"나는 반 세기를 햇빛 아래에서 행복하게 살았다."

요절이라는 전망에서 도망치면서 르웰린이 생애 내내 추구했던 것은 무엇이었을까? 분명 불멸은 아니었다. 그는 인간이 불멸에 적합하지 않다는 데에 이미지즘 시인 F. S. 플린트와 견해를 같이 했다.

불멸? ⋯ 아니
이 사람들은 불멸일 수 없다.
나도 마찬가지다.
지친 얼굴들,
세상을 결코 본 적이 없는 눈들,
공기 속에서 결코 살아본 적이 없는 몸뚱이들,
어떤 말도 만들어 본 적이 없는 입술들,
그들은 뚝뚝 끊어지고 웅얼거리는 소리로 못 알아들을 말을 한다.
큰 길을 가로막은 채
불멸? ⋯
숲에서,
수풀의 잎에서 잎으로 뛰는
새의 그림자를 보면서,
나는 불멸이다.
하지만 이들은?

르웰린은 죽는 상상을 하는 것을 싫어했지만 그렇다고 필멸의 존재라는 사실을 형벌처럼 여기지도 않았다. 항상 죽음과 가까이 있었기에 그는 그가 꿈꾸는 것을 자유롭게 따라가 볼 수 있었다. 그리고 그것은 바로 삶의 감각이었다.

사라지는 행동

조르주 심농George Simenon의 소설 『몽드 씨, 사라지다M. Monde Vanishes』의 주인공 몽드 씨는 존경받는 사업가였는데 48세 생일에 사업도, 가족도(딸과 아들, 첫 아내와 이혼 후 재혼한 아내) 버리고 갑자기 사라진다. 몽드 씨는 "모든 유령을 놓았고, 모든 그림자를 버렸으며, 고요하고 차가운 눈빛으로 당신의 눈을 응시한다." 분명 자유의지로 저지른 일인데도 몽드 씨는 다른 선택지가 없었다고 느낀다. "내면의 갈등도, 내려야 할 결정도 없었다. 정말로 어떤 것도 그가 '결정' 한 것은 없었다." 금고에서 상당량의 돈을 꺼내 들고 거리로 나섰을 때, 몽드 씨에겐 아무런 계획도 없었다. 그는 노동자의 옷으로 갈아입고 수염을 깎고서 싸구려 호텔에서 하루를 묵는다. 그리고 다음날 아침, 마르세유로 가는 기차를 탄다.

마르세유 항구 근처의 싸구려 방에서 깨어난 몽드 씨는 자신이 울고 있었다는 사실을 깨닫는다. "일반적인 눈물이 아니었다. 깊은 샘에서 끝없이 나오는 따뜻한 물줄기 같았다. 그 물줄기가 눈썹의 제방 뒤에 모였다가 뺨 위로 자유롭게 흘러내렸다. 한 방울, 한 방울씩 떨어지는 것이 아니라 창문으로 흐르는 비처럼 줄줄 흘렀다. 그의 턱 옆으로 흘러내린 눈물이 베개를 넓게 적셨다." 허름한 방 때문이 아니라 전에 그가 살던 삶 때문에 흐르는 눈물이었다.

그는 정신이 맑았다. 긍정적인 것으로 여길 통상의 맑은 정신이 아니라 나중에 부끄러워할 만한 명료함이었다. 아마도 그 명료함이 시나 종교가 부여하는 위대함을 일상의 것들이라고 여겨지는 데에 부여하고 있었기 때문일 것이다. 그의 존재 전체에서 그의 눈을 통해 흘러 나오고 있는 것은 지난 48년간 쌓인 모든 피로였다. 그리고 이 눈물이 부드러운 눈물이라면, 그 이유는 시련이 끝났기 때문일 것이다.

그는 포기했다. 그는 분투하기를 그만두었다. 그는 아주 먼 곳에서 이곳으로 서둘러 왔다.(기차 여행은 더 이상 존재하지 않았고 끝없는 비행의 감각만이 남아 있었다.) 그는 서둘러 이곳으로, 바다를 향해 왔다. 광대하고 푸른 바다는 어떤 인간보다도 더 열정적으로 살아 있었다. 지구의 영혼이고 세계의 영혼인 그 바다는 그의 가까이에서 평화롭게 숨을 쉬고 있었다.

옆 방에서 나는 싸움 소리에 꿈에서 깬 그는 한 소녀(줄리)를 알게 되고 사랑에 빠진다. 줄리는 카지노에 호스티스로 일자리를 얻는다. 며칠이 지나 그는 줄리와 함께 살게 된다. 몽드 씨는 나이트클럽에서 일을 하는데, 직원들을 개구멍으로 엿보면서 그들이 뭔가를 빼돌리지 않는지 감시하는 일이다. 며칠 뒤, 그가 집을 떠날 때 금고에서 가지고 나온 돈을 넣어 두었던 함이 사라진다. 방 옷장 위에 두었는데 없어진 것이다. 그에게는 이제 아무것도 없다. 그리고 이름마저 이미 '데시레 슈에'로 바꾸었던 터라(어느 파이 가게에서 밖을 바라보다가 길 건너 간판에서 발견한 이름이다), 그는 이제 다른 사람들처럼 살아간다.

몽드 씨는 자신이 찾으려 한 자유를 찾지 못했다. 돈과 시간에 더 쪼들린다는 점만 빼면, 사회의 변두리에 와서 발견한 세계도 그가 거부하고 온 세계와 다르지 않았다. 그래도 데시레에게 삶은 전과 달랐다. 무엇보다 빛이 달라졌다.

"그 빛은 지중해의 작은 만들을 비추는 빛과 같은 것이었다. 그는 그것이 햇빛이라는 것을 깨달았다. 하지만 이 햇빛은 희석되고 흐트러지고 때로는 프리즘처럼 분해되어서 어떤 때는 갑자기 보라색이다가, 또 갑자기 초록색, 붙잡히지 않는 전설의 녹색 광선처럼 강렬한 초록색이 되기도 했다."

그는 실망하거나 우울해하지 않았다. 그는 누가 그 돈을 훔쳤는지 알고 있었다. 돈이 없어진 이후로 그를 마주칠 때마다 적의를 보였던 여종업원이 한 짓이었다. 하지만 몽드 씨는 그 종업원에게 과도하게 예의를 갖추었다.

몽드 씨는 화도, 분노도, 후회도 느끼지 않았다. 열네 살 때였던가 열다섯 살 때였던가, 그는 리세에 살고 있었는데, 사순절 단식 이후에 어떤 강렬하고 신비로운 시기를 경험한 적이 있었다. 그는 자신의 낮과 밤의 일부를 영적인 완성에 바쳤다. 어쩌다가 그 당시의 사진이 한 장 남았는데, 사진 속의 그는 더 말랐고 좀 경멸하는 듯이 보였다. 그리고 부드러운 미소를 띠고 있었는데, 그 미소는 나중에 그 사진을 볼 때마다 그를 화나게 했다. (…) 지난 두달 동안에는 전보다 훨씬 심하게 체중이 줄었다. 한때 좋았던 혈색이 지금은 누렇게 병색을 띠었다. 하지만 지금의 얼굴을 언젠가 볼 수 있게 된다면 평온함뿐 아니라 비밀스런 기쁨, 거의 병적인 기쁨까지 이야기하는 이 얼굴을 매우 만족스러워하면서 바라보게 될 것이다.

개구멍으로 들여다 보는 일을 하다가 그는 이혼한 아내가 나이트클럽에 있는 것을 본다. 아내는 아편에 중독되어 있었다. 몽드 씨는 아내를 만나 함께 파리로 돌아간다. 그는 손을 써서 아내가 치료를 받을 수 있게 하고, 그동안 왜 떠났는지에 대해서는 설명하지 않은 채 가족에게 돌아온다. 그는 예전의 그와 동일한 사람이 아니다.

그는 분명히 육체에서 이탈한 정신이 아니었다. 그는 여전히 몽드 씨, 혹은 데시레였다. 아마도 데시레였을 것이다. 아니, 그건 중요하지 않았다. (…) 다른 사람들이 그들이 의식하지 못하는 질병을 그냥 갖고 살듯이, 그 역시 오랫동안 의식하지 못한 채로 인간의 조건을 참아왔다. 그는 늘 사람들 속에서 살아가는 사람이었고, 그들처럼 군중 속에서 떠밀리면서 힘겹게 열심히 살았다. 어디로 가는지도 모르면서, 때로는 나약하게, 때로는 단호하게. 그런데 지금 달빛 아래에서 신비한 섬광이라도 비춘 듯 삶이 갑자기 다르게 보였다.

이전에는 중요했던 모든 것이, 그 모든 것의 외피와 살과 겉면이, 존재하기를 멈추었다. 그리고 그 자리에 있는 것은……

하지만 그곳에! 이것을 줄리나 다른 누구에게 말하는 것은 의미가 없다. 이것은 **소통될 수 없는 것이다.**

그가 새롭게 깨달은 건 무엇이었을까? 마르세유의 호텔 침대에 누워서 잠에 빠졌다가 깨었다가 하면서, 그는 자신이 무언가를 발견했다고 느꼈다. 하지만 그가 발견한 것은 무엇이었을까?

그는 땀 냄새가 나는 딱딱한 침대에서 힘겹게 돌아 누웠다. 그는 어린 시절에 그랬듯이 다시 한 번 자신의 땀 냄새에 익숙해졌다. 인생에서 너무 오랫동안 땀 냄새를 잊고 있었다. 태양의 냄새도, 그리고 바쁘게 사느라 사람들이 더 이상 의식하지 못하는 그 모든 살아 있는 냄새도 잊고 있었다. 그는 생각했다. '아마도 그 이유는……'

그는 진실에, 어떤 발견에 가까이 있었다. 그는 다시 침잠하기 시작했다. 그러고 나서 무언가가 그를 표면 위로 다시 들어올렸다……

몽드 씨가 발견한 것은 언어로 이야기될 수 없다. 그의 깨달음은 그 안에서 일상의 의미들이 부서져 내리는 '부정의 깨달음'이며, 섬광처럼 왔다가 사라지는 것이다. 하지만 몽드 씨가 본 것이 무가치한 것은 아니었다. 그를 다른 사람이 되도록 해 주었으니 말이다.

『몽드 씨, 사라지다』는 심농이 '로망스 뒤르(romans durs, 딱딱한 소설)'라고 부른 소설 중 하나이다. 심농은 매그레 반장 시리즈를 포함해 그가 쓴 수백 권의 추리 소설과 구분하기 위해 로망스 뒤르라는 말을 사용했다. 심농의 로망스 뒤르는 가장 견고한 삶인 듯 보이는 것 아래로 흐르는 불안정의 심리를 탐험하고 있다.

이들 '로망스 뒤르'의 주제는 인간의 영혼이다. 하지만 심농은 자신의 등장인물을 설명할 때 심리 묘사를 거의 하지 않는다. 몽드 씨는 그를 움직이도록 만드는 '인상들' 안에서 존재한다. 그가 중산층의 안락함을 버리고 비주류 사람들의 로맨스로 보이는 것을 추구할 때, 독자들은 대체 그가 어떤 동기에서 그런 행동을 하는지 알지 못한다. 독자가 알 수 있는 것은 몽드 씨도 자신이 왜 떠나고 있는지 모른다는 것뿐이다. 그가 잠자리에서 어떤 생각들로 괴로워하는지는 잠깐 나오지만 그의 마음 상태는 거의 드러나지 않는다. 그가 십 대 초반에 신앙을 가졌다는 내용은 나오지만, 그 신앙이 그가 갑자기 안정적인 생활을 버리고 무작정 떠난 것과 관련이 있는지 여부는 나오지 않는다.

몽드 씨는 어떤 설정들로 구성되어 그 설정들 안에서 자신을 발견하는 것처럼 보인다. 자신이 무엇을 하는지 잘 모르지만 그가 하는 행위들은 그 자신의 것이다. 그것은 그의 충동이 하는 행동이다. 그는 낯선 사람이 되는데, 이 낯선 사람은 어디선가 난데없이 나타난 것 같아 보인다. 이전의 삶을 벗어버릴 때, 이는 그가 접하는 장면, 소리, 냄새에 반응하는 것이다. 심농의 이야기는 어떤 도덕적인 교훈도 담고 있지 않다. 하지만 이 이야기가 전달하고자 하는 주제가 있다면, 우리를 스쳐 지나가는 '인상'들이 우리 삶의 주인이라고 여겨지는 '자아'보다 더 실재한다는 점일 것이다.

심농의 모든 글이 그렇듯이, 여기에서도 종교는 거부되는 것이 아니라 무시된다. 몽드 씨는 십 대 시절에 종교적인 금욕 생활을 했던 것을 부드러운 비웃음을 머금고 되돌아 보는데, 여기에 그가 구원을 열망한다는 암시는 어디에도 없다. 그가 추구하는 것은 일종의 자유이다. 당신이 더 이상 기억의 법칙에 지배되지 않을 때 얻을 수 있는 종류의 자유 말이다.

프루스트에 대한 연구에서 사뮈엘 베케트는 이렇게 기록했다.

기억의 법칙은 그것보다 더 보편적인 습관의 법칙에 종속된다. 습관은 한 개인과 그의 환경 사이에서, 혹은 그 개인과 그 자신의 유기체적인 특이점들 사이에서 발휘되는 타협이다. 습관은 그에게 지루하리만큼 깨지지 않는 지속성을 보증해 주고 존재의 피뢰침 역할을 해 준다. 습관은 개를 항상 자기가 토한 자리로 돌아오게 하는 무게 중심이다. 숨 쉬는 것은 습관이다. 삶은 습관이다. 혹은 삶은 습관들의 연속이다. 한 개인은 개인들의 연속이니 말이다. (…) 세계의 창조는 한 번에 일제히 일어난 것이 아니다. 그것은 날마다 벌어지는 일이다. 그렇다면 습관이란 한 개인을 구성하는 셀 수 없는 주체들, 그리고 그것들과 관련된 셀 수 없는 객체들의 상호작용으로 발생하는, 셀 수 없는 성질들을 일컫는 일반적인 용어이다. 하나의 적응과 그 다음의 적응 사이를 분절하는 (빵과 포도주가 그리스도의 몸과 피로 변하는 것에 맞먹을 만한 형체 변화라 해도 죽은 자를 위한 수의가 곧바로 아기를 위한 배내옷이 될 수는 없으므로. 순차하는 두 적응은 연속적이 아니라 분절적일 수 밖에 없다) 이 행기들은 개인의 삶에서 위험한 영역을 나타낸다. 이 영역은 위험하고, 위태롭고, 고통스럽고, 신비로우며, 비옥하다. 한순간이나마 삶의 지루함이 존재의 고통으로 대체되는 순간이기 때문이다.

당신이 날마다 살아가는 세계는 습관과 기억으로 만들어져 있다. 위에서 말한 위험한 영역들이란 자아(자아 역시 습관과 기억으로 이뤄져 있다)가 항복하는 시기들이다. 그때 당신은, 한순간이나마, 이제까지의 당신과 다른 존재가 된다.

무대 뒤의 낯선 사람

휴머니즘의 수호 성인은 수수께끼 같은 인물이다. 우리는 소크라테스가 정말로 어떤 사람이었는지 알 수 없다. 우리가 그에 대해 갖고 있는 이미지는 플라톤이 만든 허구이기 때문이다. 서구 철학의 창시자인 소크라테스는 자신이 모른다는 것을 인정하기보다는 알 가치가 있는 것은 아무것도 없다고 믿는 소피스트였을지도 모른다. 아니면 내면의 신탁을 통해 진리를 파악하는, 때늦은 샤머니스트였는지도 모른다. 어쩌면 플라톤이 묘사한 것과 같이 인간이 (소수의 선택된 자들만 그렇겠지만) 시간을 초월한 영역에 닿을 수 있다고 믿은 합리주의적 신비주의자였을지도 모른다.

소크라테스가 정말로 누구였는지, 무엇이었는지는 중요하지 않다. 그가 우리의 정신에 미치는 힘은 신화의 힘이기 때문이다. 소크라테스는 수많은 믿음에 영향을 미쳤고, 이런 저런 형태로 휴머니스트의 사고를 형성해 왔다. 소크라테스가 휴머니즘의 성인이 된 이래로, 인간의 악은 일종의 오류이며 지식이 진보하면 이 오류도 점차 사라질 것이라는 믿음, 좋은 삶이란 성찰하는 삶이라는 믿음, 인간이 이성을 실천함으로써 자신의 운명을 스스로 만들어 갈 수 있다는 믿음 등과 같은 의심스런 주장들이 자명한 이치인 양 줄곧 이야기되어 왔다. 소크라테스를 맹렬히 공격하면서도 한순간도 소크라테스를 존경하고 경외하지 않은 적이 없는 니체는 『비극의 탄생 *The Birth of Tragedy*』에서 이렇게 언급했다.

"소위 세계의 역사라는 것은, 회전하든 반전하든 간에, 소크라테스라는 하나의 중심점 주위를 돌고 있는 것 같다는 생각을 하지 않을 수 없다."

유럽의 사상이 세계의 역사를 구성했다는 암묵적인 가정만 보더라도 이 주장은 터무니없다. 하지만 근현대 사상의 상당 부분이 소크라테스적 전제들에 의존하고 있는 건 사실이다. 니체는 휴머니즘의 궁극적인 원천이 된 소크라테스를 공격하면서 철학 이전, 태고의 그리스 문화로 눈을 돌렸다. 물론 그 문화도 니체가 상상한 디오니소스적 형태로는 결코 존재한 적이 없었을 것이다. 어쨌든, 그래도 니체는 스스로가 종교를 버렸다고 생각하는 서구 사람들이 실제로 부여잡고 살아가는 믿음이 어떤 것인지를 『비극의 탄생』에서 정확하게 묘사한다.

"죽어가는 소크라테스의 이미지, 지식과 이성으로 죽음의 공포를 초월한 사람의 이미지는 과학의 목적을 모든 사람에게 상기시키기 위해 과학의 세계로 들어가는 정문에 걸어 놓은 현판이다. 그 목적이란, 존재를 지적으로 파악될 수 있는 것처럼 보이게 함으로써 정당화하는 것이다."

니체가 이해한 바대로, 비극은 최종적인 사실이 아니라는 것이 이 신념의 교리이다. 이 교리에 따르면, 우리가 비극적이라고 부르는 것은 오류의 일종일 뿐이다. 오류의 발생과 효과는 시간이 지남에 따라 줄어들 수 있다. 인간은 합리적인 예견으로 비극을 막을 수 있거나, 만약 피할 수 없는 것으로 판명날 경우, 미래를 향해 더 분투하도록 열망을 불러일으키는 동기로 비극을 사용할 수 있다. 물론 인간은 항상 상실과 슬픔을 겪을 것이다. 하지만 그렇다고 인간의 삶이 꼭 비극적이어야 하는 것은 아니다. 비극이 예방될 수 있거나, 아니면 (예방될 수 없을 경우) 그 비극에서 우리가 구원될 수 있거나, 이 둘 중 하나라면 결국 비극이란 건 없는 것일 테니 말이다.

미국 시인 로빈슨 제퍼스Robinson Jeffers(1887~1962)의 시 "휴머니스트의 비극The Humanist' s Tragedy"에서 그리스 신화에 나오는 테베의

왕 펜테우스가 이런 견해를 드러낸다. "휴머니스트의 비극"은 에우리피데스Euripides의 비극 "바쿠스(디오니소스)의 여사제들The Bacchae"을 짧은 시로 재구성한 것이다. 제퍼스는 한동안 영향력이 있었고, 그 다음에는 매우 논쟁을 불러 일으켰으며, 결국에는 거의 잊혀진 시인인데, 20세기의 가장 흥미로운 휴머니즘 비판자라고 할 수 있다. 그는 그리스 비극들을 시적인 이미지로 재구성한 작품들에서, 비극은 인간 존재에 어쩔 수 없이 수반되는 것이지만 그래도 비극 너머에 무언가가 있다고 암시한다.

이성을 믿는 펜테우스는 술과 환락과 과잉의 신인 디오니소스 숭배를 금지한다. 그러자 디오니소스는 펜테우스의 어머니를 포함해 테베의 여인들을 산으로 유인하고, 그들은 거기서 바쿠스 축제를 벌인다. 그리고 디오니소스는 펜테우스를 산으로 유인한다. 그곳에서 축제를 벌이는 무리가 펜테우스를 찢어 죽인다. 디오니소스의 최면에 빠진 펜테우스의 어머니 아가베도 펜테우스를 죽인 자들 중 하나다. 사자의 머리인 줄 알고 아들의 머리를 궁으로 가지고 돌아온 아가베는 최면에서 깨고 난 후에 자신이 저지른 일을 깨닫는다. 아가베와 아가베의 자매들은 무너진 마음을 안고 그 나라에서 쫓겨난다. 괴로움의 형벌을 받지 않은 사람은 눈 먼 노인뿐이다. 제퍼스는 펜테우스("열정의 피 위에 태어난 짐승과 달리, 노 없는 배와 달리, 인간으로서의 모든 존엄과 위엄을 지키려 하는 그리스인이자 왕")가 디오니소스의 계략에 빠져 산에서 광란의 바쿠스 축제를 목격하고서 어떤 생각을 하게 되는지를 이렇게 묘사한다.

놀라움도 즐거움도 없이,

지독한 야수들을 몰래 보는 사람처럼,

그는 숨어서 바쿠스의 열광적인 노래를 부르는 자들을 보고 있었다.

그들은 솔방울이 달린 막대기를 들고 있었다

반라의 상태였고

미친 듯이 노래를 불러 목이 쉬었다

입에는 거품을 물었다

와인과 땀에 범벅된 몸으로 뒹굴었다.

아, 천치들, 노 없는 배들, 열정의 피 위에 태어난 자들, 인간의 모든 존엄은 완전히 잊고서,

유일하게 스스로를 지휘하는 동물의 자부심, 유일하게 자신의 영혼을 지배하며 운명도 어느 정도 통제할 수 있는 동물의 자부심, 수단을 목적으로 바꾸어 낼 수 있는 유일한 동물의 자부심을 모두 잊고서.

하지만 이 광란의 광경은 펜테우스가 가지고 있던 이성에 대한 믿음을 더 확고히 해주기는커녕 그를 혼란에 빠뜨렸다.

"무슨 목적? 오! 무슨 목적?"

그의 마음속에서 이런 울부짖음이 들렸다.

"도시를 확장하는 것?, 땅을 정복하는 것?,

노예를 늘리고 소를 늘리는 것?,

자손을 늘리고 그들을 먹이고 안전하게 하는 것? 아, 유익하고도 무익한,
영원한 세대들의 이어짐 (…) 즐거움을 위해." 그는 땅에 침을 뱉었다.
"그 미약한, 몇 되지도 않는 즐거움. 고통에 딸려오는 잉여로 갖게 되는 그
미약한 즐거움."

"세대들은" 그는 갑자기 생각했다. "열망한다. 그들은 더 나아질 것이다. 그
들은 올라갈 것이다. (…) 내가 존재의 목적을 잊었던가? 인간의 힘과 근엄
과 위엄을 키우는 것." 그는 신음 같은 소리로 말했다. "더 근엄하고 위엄 있
는 생명체가 결국 죽고마는 것."

펜테우스는 인간의 위엄을 지키고 싶어했다. 하지만 신이 ("거대한
배처럼, 바다를 젖줄로 삼고 있는 거대한 배처럼") 나타나서 숭배자들에게
부드럽게 말했다.

"그대들은 죽으면
평화의 일부가 될 것이다. 인간이 죽음에 더 많은 것을 기대하게 하지 말지
어다. 보이는 것도, 들리는 것도,
신기하고 놀라운 것도 없을 것이다. 우리 신들은 누구도 거기에 들어가지 않
는다.
그대들은 평화의 일부가 될 것이다. 하지만 평화의 어떤 부분도 **갖지는** 못할
것이다.
플루트 연주자가 아름다움을 만들지만 자신은 아무것도 듣지 못하는 귀머거

리가 되어 아무것도 느끼지 못하듯이 말이다.

하지만 산다면

너 자신의 감옥을 부수고

사물의 본성으로 들어가서 아름다움을 사용하는 것이 가능할 것이다.

술과 무법천지의 상태, 예술과 음악, 사랑, 자해, 종교 들이

그렇게 하기 위해 쓰이는 수단이지만 이것들이 꼭 필요하지는 않다. 관조하

는 것으로 충분할 것이다.

인간의 위엄을 깨뜨리기만 하면 된다."

여기서 디오니소스는 제퍼스가 '비휴머니즘'이라고 부른 세계관을
보여 주고 있다.

방점과 중요성을 인간에게서 비인간에게로 옮기는 것. 인간의 유아론을 거
부하고 인간을 초월하는 장대함을 인식하는 것. (…) 이러한 사고와 감각의
방식은 인간 혐오주의도, 염세주의도 아니다. 몇몇 사람들은 지금도, 앞으로
도 그렇게 말하겠지만 말이다. 여기에는 어떤 거짓말도 없다. 그리고 이것은
기만적인 시대에 제정신을 유지할 수 있는 수단이다. 이것은 객관적인 진실
과 가치를 가지고 있다. 이것은 사랑이나 증오나 부러움 대신에 합리적인 거
리두기를 행위의 규칙으로 제안한다. 이것은 광신과 거침없는 희망을 중화
한다. 그러면서도 이것은 종교적 본능에 장대함을 제공해 주어서, 위대함을
존경하고 아름다움 안에서 기뻐하고자 하는 우리의 욕구를 충족시킨다.

제퍼스가 제안한 (그리고 시도했지만 실패한) 태도를 갖추려면 "인간이 가진 환상을 가치 절하하고 인간으로부터 밖으로 시선을 돌려서 무한하게 더 위대한 쪽으로 초점을 이동"해야 한다. 영원히 서로만을 보며 아웅다웅하지 않으려면 인간은 밖으로 향해야 한다.

"어떤 미래 문명에서 믿을 수 없게도 유토피아의 꿈이 실현되어서 인간이 욕망과 두려움에서 정말로 해방된다면, 인간은 이러한 은신처를 더욱 필요로 하게 될 것이다. 삶의 죽음 같은 공허와 무의미를 피해 숨어 들어가 느긋하게 쉴 수 있는 은신처 말이다. 인간은 개코원숭이나 늑대와 달리 갈등으로 구성되는 동물이다. 인간은 갈등이 없는 삶을 무의미한 삶으로 느낀다. 의미 부여의 대상과 강조점을 인간에게서 인간이 아닌 것, 그리고 인간이 꿈꾼 신(인간의 투사)이 아닌 것으로 돌려야만 인간은 평화를 유지할 수 있다."

제퍼스는 1914년에 캘리포니아 주 북부 연안에 있는 카멜이라는 시골 마을에 가서 아내(1950년에 사망)와 살 돌집을 짓고 거기에서 여생을 보냈다. 반은둔 생활을 하면서 제퍼스는 그가 무의미하다고 설파했던 인간의 갈등에서 거리를 두며 살려고 애썼다. 그는 비극의 감각을 되살리고 싶어했다. 하지만 정작 그의 앞에서 비극이 상연되고 있을 때 그것을 보지 못했다. 1차 대전을 재앙이라고 판단한 것은 옳았지만, 비극적 필연성으로 2차 대전이 그에 뒤따르리라는 것은 알지 못했다. 제퍼스는 미국의 고립주의를 지지하면서, 전쟁에서 거리를 두는 자세를 취하려 했다.

P38 폭격기나 B17 폭격기도

말파리만큼이나 자연스러운 것이다.

그것은 인간의 슬픔과 분노가 '우리 생각만큼'

거대하고 파괴적이지 않아서이기도 하지만

그것들이 어떤 동요도 일으키지 못할 만큼 '정말로' 사소해서 그런 것이기도

하다. 그건 좋은 일이다.

온당하고 자비로운 일이다.

살육된 도시가 지구에 어느 정도 시간 동안 흔적을 남기리라는 것은 사실이

지만

그것은 퇴적암에 화석화된 우흔雨痕과 같이 아름다울 것이다.

　진주만 공격 이후의 절망적인 갈등 상황에서 아름다움을 찾으려던 제퍼스의 노력은 시인으로서의 그의 평판에 큰 해가 되었다. 그의 비판자들은 그를 '문명의 적'이라고 공격하곤 했는데, 1948년에 나온 시들은 이 공격을 뒷받침하는 증거 같았다. 끔찍한 근대의 야만에 맞서는 전쟁에서 미국의 고립주의를 주장했다는 점에서 이 은둔의 시인은 매우 큰 실수를 했다. 하지만 인간 동물이 온전히 자신에게만 빠져 있다 보면 결국 미쳐 버리게 된다는 그의 생각은 옳았다.

　폴란드 시인 체스와프 미워시Czesław Miłosz는 제퍼스에 대해 좀 더 균형 잡힌 비판을 했다. 미워시 역시 한동안 카멜에서 그리 멀지 않은 곳에 산 적이 있었다. 그는 제퍼스의 용기에는 존경을 표했지만 인간

세계 밖을 보려는 제퍼스의 시도(제퍼스의 시도뿐 아니라 이런 시도는 어떤 것이라도)를 공격했다. 미워시는 제퍼스가 "칼뱅파 목사였던 그의 아버지가 인정했을 방식으로는 아니었지만, 그래도 종교적인 작가"라고 말했다.

이는 명민한 평가이긴 하지만, 제퍼스가 아버지의 신앙을 완전히 버린 것은 아니었다. 니체(니체의 아버지도 목사였다)도 그랬듯이, 제퍼스는 기독교를 결코 뒤에 버려두지 않았다. 우주는 목적 없는 과정이며 신이 만든 게 아니라고 보긴 했지만, 여전히 우주를 숭배되어야 하는 무언가로 생각했다. 그의 아버지가 믿은 혹독한 신앙을 위해 일상의 쾌락이 거부되어야 했듯이, 제퍼스가 믿은 범신론적 신성을 위해서는 인간의 감각이 희생되어야 했다. 제퍼스는 대양을 사랑했고 대양 가까이에 살았다. 바다는 그가 꿈꾼 자유, 인간사의 걱정거리들로부터의 자유를 의미하기 때문이었다. 하지만 미워시는 제퍼스가 부르는 우주적 찬송가보다는 어린 시절 살던 가톨릭 마을에서 사람들이 십자가의 교차점에 달과 해를 조각하던 풍습을 훨씬 선호했다. "로빈슨 제퍼스에게 To Robinson Jeffers"라는 시에서 미워시는 이렇게 말했다.

벌거벗은 원소보다
대지가 더 많은 것을 가르쳐 준다.
형벌을 면한 자는 신의 눈으로 세상을 보려 하지 않은 자이다.

신의 눈으로 세상을 보려 한 제퍼스는 기독교에서만 멀어진 것이 아니었다. 그 자신이 추구하고자 했던 비기독교와도 어울리지 않았다. 세네카나 루크레티우스 같은 로마의 비기독교 사상가들은 우주의 무심한 평온을 열망했지만 살아 있으면서 동시에 그러한 우주가 될 수 있다고는 생각하지 않았다. 따라서 그들은 필멸을 선물이라고 생각했다. 제퍼스는 비극을 찬양하고 싶어했고 니체처럼 아모르파티(amor fati, 운명애)를 설파했다. 운명을 기쁘게 끌어안아야 한다고 말이다. 하지만 로마의 비기독교 사상가들은 운명을 사랑해야 한다거나 숭배해야 한다고 생각하지 않았다. 마르쿠스 아우렐리우스는 (운명을 사랑하는 것이 아니라) 운명에 맡기고 체념하라고 조언했으며 세네카는 운명이 나와 동일한 조건에서 싸우게 한 뒤, 그것이 이길 것 같으면 목숨을 끊어서 운명의 승리를 거부하라고 했다.

니체가 고대 그리스 사상을 다시 읽으며 발견한 디오니소스적 자기 희생도, 제퍼스가 되살리기를 바랐던 무언가도, 사실은 기독교적인 희생과 복종에 다를 바 없었다. 그 때문에 니체도, 제퍼스도, 비극의 감각을 되살릴 수 없었다. 어떤 고통을 표현하든, 십자가는 비극의 상징이 아니기 때문이다. 예수가 패배해서 죽었더라면, 영원히 죽었더라면, 비극이 이뤄질 수 있었을 것이다. 하지만 예수는 죽은 자들 사이에서 되살아났고 세상은 구원되었다. 현대의 무신론자들도 진보의 희망을 부여잡으면서 여전히 반反비극적 신앙의 사도들로 남아 있다.

하지만 기독교만 비극을 거부하는 것은 아니다. 소크라테스와 플라톤에서 비롯하는 서구의 다른 주류 사상들도 마찬가지다. 플라톤주의는 자아를 허구적인 하나됨 속에 녹여 버린다. 동양 신비주의 전통들 중에서도 일부 그런 것이 있다. 제퍼스는 인도의 영적 지도자 지두 크리슈나무르티와 1930년대 중반에 몇 차례 만난 적이 있는데, "크레도 Credo"라는 시에서 자신의 신비주의와 동양의 신비주의의 차이를 이렇게 언급했다.

아시아에서 온 내 친구에게는 놀라운 능력과 마술이 있다. 그는 어린 유칼립투스의 푸른 잎을 집어 들고
그것을 응시하면서 자신의 마음 속에 있는 신을 모으고 침묵시킨다.
그러면서 소금기, 물의 힘, 간담을 서늘하게 하는 그 존재 등, 진짜 대양보다
더 진짜인 대양을 창조한다.
그는 우리가 만드는 것 이외에는 어느 것도 실재하지 않는다고 생각한다.
더 미천한 나는 코카서스 서부 혈통의 내 피에서 더 단단한 신비주의를 발견한다.
정신은 지나가고, 눈이 감긴다. 영혼은 통로이다.
사물의 아름다움이 눈 앞에서 태어나고
그 아름다움은 그 자신에게 충분하다.
가슴이 터질 듯한 아름다움은
그 아름다움으로 무너질 가슴이 없을 때에도 여전히 남아 있을 것이다.

제퍼스가 말하는 "더 단단한 신비주의"는 신의 흔적을 찾기 위해 자기 자신을 들여다보면서 인간이 만물의 중심이라고 생각하는 신비주의자들의 내향적 탐구에 대한 대안을 의미한다. 제퍼스는 인간 외부로 눈을 돌리면서 중요한 전환을 이뤘다. 하지만 "여전히 남아 있을 아름다움"을 이야기하는 데서 제퍼스의 신비주의 역시 전통적이며 내세적이라는 것이 드러난다. 제퍼스는 인간의 관념을 영원한 실재라고 본 플라톤의 오류를 피하려고 했지만 세상에 대해 인간이 보이는 반응에 불과한 것을 만물의 속성인 양 여겼다는 점에서는 플라톤과 마찬가지였다. 제퍼스가 말하는 "그것을 보는 인간의 눈이 존재하지 않을 때에도 남아 있을 아름다움"은 플라톤이 말하는 '시간을 초월해 존재하는 조화'와 같은 것이었다. 이는 또한 소크라테스가 말하는 '인간의 불운을 무화시켜 줄 조화'와도 같다. 서구 철학의 토대인 소크라테스는 보편 이성인 '로고스'가 그것을 따르는 사람들을 궁극의 상실에서 지켜줄 것이라고 보았다.

그런데 오늘날의 사도들과 달리 소크라테스는 진보라는 개념을 가지고 있지 않았다. 구원은 어떤 역사적인 사건이 아니라 영원한 영역으로 흡수되는 것을 의미했다. 소크라테스가 사형 선고에 저항하지 않은 이유 중 하나는 자신의 가장 본질적인 부분은 죽을 수 없다고 생각했기 때문이었다. 그리스 철학이 말하는 '완벽한 영적 실재'는 신에 대한 개념의 일부가 되어 신학으로 이어졌다. 제퍼스의 사상은 그가 열망했던 '신이 없는 신비주의'가 아니라 기독교와 플라톤주의 종교의 변종이었다.

자기도 모르는 사이에 제퍼스는 기독교와 더불어 서구 인류의 사고를 형성해 온 소크라테스적 신념을 되살리려 한 셈이다. 그러나 '영원한 진리에 도달하게 해 줄 이성'이라는 그리스 철학의 개념은 '역사에서의 구원'이라는 기독교의 견해와 일관성 있고 통합된 결과물로 섞일 수 없었다. 그래도 그 결과로 나온 휴머니즘은 (세속적인 것이건 종교적인 것이건 간에) 서구 전통의 중심을 이뤄 왔다. 물론, 형이상학적인 위안 없이도 삶을 잘 살 수 있다고 말하는 이들도 늘 존재했다. 고대 유럽의 극작가와 회의주의자 들, 근대 초기의 지적 모험가 몽테뉴 같은 사람들, 그리고 최근에는 마우트너와 프로이트처럼 사고의 가치에 대해 의심하기를 두려워하지 않은 사상가들에 이르기까지 말이다.

만약 인간 정신이 신화에서 놓여날 수 있다면, 그것은 과학을 통해서도 아니고 철학을 통해서는 더더욱 아닐 것이며, 오직 관조의 순간 안에서만 가능할 것이다. 윌리스 스티븐스는 어느 시에서 복숭아 한 접시를 보고 있는 러시아 이민자를 묘사했다. 여기서 그 러시아인은 평상시 자아의 정신으로만 복숭아에 접한 것이 아니었다.

나는 이 복숭아들을 내 몸 전체로 맛본다. 나는 그것을 만지고 냄새를 맡는다. 누가 이야기를 하는가 (…)
누가 이야기를 하는가 (…) 하지만 그것은 '나'임에 틀림없다. 그 나, 그 동물, 그 러시아인, 그 망명자 (…)

(…) 복숭아가 있는 방은 조용하다.

창문이 열려 있다. 햇빛이 커튼을 가득 채운다.

커튼의 살랑거리는 움직임마저 나를 방해하고 동요시킨다.

나는 그러한 흉포함이 이 복숭아들만큼이나 하나의 자아를 다른 자아로부터 떼어낼 수 있는지 몰랐다.

복숭아를 보고 얻은 깨달음은 "그 나, 그 동물"을 변화시킨다. 그 빈약한 짐승은 스스로가 생각하는 것보다 실제로는 더 풍성하다. 복숭아를 보고 있을 때 "그 러시아인"에게 드러나는 자아는 그에게 낯선 자아다. 낯선 사람의 눈으로 복숭아를 보면서 그는 종교적인 신비주의자들이 말하는 것과는 다른 종류의 관조를 수행한다. 그는 평소의 자아라는 감옥을 깨고 나오지만, 위대한 하나됨으로 녹아드는 것이 아니라 이제까지 본 적이 없는 외부 세계로 들어간다. 이러한 전망은 평화를 가져다 줄 수도 있고, 격렬한 슬픔을 가져다 줄 수도 있다. 어느 경우든 간에, 이는 정신의 삶에서 일종의 '중간 휴식'이 되어 준다.

관조는 세상을 바꾸거나 이해하려는 노력이 아니라 세상을 그저 그대로 두려는 노력이다. 세상을 수용하는 이러한 태도는 쉽게 가질 수 있는 것이 아니다. 존 베이커가 10년이나 송골매를 따라다닌 것도, 르웰린 포위스가 연못 옆에서 계시를 얻으려 한 평생의 노력도, 모든 장애와 방해를 단호히 거부하는 정신의 집중이 필요한 일이었다. 하지만 그들이 얻은 깨달음이 정신의 집중 그 자체에서 나온 것은 아니다. 깨달음은 의지로 만들어 낼 수 없는 사건이며, 감각이 받아들여질 수 있도록 정신을 여는 의지적인 노력은 그러한 사건에 선행하는 서곡에 불과하다.

이러한 종류의 관조도 종교적인 신비주의자들이 수행하는 관조와 마찬가지로 자아를 무화시키는 것을 포함한다. 하지만 이는 더 상위의 자아로 들어가기 위해서가 아니다. 상위의 자아라는 것은 동물의 정신이 버려 두고 간 허구이다. 신을 찾는 신비주의자들은 이 허구가 자신을 새로운 삶의 길로 이끌어 주리라고 기대한다. 행동으로만 이뤄진 삶은 허깨비를 쫓아가는 것이나 다름없다고 생각했다는 점에서는 그들이 옳았다. 하지만 '두 세계의 사이에 있는 허구적인 변경을 지나가는 삶' 또한 허깨비를 추구하는 것이다. 이 궁핍한 동물은 '저쪽 세상'이라는 것을 발명하지만 멀리 가지 못하며, 자신의 존재를 벗어 버리려 노력하다가 자신의 허깨비와 함께 살게 된다.

신에 의지하지 않는 관조는 더 급진적이고 일시적인 상태다. 어떠한 목표도 딱히 염두에 두지 않은 채로, '너무나 인간적인' 세상을 잠시 피하는 것이다. 많은 종교 전통이 관조의 삶을 통해 인간 존재에서 구원될 수 있다고 약속한다. 기독교는 관조를 통해 비극이 끝나고 신성한 희극이 파악될 수 있다고 말하고, 제퍼스의 범신론은 신비한 하나됨 속에서 자아가 무화될 것이라고 기대한다. 하지만 신이 없는 신비주의는 비극이 그 자체로 최종적이라는 점을 바꿀 수도 없고 아름다움을 영원한 것으로 만들 수도 없다. 신이 없는 신비주의는 내면의 갈등을 대양적 고요함이라는 허구적인 평정 속에 녹여 버리지 않는다. 신이 없는 신비주의로 얻을 수 있는 것은 '그저 존재하는 것' 뿐이다. 신이 없는 신비주의는 인간 존재에서 우리를 구원해 주지 않는다. 하지만 아래의 시에서 루이스 맥니스Louis MacNeice가 말하듯이, 구원은 필요하지 않다.

크로마뇽인 이래로 우리 종에 어떤 영적인 변화도 없었으며
천 년이 식으면서 이제는 어떤 영적 변화도 추구되지 않는다 해도,
세상이 뛰어올라 계획이 파기되고 웅덩이 같았던 것에서 강물이 솟구칠 때
우리 각자는 정신의 변형을 수없이 느껴 왔다.
당신과 내가 실제의 세계 위에 부여하는 모든 고정된 세계에는 반드시 가끔씩 균열이 생겨서
새로운 무질서에서 새로운 패턴이 장미 꽃송이처럼 피어나고
옛 전제와 가정 들이 새로운 감각에 항복하기 때문이다.
무대 뒤에서 낯선 사람이 자신이 등장할 신호를 기다린다……

해제+저자 인터뷰_문강형준

존 그레이
를
읽는다는 것

인간은 과연 자유를 원할까?

혹 인간은 오히려 자신이 우러러볼 수 있고

인정할 수 있는 권위자를 갈구하는 것 아닐까?

1.

　"우리의 미덕은 대개의 경우 변장한 악덕이다." 17세기 프랑스의 저술가 라 로슈푸코가 남긴 잠언이다. 21세기 영국 철학자 존 그레이의 저작들은 라 로슈푸코의 이 잠언에 대한 해설집이라고 해도 크게 틀리지 않아 보인다. 우리가 당연하게 생각하는 것, 옳다고 믿는 상식들은 그레이를 통해 산산이 반박된다. 가장 대표적인 예는 '인간'에 대한 믿음이다. 그레이는 인간이야말로 지구상에서 가장 폭력적이며 약탈적인 동물이라고 말한다. 『하찮은 인간, 호모 라피엔스*Straw Dogs*』(2002)에서 그가 인간에게 붙인 칭호는 '호모 라피엔스homo rapiens'다. 우리는 인간의 특징을 그의 '지혜로움homo sapiens'에서 찾지만, 반대로 그레이는 그의 '탐욕스러움rapaciousness'에서 발견한다. 역사가 그레이에게 보여 주는 인간의 핵심 특징은 인간이란 언제나 자신의 끝없는 욕망을 채우기 위해 어떤 일이라도 저지르는 동물이라는 점이다. "인간은 고도로 창조적인 종이지만 또한 가장 약탈적이고 파괴적인 동물이기도 하며, 인간 동물은 그 상태로 변치 않을 것이다."[1] 문제는 인간이 이러한 자신의 이중성과 한계를 파악하기보다는 계속 발전하면서 더 나아질 것이라고 굳게 믿는다는 데 있다. 인간은 시행착오를 거치더라도 종래에는 이전보다 더 나은 상태로 발전한다는 사고, 인간에 대한 이 도저한 믿음을 그레이는 '휴머니즘humanism'이라고 부른다. 이 휴머니즘이야말로 서양 역사의 가장 중요한, 그러나 가장 환상적인 착각이라고 그레이는 일갈한다. 제임스 러브록의 '가이아 이론'을 받아들이면서, 그레이는 인간은 지구(가이아)를 거쳐 간 수많은 동물 종 중 하나일 뿐이며, 언젠가는 아무런 자취도 없이 사라질 가능성이 높다고 말한다.

'휴머니즘'에 대한 믿음은 소위 '진보'에 대한 믿음이기도 하다. 진보에 대한 믿음은 오늘날 정치적 성향과는 상관없이 널리 퍼져 있는 상식이다. 우파와 좌파 모두 인간과 문명의 진보를 믿는다는 데서는 동일하다. 다만 진보의 속도와 방식에 대한 가치관이 상이할 뿐이다. 그러나 그레이에게 진보는 뿌리 깊은 허상이자 신화일 뿐이다. "지식에서는 진보가 있지만 윤리에서는 없다"[2]고 보기 때문이다. 과학, 지식, 기술은 축적될 수 있지만, 윤리나 정치는 결코 축적되지 않으며, 한 세대에서 다른 세대로 물려주지 못한다는 것이다. 인간적인 영역의 문제에 있어서, 인간은 언제나 다시 시작하는 것이다. 인간은 도덕과 규율과 금기를 만들고 이를 가르치면서 더 나은 제도와 문화를 만들기도 하지만, 힘들게 이룩한 그 '진보'는 혼란과 무질서의 상황이 닥치는 불시의 순간, 언제 그랬느냐는 듯이 사라지곤 한다. 나치의 홀로코스트, 스탈린의 숙청 정치, 이라크 침공에서 미국이 저지른 학살과 고문은 모두 한 세기도 안 되는 기간 동안에 반복되어 나타난 일이다. 굳이 인류사를 되짚어 볼 필요도 없이, 거울 속에 비친 자신의 모습을 되돌아보는 것도 좋다. 과연 나는 윤리적으로 더 나아지고 있는가? 오히려 더 착하게 살고 싶은 마음과는 별개로 사실은 언제나 제자리로 돌아와 있지는 않은가?

휴머니즘과 진보에 대한 믿음의 근원을 그레이는 기독교적 세계관에서 찾는다. 인간은 다른 동물에 비해 특별하다는 생각(만물의 영장), 인간은 죄인이지만 신을 통해 결국 구원받게 된다는 서사는 기독교가 서양의 정신에 남긴 가장 커다란 족적이다. 이런 기독교적 세계관의 철학적 뿌리는 소크라테스에서 찾을 수 있다. 소피스트의 상대주의적 철학 대신, 어떤 선형적인 사상, 인간은 자신을 파악하고 자신의 부족함을 극복함으로써 더 나아질 수 있으며 완성될 수 있다는 관점이 서양철학에 등장한 것이다. 그레이에 따르면 소크라테스 이후의 철학은 대개 이런 휴머니즘적 진보의 세계관을 받아들인다. 성찰과 극복을 통해 이상향에 도달한다는 '유토피아적 사고'는 종교와 철학뿐 아니라 정치의 핵심 요소이기도 하다. 『추악한 동맹*Black Mass*』(2007)의 첫 문장을 "근대의 정치는 종교사의 한 장章이다"라고 시작할 때, 그레이는 기독교적 유토피아주의 속에 정치가 포섭되어 있음을 지적하고 있다. 즉, 근대 정치의 특징을 구원을 바라는 종교적 가치관, 다시 말해 인간 역사가 하나의 궁극적 목적telos에 따라 움직인다는 신념을 핵심 요소로 품고 있는 '정치 종교political religion'에서 찾고 있는 것이다. 그러나 그러한 신념은 대개 인류사상 가장 잔혹한 범죄들을 저지르는 원인이었다. "종교에서 완성이라는 관념은 개인적 구원에의 필요로 나타난다. 정치에서도 유사한 열망이 작동하지만, 얼마 안 가 다른 인간적 필요들과 맞닥뜨리게 된다. 유토피아는 집단적 구원의 꿈이다. 그러나 그 꿈에서 깨어났을 때 발견하는 것은 악몽뿐이다."[3]

더 큰 문제는 유토피아가 악몽으로 드러난다는 사실에 있다기보다, 유토피아가 꿈꾸는 세상의 그림 자체가 너무나 이상적이어서 불가능에 가까운 삶을 그리고 있다는 데 있다고 그레이는 말한다. 이 유토피아적 정치는 나치즘과 스탈린주의 같은 전체주의적 체제, 마르크스주의와 공산주의 같은 좌파 사상에서 볼 수 있지만, 그 최신판은 신자유주의적 자본주의다. 규제에서 자유로운 시장의 합리성이 전면화될 때 경제가 성장하고 부가 증가하며 발전이 영원히 이어질 것이라는 이 '믿음'이야말로 우리 시대의 유토피아 사상이라는 것이다. 『전 지구적 자본주의의 환상False Dawn』(2000)에서 그레이는 신자유주의라는 믿음 체계가 얼마나 허황된 것인지에 대한 비판과 함께 몇 년 후에 실제로 미국에 닥칠 부동산·금융 위기를 정확히 예측하기도 한다.

다시, 그레이는 말한다. 인간은 자신이 얼마나 탐욕스럽고 이기적이며 얼마나 쉽게 변할 수 있는지 알아야만 한다고. 이러한 '앎'에 가장 가까이 다가간 정치 이데올로기는 아마도 '현실주의political realism'일 것이다. 마키아벨리적 관점에 뿌리를 두고 있는 이 현실주의 정치의 세계관은 매우 분명하다. 세상은 갈등과 악이 언제나 반복되는 장소이며, 그 속에서 정치는 (가장 좋은 것이 아니라) 그나마 가장 덜 나쁜 것을 택하는 데서 그 목적을 찾는다는 것이다. "정치는 갈등하는 악들 중에 하나를 선택하는 것이라는 점을 받아들이는 것이 현실주의"라고 그레이는 정의한다. 현실주의 정치의 철학은 "인간의 본래적 단점들을 인정하는 것"이며, 이는 곧 이상적이고자 하는 목표 대신 실질적인 목표를 설정하려는 태도, 그렇다고 해서 그 목표를 확장하며 진보를 추구하려 하지는 않는 태도를 의미한다. 그레이에게 정치란 현실에서 발생하는 악을 '일시 정지' 시키는 처방들이다. "정치는 반복되는 악에 대한 일시적 치료제를 만들어 내는 기술이다. 이 치료제는 일련의 처방들일 뿐이며 구원의 기획이 아니다."[4]

인간(주의), 진보, 유토피아, 좌우파 정치 등의 '미덕'을 모두 '변장한 악덕'으로 만드는 과정에서 그레이적 세계관이 희미하게 그 모습을 드러낸다. 반인간주의, 반진보주의, 디스토피아, 현실주의 정치 등은 그레이가 비판하는 관점들과 이항대립을 이룬다. 이러한 그레이의 입장을 기존에 존재하는 어떤 이념의 묶음 속에 집어넣기란 대단히 힘들다. 인간의 취약성과 오류 가능성에 중점을 두는 인간관은 자유주의적

인간관과 겹치지만, 그레이는 자유주의 역시 계몽과 완성을 추구하는 진보주의의 하나라고 말하며 비판한다. 진보주의를 비판한다고 해서 그레이가 자동적으로 보수주의자가 되는 것 역시 아니다. 그레이는 보수주의의 조심스러운 자세를 옹호하는 편이지만, 인류 전체의 공동체를 '보존하는conserve' 생태주의적 시각을 보수주의가 결여하고 있다고 비판한다.[5] 유토피아에 반대한다고 해서 그레이가 디스토피아 문학을 긍정하는 것도 아니고, 인간을 비판한다고 해서 그가 은둔의 삶을 택하는 것도 아니다. 다시 말해, 그레이를 어떤 하나의 카테고리로 분류하는 것은 불가능하다. 그가 가진 독특하고 독창적인 위치는 이런 점에서 기인한다. 한 인터뷰에서 그는 자신이 쓰는 글이 철학이라는 항목에 들어가는지도 의문스럽다고 말한다. "저는 제가 하고 있는 일이 철학인지에 대해서도 확신이 들지 않아요. 그렇다고 거기에 신경을 많이 쓰지도 않습니다."[6]

19세기의 쇼펜하우어를 잇는 21세기의 대표적 허무주의자nihilist로서, 그레이는 인생에서 의미를 찾는 것이야말로 무의미한 일이라고 말한다. 허무주의자란 무엇인가? 이것도, 저것도 모두 선택할 수 없다고 말하는 사람이다. 허무주의의 원천은 역설적으로 지극한 이상주의이다. 이상주의가 세상에서 실현되지 않는 것을 목격하면서 모든 가능성에 대한 희망을 접는 것이 허무주의다. 1948년 부두 하역 노동자의 아들로 태어나 옥스퍼드대에서 정치학, 철학, 경제학을 공부하던 70년대 중반까지 그레이는 좌파이자 노동당 지지자였다. 이후 그는 세계의 변화에 적응하지 못하는 공산주의의 몰락을 예견하며 대처주의자로 돌아선다. 그러다 그는 다시 90년대에 신자유주의적 기획의 무모함과 허상을 비판하며 좌우 이데올로기 모두를 부정하게 된다. 이러한 삶의 이력은 그가 세상을 좌우로 갈랐던 이데올로기에 한때 충실했던 이상주의자였음을 보여 준다. 허무주의는 실패한 이상주의의 이름이다. 삶에서 어떤 목적을 실현시키려는 행위, 세상을 어떤 방식으로든 변화시키려는 행위 자체가 무의미하다고, 그레이는 말한다. 그렇다면 우리는 이 허무 속에서, 이 무의미 속에서 어떻게 살아야 하는가?

『하찮은 인간, 호모 라피엔스』의 마지막 장에서 그레이는 자신이 생각하는 삶의 모습을 짧게 그린다. 그 핵심은 "그저 바라보는 것simply to see"이다. "다른 동물들은 삶의 목표를 필요로 하지 않는다. 모순적이게도, 인간은 그런 목표가 없이는 견딜 수가 없다. 삶의 목적을 그저 바라보는 것이라고 생각할 수는 없는 걸까?"[7] 그저 바라본다는 것, 이를 그레이는 '관조contemplation'에서 찾는다. '관조'는 '행동action'의 반대편에 있다. 인간의 약함을 무시하면서 이상에 따라 감행하는 행동이 우리와 세계를 불행하게 만든다면, 관조는 우리로 하여금 스스로를 돌아보게 한다. "좋은 삶은 진보의 꿈에서가 아니라 비극적 우발성에 대처하는 데서 찾을 수 있다."[8] 이 "대처"의 정치적 버전이 현실주의라면, 관조의 삶은 그 개인적 버전일 것이다. 그런데 이 '관조'는 혹시 뉴에이지 운동 같은 것을 말하는 것인가? 요즘 유행하는 힐링이나 템플스테이나 참선 따위를 의미하는 것일까? 아니다. 그레이가 말하는 관조는 오히려 '삶을 대하는 태도'를 일컫는 말이며, 외딴 곳에 들어가 오두막을 짓고 자연과 더불어 살라는 조언이 아니다. 그저 바라보는 삶이란 도대체 어떤 것인가?

2.

『동물들의 침묵The Silence of Animals』(2013)은 『하찮은 인간, 호모 라피엔스』의 말미에 잠깐 언급되고 말았던 '삶에 대한 태도'의 문제를 본격적으로 다루는 저작이다. 책은 3부로 구성되어 있다. 1부 '오래된 혼돈'은 전작들에서 이루어졌던 주장들을 재서술하는 장이다. 콘래드, 오웰, 쾨슬러, 말라파르테 등의 소설을 통해 그레이는 인류의 문명이라는 것이 얼마나 순식간에 야만상태로 퇴보하는지, 유토피아적인 기획들이 어떻게 전체주의와 독재로 귀결되곤 하는지를 보여 준다. 그레이가 뽑아낸 콘래드의 제국주의 식민지, 쾨슬러와 말라파르테의 2차 세계대전, 오웰의 전체주의 미래 사회에 대한 서사는 문명과 야만의 경계 자체에 의문을 던진다. "'야만인'과 '문명인'이라는 두 종류의 인간이 있는 것이 아니다. 그저 자기 자신과 영원히 전쟁을 치르는 '인간 동물'이 있을 뿐이다."(35쪽) 인간 동물의 혼돈은 '오래된' 것이며, 앞으로도 오래 계속될 미래다.

2부와 3부는 '혼돈' 속에서 살아가는 인간의 삶은 어떤 것이어야 하는지를 살핀다. 2부 '마지막 생각의 너머로'에서 그레이가 하는 작업은 인간 동물이 가진 '허구fiction'와 '신화myth'에의 열망을 일단 인정하는 것이다. 다른 동물과 달리 인간은 고도로 복잡한 언어를 사용하며, 그 과정에서 존재하지 않는 허구와 이야기 들을 만들어 낸다. 허구와 신화는 다양하다. 그레이가 비판해 왔던 만물의 영장이라는 생각, 문명의 진보라는 믿음, 이성을 통한 계몽이라는 기획 등도 모두 이에 속한다. 다만 이런 허구는 삶의 모순과 역설을 직시하지 못한다는 의미에서 우리가 멀리해야 할 허구다. 만약 인간이 허구 없이 살 수 없다면, '좋은 허구'를 가까이 하는 게 한 방책이다. 나쁜 허구와 달리 좋은 허구는 우리를 윤리적으로 살게끔 이끌고, 그러면서도 완성을 추구하기보다는 삶의 모순과 역설, 비극을 그대로 바라볼 수 있게 만든다. 윌리스 스티븐스의 시를 통해 그레이는 삶의 모순과 역설, 비극의 핵심을 "순수하게 텅 비어 있는 상태"에서 찾는다. 좋은 허구는 우리 삶, 우리 존재의 핵심을 드러내는 것들이다.

가장 중요한 허구들은 이해를 넘어서는 방식으로 드러나며, 일종의 운명처럼 다가온다. (…) 우리의 삶이 허구에 의해 구성된다는 점을 받아들이면 일종의 자유를 얻을 수 있을지 모른다. 아마도 이것이 인간이 획득할 수 있는 유일한 자유일 것이다. 세계에 의미가 부여돼 있지 않다는 점을 받아들이면 우리가 만들어 낸 의미에 스스로 갇힐 일도 없다. 우리 세계에 있는 어떤 것도 실체가 없다는 것을 알게 되면 세상에서 가치라는 것이 아예 없어지지 않겠느냐고 생각할지도 모르겠다. 하지만 이러한 '아무 것도 없음'이야말로 우리의 가장 귀한 재산일지 모른다. 우리 자신을 넘어서 존재하는 세상을 우리에게 열어 보여 주기 때문이다.(123, 124쪽)

인간 삶의 모순을 직시했던 프로이트의 정신분석, 삶의 불안정성과 비극을 이해하고 있던 J. G. 발라드의 소설은 진실된 허구들이다. 반면, 자아를 실현하라고, 행복해지라고 권하는 목소리들은 원래 존재하지 않는 자아를 부르짖으며 우리를 영원한 불안 속으로 몰아넣는, 없어도 되는 허구들이다. 나아가 그레이는 언어와 세계와의 관계를 근본적으로 뒤집으려 하면서 아예 언어 자체를 뛰어넘으려 시도했던 프리츠 마우트너의 시도를 소개한다.

언어를 넘어서려는 마우트너의 시도는 결국 '침묵'에 대한 긍정으로 귀결된다. 3부 '또 다른 햇빛'에서 그레이는 알려지지 않았던 송골매 연구자 J. A. 베이커를 끌어들여, 그가 송골매를 관찰하며 얻은 인식을 소개한다. "세상을 매의 눈으로 보려고 시도하면서, 그는 때때로 예전의 자신과 다른 존재가 되기도 했다. 매를 따라다니는 동안 베이커도 자기 자신을 잊고서 망각으로 질주했다."(179쪽) 즉, 동식물을 의인화하는 인간들의 버릇과는 반대로 베이커는 동물의 시각으로 세상을 보려고 했다.("인간은 어떤 것이든 인간처럼 보이게 만들 수 있다. 인간 자신만 빼고"[9]) 동물의 시각을 가지려는 행위는 동물의 '침묵'에 대한 성찰로 이어진다. 이 책의 제목이기도 한 '동물들의 침묵'이라는 꼭지에서 그레이는 동물이 침묵하는 행위는 그들이 철저히 자연 상태에 있기 때문이라고 말한다. 즉, 침묵은 동물에게 자연스러운 것이다. 오직 인간만이 자신의 자연 상태, 곧 혼란과 분열과 시끄러움으로부터 의식적으로 벗어나기 위해 침묵을 '선택'한다. 그레이는 우리가 동물의 침묵을 따라야 한다고 말하지 않는다. 다만 인간이 언어와 사유를 가졌기에 동물보다 우월하다는 생각을 버리고, 우리 역시 '인간 동물'이라는 점을 인식할 필요가 있다고 권한다. 그런 점에서 침묵을 추구하는 일은 자아 성찰이나 정신 수련을 위해서가 아닌, 어떤 생태적인 인식 전환을 위해 필요하다. 인간이 동물이라는 인식은, 다시, 자신을 구원하고 세계를 뒤바꾸려는 지극히 인간적 특징, 곧 '행동'을 넘어서는 데에도 유용하다. "침묵을 추구한다는 것은 행동하는 삶으로는 충분치 않음을 받아들이는 것이다."(183쪽)

『하찮은 인간, 호모 라피엔스』가 인간과 진보의 신화 전체를 뒤흔들면서 새로운 시각을 전투적으로 선보이는 책이라면, 『동물들의 침묵』은 다른 삶, 인간의 굴레 안에서 인간 바깥을 볼 수 있는 삶의 방향을 제시하는 책이다. 엄청난 독서가인 그레이는 특히 이 책에서 그동안 비주류로 여겨지거나 무명에 불과했던 많은 소설가, 시인, 연구자 들을 되살려 내면서, 독자에게 새로운 지적 탐험을 이어가도록 권한다. 스타일의 변화가 있다 해도, 두 책은 사실 동일한 이야기를 하고 있으며 연장선상에 있다. 인간의 시각을 넘어서 동물, 나아가 지구의 시각으로 인간을 다시 바라보는 일은 그레이가 언제나 강조하는 관점이다. 어쩌면 바로 관점의 이런 전면적 전환이야말로 그레이가 오늘날의 철학자들과 완전히 다른 이야기를 할 수 있는 이유일 것이다. 이는 다시, 우리가 왜 그레이를 진지하게 읽어야 하는지를 말해 주는 이유이기도 하다.

3.

그레이의 입장을 대할 때 그가 주는 통찰만큼이나 비판적으로 읽어야 할 대목도 많음을 인식할 필요는 있다. 유토피아적 기획들이 남긴 불행한 유산들은 인정해야겠지만, 그렇다고 세상의 모순에 맞선 변혁의 몸짓이 완전히 의미 없는 일이 될까? 만약 유토피아적인 생각과 행동이 없었다면 인간 사회의 폭력과 야만은 지금보다 훨씬 심해지지 않았을까? 인간의 폭력성과 탐욕을 우리가 절대 넘어설 수 없다 해도, 그것을 넘어서려는 시도가 계속되는 것이야말로 인간이 '인간임'을 보여 주는 진정한 특징 아닐까? '행동'이 세상을 망친다면서 세상의 불의 앞에서도 '관조'를 이야기하는 것은 그레이가 말하는 복잡하고 비극적인 인간 사회의 모습들을 직시하는 일이라기보다 왜곡하는 일이지 않을까? 그레이의 사상은 삶의 고통, 권력과 자본의 간계 앞에서 불행해하는 수많은 이들에게 도대체 어떤 말을 해 줄 수 있을까? 이는 그레이의 저작들을 읽으면서 언제나 드는 의문이며 아마 많은 독자들도 이와 유사한 의문을 품어 보았을 것이다.

이런 의문들은 그레이가 너무나 급진적인 입장을 취하고 있기 때문에 제기되는 면이 있다. 우리가 상식으로 여기거나 희망의 원리로 여기던 것들을 그레이는 가차 없이 깨버린다. 인간, 발전, 진보, 계몽, 정치, 종교의 영역에서 그레이는 일종의 우상 파괴자 역할을 하면서 독자들에게 상식을 배반하는 주장을 읽는 쾌감을 준다. 하지만 그의 사유는 변증법적인 방법론을 취하지 않는다. 어떤 입장을 비판하면서 자신의 비판이 나아가는 지점에서 생겨나는 모순을 인식하고, 그것을 다시 비판함으로써 사유를 진행해 가는 방법 대신, 그레이는 비판의 논리 자체를 극단적으로 밀어붙여 결국 논리의 '끝'으로 나아가는 방식으로 사유한다. 그런 점에서 그레이의 사유는 자신이 그토록 비판하는 천년왕국주의적 기독교의 사유 방식과 묘하게 닮았다. 천년왕국주의가 현실 비판의 이상적 성격을 지니면서도 본질적으로는 세상의 끝을 염원하는 허무주의이듯, 직선적이고 선형적인 그레이의 사유 역시 마찬가지다.

그런데, 바로 그러한 사유 방식으로부터 그레이의 놀라운 힘이 나온다. 우리가 '자연' 상태처럼 여기며 사는 자유민주주의 체제, 인간 중심적 사고, 삶을 보는 시각 등에 대해 그가 풀어놓는 통찰은 정치적 입장을 막론하고 귀를 기울일 필요가 있을 정도로 깊고 날카롭다. 그의 입장을 수용하는지의 여부와는 상관없이, 그레이의 글은 지금껏 우리가 가지고 있던 시각을 더욱 다면적이고 다층적으로 만들어 주는 데 유용하게 쓰일 수 있다. 특히, 껍데기밖에 남지 않은 '자유민주주의'를 유일하게 옳은 이념으로 받아들이는 일면적 정치 지형, 신자유주의적 자본주의가 세계에서 가장 전면적이고 기만적인 방식으로 지배하는 경제적 국면, 자기계발과 자아실현이라는 '긍정' 신화에 젖어 살면서 정작 '자기'와 '자아'가 과연 무엇인지에 대해 깊게 사유하지는 않는 척박한 문화적 토양에서 살아가는 한국인들에게 그레이의 통찰은 다른 철학자들과는 전혀 다른 방향에서 충격을 줄 것이다. 물론 우리가 그의 글을 정확하고 진지하게 읽는 경우에 그렇다.

개인적인 경험을 말하자면, 나는 미국에서 박사과정을 밟으며 그레이를 처음 알게 되었다. 현대 포스트-아포칼립스 문학으로 논문을 쓰는 과정에서 J. G. 발라드라는 소설가의 작품을 처음 읽었고, 그때 지도 교수의 추천으로 그레이를 접했다. 그레이는 발라드의 소설을 무척이나 좋아했다. 『동물들의 침묵』을 포함해 2000년대 이후 등장한 거의 모든 저작에서 발라드가 등장하고, 발라드가 새 소설을 내면 그레이가 어김없이 서평을 쓰곤 했다. 발라드와 그레이의 접점이 눈에 띌 수밖에 없다. 어린 시절 상하이에서 2차 세계대전을 맞이하는 바람에 일본군의 감시 아래 수용소 생활을 했던 발라드는 그레이보다 먼저 인간이 얼마나 순식간에 문명에서 야만으로 변할 수 있는지를 경험적으로 목격했다. (이 자전적 경험을 다룬 소설이 후에 영화화된 『태양의 제국Empire of the Sun』이다.) 이후 영국에 돌아와 2009년에 사망할 때까지 발라드는 소설을 통해 인간의 감출 수 없는 폭력, 파시즘의 회귀, 종교로 변한 소비주의, 중산층 내부의 계급 갈등 등을 꾸준히 다뤘다.[10] 발라드에게 인간과 인간 문명은 그렇게 외부 상황의 변화에 취약한 것이었다. 그레이에게 발라드는 자신의 입장을 선취한 소설을 쓰는 현자였음에 틀

림없다.[11]

모든 위대한 사유와 창작이 그렇듯, 그레이와 발라드를 읽다 보면 인간의 복잡하고 모순적이고 다중적인 내면과 행동을 생생하게 느끼게 된다. 인간은 과연 자유를 원할까? 혹 인간은 오히려 자신이 우러러볼 수 있고 인정할 수 있는 권위자를 갈구하는 것 아닐까? 인간은 과연 모든 구속에서 해방되었을 때 자유로울까? 혹 인간은 완전한 자유보다 적절한 구속을 더 원하는 게 아닐까? 민주주의는 앞으로 영원할 것인가? 자유가 구속이 되는 민주주의보다 모두가 하나의 목표를 바라보고 달렸던 파시즘의 시절을 몰래 그리워하는 것 아닐까? 곧 다가올 자원의 고갈은 인류를 새로운 전쟁 상태로 몰아넣을 것인가? 세계의 파국 이후에는 어떤 체제가 생겨날 수 있을까? 나는 그레이와 발라드를 읽으며 이런 질문을 던지곤 했다. 그리고 이 질문들은 2014년 한국을 사는 모든 진지한 이들이 분명 나름의 방식으로 던져 봄 직하다고 믿는다.

우리는 꾸준히 새롭고 급진적이며, 겉보기에 말도 안 되는 사유를 펼치는 이들을 읽을 필요가 있다. 정치와 문화만큼이나 경직되어 있는 한국 사회의 사유 지형을 확장할 필요가 있다. 그렇기에 열악한 한국의 번역 문화 탓인지, 관심의 부재 탓인지, 발라드의 후기 소설들이 전혀 번역되지 않은 채로 남아 있는 것이 아쉽다. 이번 기회에 이 책에 등장하는 다른 작가의 작품들, 가령 쿠르쵸 말라파르테의 『가죽The Skin』이나 아서 쾨슬러의 『대지의 찌꺼기Scum of the Earth』 등과 함께 차후에 발라드의 소설도 번역이 되었으면 하는 바람을 피력해 본다. 다행히도, 또 고맙게도 존 그레이의 최근 저서들은 몇 개를 제외하고 이후출판사를 통해 꾸준히 번역되었다. 이 책을 읽는 독자들이 그레이의 저서 목록을 살펴 이전 저작들과 함께 읽으면서 그를 종합적으로 이해할 기회를 가졌으면 좋겠다. 그레이의 사유가 한국에서, 비록 새로운 행동은 아닐지라도, 새로운 성찰을 촉발할 수 있다고 믿기 때문이다.

4.

필자는 이후출판사의 주선으로 2013년 12월과 2014년 1월, 두 차례에 걸쳐 존 그레이와 서면 인터뷰를 가졌다. 그레이의 저서들에 공통적으로 나타나는 대표적 주장들, 『동물들의 침묵』의 내용, 그리고 한국 사회의 화두들에 대해 그레이는 때로는 자세히, 때로는 특유의 짧고 날카로운 아포리즘으로 답변해 왔다. 직접 만나서 한 인터뷰가 아니라 미진하지만 독자들에게는 그레이의 관점을 파악하는 기회가 될 것으로 생각해 여기에 싣는다.

문강형준_ 당신은 진보가 근대의 신화라고 주장하지만 대다수 사람들은 정치, 사회, 인권, 기술 등에서 실제로 진보가 이루어졌다고 생각한다. 예컨대 스티븐 핑커는 2011년 저서 『우리 본성의 더 좋은 천사들 *The Better Angels of Our Nature*』(2011)에서 인간 역사 전체로 볼 때 폭력은 실제로 확연히 감소해 왔음을 증명하려고 했다. 진보에 장단점이 있다고 해서 진보를 그저 '신화'라고 말할 수 있는가?

그레이 진보 개념을 비판하면, 누구나 진보가 불가피하고, 느리지만 계속되며, "장단점이 있다"는 등의 반응을 보인다. 나 역시 수백 번은 아닐지라도 수십 차례 정도 그런 식의 반론을 받은 적이 있다. 그러나 그런 반론을 펴는 이들은 문명의 성과들이 축적될 수 있다는 근대적 시각과 축적될 수 없다는 고대의 시각을 내가 구분하고 있다는 점을 파악하지 못하고 있다.

모두가 진보나 개선이 점진적이고 추가적이라고 생각한다. 무언가를 얻으면 그 다음에 또 다른 것들을 얻어 덧붙여진다는 식으로 말이다. 하지만 고대 사상가들이 알고 있었듯이 인간 세상은 그렇게 생겨먹지 않았다. 고문 금지라든가 대규모 전쟁 반대 등 모두가 당연하게 생각하고 있는 문명의 획득물들은 순식간에 사라질 수 있으며, 또 정기적으로 사라진다. 기술에 의해 인간의 힘이 증가될 수 있는 것처럼 학문에서의 지식 발전은 축적될 수 있다. 그러나 지식이 발전한다고 해서 인간의 합리성이 개선되는 것은 아니며 인간의 힘이 증가된다고 지혜가 진척되는 것도 아니다. 이런 내 말이 **단지** 유토피아주의에 반대하는 주장인 것은 **아니다**. 문명의 점진적 개선이라는 것은 유토피아만큼이나 신화에 불과하다.

몇 세기 전까지만 해도 윤리나 정치에 관해서 역사는 순환적이라는 점, 즉 문명은 흥했다가 망하고, 한 세대가 획득해 낸 것들을 다음 세대가 잃어버리곤 한다는 점을 모두가 이해하고 있었다. 오늘날 내가 이야기하는 것 역시 이와 동일한 시각이다. 만약 내 비판자들이 이를 이해하지 못한다면, 그건 그들의 문제일 뿐이다.

조르쥬 소렐이 주장하듯, 신화나 허구는 역사에서뿐 아니라 삶에서도 불가피한 것이다. 진보가 신화라 해도 우리가 그 신화와 함께 살 수도, 혹은 그것을 미래의 지침으로 사용할 수도 있지 않을까? 모든 신화가 단지 환상일 뿐인가? 보존할 가치가 있는 좋은 신화도 있지 않을까?

모든 신화의 가치가 동일하지는 않다. 나치 인종주의의 신화들은 독을 품고 있었으며 극도로 해로운 것이었다. 오늘날 퍼져 있는 진보의 신화 역시 해롭다. 물론 그것의 실제 모습은 [나치의 인종주의에 비하면] 단지 우스꽝스럽게 나타날 때가 잦지만 말이다. 최고의 신화들은 인간 경험의 지속적 실상에 가장 가까운 것들이다. 가령 세계 전역의 종교가 그런 신화 중 하나이고, 그런 것들은 보존할 가치가 있다.

16세기 말 유럽에는 천년왕국주의라 불렸던 거대한 종교적-혁명적 운동이 있었다. 그것은 말할 필요도 없이 잘못된 예언에 바탕을 둔 묵시록적 운동이었다. 하지만 임박할 묵시록을 믿고 그 이후의 유토피아적 미래를 꿈꾸었기 때문에 천년왕국운동은 완전히 새로운 질서를 요구할 수 있었다. 『추악한 동맹』에서 당신은 "유토피아는 집단적 구원의 꿈이다. 그러나 그 꿈에서 깨어났을 때 발견하는 것은 악몽뿐"이라고 쓰고 있다. 유토피아 기획은 왜 해로운가? 유토피아적 사상을 더 나은 세계로 나아가는 동력으로 생각할 수 있지 않은가?

지금껏 존재했던 모든 유토피아 사상가들은 유토피아가 "더 나은 세계로 나아가는 동력"이라고 주장했다. 그런 유토피아들을 추구했던 결과는 대개 끔찍한 것으로 드러났다. 그러나 유토피아적 비전을 근본적으로 반대하는 이유는 그 비전이 실현되지 않는다는 사실 때문이 **아니라**, 그들이 인간이 살 수 없는 세상을 꿈꾸었기 때문이다. 과거 소비에트 연방은 끔찍했지만, 레닌이 만들려고 했던 유토피아의 모습에 비하면 현저히 나았다. 인간의 조건이 만들어 낸 행복한 측면들 중 하나는 그런 모든 유토피아들이 실현되지 않았다는 점이다.

진보, 인간주의, 유토피아를 비판하는 급진적 사상가인 당신은 또한 저명한 현실주의 정치철학자이기도 하다. 많은 최근 저서들에서, 그중 특히 『추악한 동맹』과 『이단*Heresies*』(2004)에서 당신은 끝없는 갈등으로 점철된 우리의 현실을 다루는 방식으로서의 현실주의로부터 우리가 배울 점이 많다고 지적한 바 있다. 현실주의란 무엇인가? 오늘날 이상주의 대신 왜 현실주의가 필요한가?

현실주의는 서로 충돌하는 악 중에서 뭔가를 선택해야 하는 것이 정치라는 점을 받아들이는 태도를 의미한다. 이런 생각은 고대에는 광범위하게 퍼져 있었고 마키아벨리 같은 사상가들이 주장했던 것이다. 그러나 오늘날 정치 지도자들이 이런 정치를 이해할 수 있다거나 이런 정치를 실행할 수 있을 것인가에 대해서는 의문스럽다. 한때 자명했던 현실주의 관점을 오늘날에는 아무도 받아들이지 않을 것이라는 점은 서구가 다른 나라들에 끊임없이 개입하는 모습만 봐도 명백하다. 폭정이라는 악을 무너뜨리면 대개 그 악과 동일하거나 그보다 더한 무질서만이 생겨난다. 이는 오늘날 담론에서 결코 논의되지 않는 여러 사실들 중 하나다. 이런 상황에서 현실주의가 광범위하게 수용된다고 믿는다면 그것이야말로 비현실적이라 할 수 있다.

『전 지구적 자본주의의 환상』에서 당신은 세계화와 신자유주의가 결국 비참만을 가져올 최신 유토피아 기획이라고 강하게 비판했으며, 심지어 금융 위기까지 예측했었다. 그러나 1980년대에 당신은 열렬한 대처주의 지식인이었다. 대처식 신자유주의에 등을 돌리게 된 이유는 무엇인가? 오늘날 자본주의의 문제는 무엇이라고 생각하는가?

공산주의의 몰락(나는 이 역시 예견했었다)과 더불어 세계가 바뀌었고, 그래서 나도 세계를 보는 내 시각을 바꿨을 뿐이다. 과거에 그나마 불완전하지만 유용한 경제적 조직 형태였던 자본주의는 또 하나의 세속

종교가 되어버렸다.

　오늘날 자본주의가 어떻게 잘못될 수 있을지에 대해 묻는다면 자본주의는 현재 〔자본주의에〕 주기적으로 닥치는 위기 중 하나를 겪고 있다고 말하겠다. 그 결과를 상세하게 예측하는 것은 불가능하지만, 어떤 하나의 경제 모델이 보편적 승리를 거두는 일은 결코 일어나지 않으리라는 점은 분명하다. 과거에 자본주의에는 많은 형태들이 존재했으며, 미래에도 그럴 것이다. 자본주의의 진정한 대안이 등장할 수도 있지만, 현재로서 그런 대안은 없다.

선풍적인 인기를 끌었던『하찮은 인간, 호모 라피엔스』와 최근 낸 책『동물들의 침묵』사이에는 강력한 연관성이 있다. 진보, 인간주의, 계몽주의 같은 전작의 주제가 이 책에서 다시 신선하게 반복된다. 어조 역시 바뀐 것 같다. 전작에서 당신의 목소리가 급진적이고 직설적이었다면, 이 책에서는 좀 더 명상적이고 사색적이 되었다. 이 두 책 사이에 차이가 있다고 생각하는가?

독자들이 내 책을 어떻게 받아들이는지는 내 관심사가 아니다. 나는 내 관점으로 누군가를 바꾸려고 노력하지 않으며, 그저 세상에서 우리 〔인간〕의 위치에 대해 다른 방식으로 사유할 수 있음을 보여 주려는 것뿐이다. 그런 점에서 두 책은 유사하다.『하찮은 인간, 호모 라피엔스』이래로 내 모든 책은 특정 독자들을 염두에 두고 쓴 것이다. 세상을 바라보는 오늘날의 관점에 뭔가 근본적인 문제가 있지 않을까 의심하는 사람들, 그렇다면 그 문제는 무엇일까 궁금해하는 사람들 말이다. 그 외 다른 사람들에 대한 내 조언은 간단하다. 당신의 세계관이 틀렸을지도 모른다는 내 의견 때문에 당신이 불편하다면, 내 책을 읽지 않으면 된다는 것이다.

『동물들의 침묵』에는 자유주의에 대한 인상적인 경구가 등장한다. "자유주의적인 삶의 방식이 갖는 매력은 사람들이 자신의 자유를 포기하고 있다는 것을 인식하지 못한 채로 자유를 포기할 수 있게 해 준다는 데에 있다."(73쪽) 자유주의의 문제는 무엇인가?

대부분의 인간이 자유를 필요로 한다고 상정하지 않는 한 자유주의에 문제는 없다.

허구와 현실 사이에는 어떤 관계가 있는가? 좋은 허구가 좋고 나쁜 허구가 나쁜 이유는 무엇인가?

문학에 있어나 다른 영역에서나 좋은 허구는 현실에 충실하다.

프로이트에 대한 긍정적 해석이 인상적이었다. 이 책에서 당신이 강조하려고 하는 핵심이 바로 삶을 보는 프로이트의 관점에 있는 것 같다.

내가 볼 때 프로이트는 행복에의 추구가 특별히 흥미로운 삶의 방식이 아니라고 말하고 있다. 하지만 오늘날 대부분의 사람들이 행복을 추구한다는 점은 분명하다.

행복과 더불어, 자아실현이라는 관념 역시 가장 파괴적인 현대의 허구라고 당신은 지적한다. 오늘날 한국에서는 소위 자기계발에 관한 책들이 베스트셀러 목록에 꾸준히 오른다.

만약 한국인들이 자아실현에 헌신한다면, 한국은 곧 또 하나의 미국이 될 것이다. 그런데 많은 한국인들이 원하는 게 그것이라면, 그들을 낙담시키거나 설득하는 게 내 몫은 아니다.

『동물들의 침묵』마지막 부분에서 당신은 "관조는 세상을 바꾸거나 이해하려는 노력이 아니라 세상을 그저 그대로 두려는 노력"이라고 말한다.(229쪽) 그러나 복잡한 세속에서 사는 보통 사람들이 "세상을 그저 그대로 두"면서 사는 것은 쉬운 일이 아니다.

나는 어떤 삶의 방식이 더 좋다고 옹호하지 않는다. 그저 행동하는 삶이 유일한 삶의 방식은 아니라는 점을 지적할 뿐이다.

불의가 존재한다는 사실이 바디우, 지젝, 네그리 같은 급진적 좌파 철학자들이 최근 인기를 누리는 이유가 아닐까 한다. 오늘날 좌파 철학자들에 대해 어떻게 생각하는가? 그들은 신자유주의적 자본주의가 외면하는 자유, 열정, 정의의 문제에 우리가 다시 관심을 가지도록 한다.

급진적 좌파들은 우리 시대 자본주의가 만들어 낸 매체 오락물media cabare의 일부이다. 정치적으로는 아무것도 의미하지 않는다.

제이슨 바커의 다큐멘터리 〈맑스 재장전Marx: Reloaded〉(2011)에 출연했지만 마르크스에 대해 그리 혹독하지는 않았던 것으로 기억한다. 오늘날 마르크스주의가 재장전되고 있는 분위기에 대해 어떻게 생각하나.

마르크스는 자본주의의 본질적 불안정성을 사람들에게 환기시키는 데 유용하다. 하지만 그는 다른 모든 경제 시스템 역시 불안정하다는 사실을 인지하는 데는 실패했다.

당신은 시와 소설에서부터 정치학, 철학, 자연과학에 이르기까지 거의 모든 범주의 책을 읽는 열렬한 독서가다. 『뉴욕 리뷰 오브 북스』, 『런던 리뷰 오브 북스』, 『뉴 스테이츠먼』 등에 정기적으로 기고하는 서평가이기도 하다. 만약 독자에게 책 한 권만을 추천해야 한다면, 무슨 책을, 어떤 이유로 추천하겠는가.

단 한 권을 추천한다는 것은 거의 불가능하지만, 만약 그래야만 한다면 자코모 레오파르디Giacomo Leopardi의 『지발도네Zibaldone』를 추천하고 싶다. 몇 달 전에야 영어 완역본으로 출간된 이 책은 근대의 희망에 대한 심오한 근대적 비판이다.[12)]

문강형준

문화평론가, 계간 『문화과학』 편집위원. 위스콘신대(밀워키) 영문과에서 영문학과 문화이론 박사과정을 수료했다. 저서로 『파국의 지형학』, 『혁명은 TV에 나오지 않는다』, 『영어를 잘하면 우리는 행복해질까?』, 『아이돌』(공저), 역서로 『광신』, 『권력을 이긴 사람들』, 『루이비통이 된 푸코?』(공역), 『비평가의 임무』(근간)가 있다.

미주

1) John Gray, *Straw Dogs: Thoughts on Humans and Other Animals* (New York: Farrar, Staus and Giroux, 2002), 4. [『하찮은 인간, 호모 라피엔스』, 김승진 옮김, 이후, 2010, 17쪽]

2) Ibid., 155. [같은 책, 198쪽]

3) John Gray, *Black Mass: Apocalyptic Religion and the Death of Utopia* (New York: Farrar, Straus and Giroux, 2007), 17. [『추악한 동맹』, 추선영 옮김, 이후, 2011, 32쪽]

4) John Gray, *Gray's Anatomy: Selected Writings* (London: Penguin, 2009), 3.

5) Ibid., Ch. 24.

6) "Myth Congeniality: John Gray Interviewed", *The Quietus* (June 10, 2013). http://the quietus.com/articles/12496-john-gray-silence-of-animals-interview

7) John Gray, *Straw Dogs*, 199. [『하찮은 인간, 호모 라피엔스』, 252쪽]

8) Ibid., 194. [같은 책, 246쪽]

9) John Gray, *Gray's Anatomy*, 16.

10) 발라드의 대표적인 후기 소설들은 다음과 같다. *Cocaine Nights* (1996), *Super-Cannes* (2000), *Millennium People* (2003), *Kingdom Come* (2006).

11) 발라드의 죽음(2009년 4월 19일) 직후 존 그레이는 『뉴 스테이츠먼』에 발라드의 작품 세계를 정리하며 그를 떠나보내는 애도사를 썼다. John Gray, "Appreciation: J. G. Ballard", *New Statesman* (April 23, 2009). http://www.newstatesman.com/books/2009/04/ballard-work-life-world

12) 19세기 이탈리아 시인이자 철학자, 문헌학자인 자코모 레오파르디(1798~1837)의 노트를 모은 『지발도네』는 그의 사후에 이탈리아에서 출간되었으며, 최초의 영어 완역본은 버밍엄 대학 출판부에서 2013년에 발간되었다. 니체, 매튜 아놀드, 멜빌, 하디, 벤야민, 베케트 등이 레오파르디의 열렬한 독자로 알려져 있다. 이 책에 대한 존 그레이의 서평은 『뉴 스테이츠먼』(2013년 9월)에 실렸다. "Barbarism of Reason: John Gray on the Notebooks of Leopardi", *New Statesman* (September 26, 2013). http://www.newstatesman.com/books/2013/09/barbarism-reason

참고 문헌

제사

"이제 계절은": John Ashbery, "Syringa", Selected Poems, Manchester, Carcanet, 2002, 245.

1장 오래된 혼돈

10, 11쪽: "네안데르탈인이 지구상에～": Arthur Koestler, *Darkness at Noon*, London, Vintage, 2005, 183~184. [『한낮의 어둠』, 문광훈 옮김, 후마니타스, 2010]

11~13쪽: 「진보의 전초기지」 인용 부분: Joseph Conrad, "An Outpost of Progress", *Tales of Unrest*, Garden City, NY, Doubleday, Page & Company, 1920, 117, 94~95, 114, 116. [『가든파티-영국』에 수록, 김영희 엮음, 창비, 2010]

13쪽: "콩고에 오기 전에～": G. Jean-Aubry, *Joseph Conrad: Life and Letters*, 2 vols, Garden City, NY, Doubleday, 1927, I: 141.

14~17쪽: 「진보의 전초기지」 인용 부분: Conrad, "An Outpost of Progress", 92, 94, 91, 89, 91, 116, 87, 95.

18, 19쪽: "그녀는 듣는다～": Wallace Stevens, "Sunday Morning", *The Palm at the End of the Mind: Selected Poems and a Play by Wallace Stevens*, ed. Holly Stevens, New York, Vintage Books, 1960, 8.

20, 21쪽: 『비밀 요원』 인용 부분: Joseph Conrad, *The Secret Agent*, Oxford and New York, Oxford University Press, 1983, 81~82, 311. [『비밀 요원』, 왕은철 옮김, 문학과지성사, 2006]

21~26쪽: 『나폴리 1944년』 인용 부분: *Norman Lewis, Naples' 44: An Intelligence Officer in the Italian Labyrinth*, London, Eland, 2002, 43, 12, 51~52, 126, 168.

22, 23쪽: "루이스의 인생은～": 다음을 참고하라. Julian Evans, *Semi-Invisible Man: The Life of Norman Lewis*, London, Jonathan Cape, 2008.

26, 27쪽: "나는 '궁극의 생존자' ～": Norman Lewis, *I Came, I Saw*, London, Picador, 1994, 321~323.

28쪽: "포크 가득 음식이～": Lewis, *Naples' 44: An Intelligence Officer in the Italian Labyrinth*, 49.

29쪽: "쿠르초 말라파르테Curzio Malaparte도～": 말라파르테의 삶에 대해서는 다음 책에 댄 호프스태터Dan Hofstadter가 쓴 후기를 참고하라. Curzio Malaparte, *Kaputt*, trans. Cesare Foligno, New York, New York Review books, 2005, 431~437.

31, 32쪽: 『가죽』 인용 부분: Curzio Malaparte, *The Skin*, trans. David Moore, New York, Avon Books, 1965, 51~53, 48.

32~34쪽: 『망가진 세계』 인용 부분: Malaparte, *Kaputt*, 416, 55. [『망가진 세계』, 이광일 옮김, 문학동네, 2013]

34쪽: "대부분의 경우 말라파르테가~": 말라파르테가 동부 전선에서 쓴 글들은 다음 책으로 출간되었다. Curzio Malaparte, *The Volga Rises in Europe*, Edinburgh, Birlinn, 2000.

35쪽: "숲의 초자연적인 폭력보다~": Malaparte, *The Volga Rises in Europe*, 239~240.

36~38쪽: 『보이지 않는 글』 인용 부분: Arthur Koestler, *The Invisible Writing: Autobiography 1931~1953*, London, Collins/Hamish Hamilton, 1954, 15, 353, 351~352.

38, 39쪽: "무언가가 내 머릿속~": Arthur Koestler, *Arrow in the Blue: Autobiography*, London, Collins/Hamish Hamilton, 1952, 230.

41, 42쪽: "히틀러의 천재성은~": Arthur Koestler, *Scum of the Earth*, London, Eland, 2006, 212.

42쪽: "벨기에 작가 모리스 마테를링크가~": 마테를링크의 책은 아프리칸스 작가 유진 마레Eugene Marais가 쓴 『흰개미의 영혼*The Soul of the White Ant*』(1920)을 표절한 것으로 밝혀졌다.

43쪽: "의자에 앉았더니~": Koestler, *Scum of the Earth*, 155.

45쪽: "거의 1,000년이 된~": Stefan Zweig, *The World of Yesterday*, Lincoln, Nebr. And London, University of Nebraska Press, 1964, 1~2. [『어제의 세계』에 수록, 곽복록 옮김, 지식공작소, 2001]

46, 47쪽: "그 기차역은 자그마했다~": Joseph Roth, *The Emperor's Tomb*, trans. John Hoare, London, Granta Books, 1999, 35~36.

49쪽: "소위 '민족 문제'가~": Joseph Roth, "The Bust of the Emperor", *Collected Shorter Fiction*, trans. Michael Hoffman, London, Granta Books, 2001, 241~242.

51, 52쪽: 『1984』 인용 부분: George Orwell, *1984*, London, Penguin Books, 1987, 263, 266, 267. [『1984』, 정회성 옮김, 민음사, 2003 외]

53쪽: "나치의 이론은~": George Orwell, "Looking Back on the Spanish War", *Essays*, London, Penguin Books, 2000, 224~225. [『나는 왜 쓰는가』에 수록, 이한중 옮김, 한겨레출판, 2010]

54, 55쪽: "산업화는 거대한 굉음. 그리고~": Eugene Lyons, *Assignment in Utopia*,

New York, Harcourt Brace, 1937, 240.

56쪽: "존스는 소련에서 쫓겨나~": 존스의 생애에 대해서는 다음을 참고하라. Margaret Siriol Colley, *Gareth Jones: A Manchukuo Incident*, Nottingham, Alphagraphics, 2001. BBC 라디오의 다음 다큐멘터리도 참고하라. "But They Are Only Russians", BBC Radio 4, 2012년 1월 13일.

57, 58쪽: 『유토피아 통신』 인용 부분: Lyons, *Assignment in Utopia*, 281, 451, 447.

60, 61쪽: 『1984』 인용 부분: Orwell, *1984*, 261, 275, 277, 280.

61쪽: "무슨 이유에서든~": Fyodor Dostoevsky, *Notes from Underground*, trans. and ed. Michael R. Katz, New York and London, W.W. Norton, 2001, 10. [『지하생활자의 수기』, 이동현 옮김, 문예출판사, 1998]

64, 65쪽: "제3제국 시기에~": Sebastian Haffner, *The Meaning of Hitler*, trans. Ewald Osers, London, Phoenix, 1979, 38~39.

65, 66쪽: 『히틀러를 거부하며』 인용 부분: Sebastian Haffner, *Defying Hitler*, trans. Oliver Pretzel, London, Phoenix, 2002, 336, 104.

69, 70쪽: 『저편의 해변에서』 인용 부분: Alexander Herzen, *From the Other Shore*, Oxford, Oxford University Press, 1979, 108~109.

70~72쪽: 『나의 과거와 나의 생각』 인용 부분: Alexander Herzen, *My Past and Thoughts*, Berkeley, Los Angeles and London, University of California Press, 1982, 507, 519, 521, 460, 463.

73~75쪽: 『화폐가 죽을 때』 인용 부분: Adam Fergusson, *When Money Dies: The Nightmare of the Weimar Hyper-Inflation*, London, Old Street Publishing, 2010, 1, 21, 25, 141, 181~182, 39. [『돈의 대폭락』, 이유경 옮김, 엘도라도, 2011]

79쪽: "몇몇 역사학자들에 따르면~": W. Scheidel and S. J. Friesen, "The Size of the Economy and the Distribution of Income in the Roman Empire", *Journal of Roman Studies*, vol. 99, 2009, 61~91.

84, 85쪽: 『예언이 틀렸을 때』 인용 부분: Leon Festinger, Henry W. Riecken and Stanley Schacter, *When Prophecy Fails*, Radford, Va, 2011, 3~4, 6~7.

85쪽: "오늘날 종말이~": Frank Kermode, *The Sense of an Ending*, New York, Oxford University Press, 2nd edn, 2000, 6.

85쪽: "많은 급진 운동에도~": 다음을 참고하라. John Gray, *Black Mass: Apocalyptic Religion and the Death of Utopia*, London, Penguin Books, 2007, 4~20. [『추악한 동맹』, 추선영 옮김, 이후, 2011]

96쪽: "휴머니즘의 가장 주된~": *Letters of Wallace Stevens*, ed. Holly Stevens, Berkeley and London, University of California Press, 1996, 449.

98쪽: "프로이트가 로마 시대~": 다음을 참고하라. Philip Rieff, *The Mind of the Moralist*, 3rd edn, Chicago and London, University of Chicago Press, 1979, 17.

99쪽: "나는 내 눈 앞에~": Seneca, *Epistle* 51, *Epistles* 1~65, trans. R. M. Grummere, Cambridge Mass. And London, Harvard University Press, 2002, 341.

101쪽: "당신의 정신분석은~": 오스카 피스터Oskar Pfister에게 보낸 편지. 다음에 인용됨. Philip Rieff, *The Triumph of the Therapeutic: Uses of Faith after Freud*, Wilmington, Del., ISI Books, 2006, 91.

102쪽: "무의식적 정신 작용의~": Sigmund Freud, "A Difficulty in the Path of Psychoanalysis"(1917), *Complete Psychological Works*, Standard Edition, vol. 17, London Vintage Classics, 2001, 143~144.

104쪽: "이드가 있던 곳에~": Sigmund Freud, "New Introductory Lectures on Psychoanalysis"(1932~1933), Lecture XXXI, *Complete Psychological Works*, vol. 22, 80.

105쪽: "온전한 자유 속에서~": 다음을 참고하라. Mark Edmundson, *The Death of Sigmund Freud: Fascism, Psychoanalysis and the Rise of Fundamentalism*, London, Bloomsbury, 2007, 121~122; Peter Gay, *Freud: A Life for our Time*, London, Macmillan, 1988, 628.

106, 107쪽: "당신에게는 우리의 이론들이~": Sigmund Freud, "Why War?"(1932), *Complete Psychological Works*, vol. 22, 211~212.

107~109쪽: 「열반으로 가는 긴 우회로」 인용 부분: George Santayana, "A Long Way Round to Nirvana", *The Philosophy of Santayana*, ed. Irwin Edman, New York, Charles Scriber's Sons, 1936, 576, 579, 580, 574~575.

113~115쪽: 『환상의 미래』 인용 부분: Sigmund Freud, *The Future of an Illusion*, trans. J. A. Undewood and Shaun Whiteside, London, Penguin Books, 2004, 38~39, 34, 72. [『문명 속의 불만: 프로이트 전집 12권』김석희 옮김, 열린책들, 2004]

116쪽: "프랭크 커모드는~": 다음을 참고하라. Frank Kermode, *The Sense of and Ending*, 2nd edn. New York, Oxford University Press, 2000, ch. II.

116, 117쪽: "우리는 과학의 허구를~": H. Vainger, *The Philosophy of 'As If': A System of the Theoretical, Practical and Religious Fictions of Mankind*, trans. C. K. Ogden, London, Routledge, 2001, 81.

120쪽: "최종적인 믿음은~": Wallace Stevens, *Opus Post-humous*, New York,

Vintage Books, 1989, 189.

120쪽: "최고의 허구를 향한 노트" 인용 부분: Wallace Stevens, "Notes Toward a Supreme Fiction", *The Palm at the End of the Mind*, ed. Holly Stevens, New York, Vintage Books, 1990, 230, 229.

121쪽: "믿음에 대한 더 좋은~": Wallace Stevens, "The Pure Good of Theory", *The Palm at the End of the Mind*, 267~268.

123쪽: "마음의 끝에서~": Wallace Stevens, "Of Mere Being", *The Palm at the End of the Mind*, 398.

124쪽: "나보다는 운명이 당신에게서~": Sigmund Freud and Joseph Breuer, *Studies in Hysteria*, trans. Nicola Luckhurst, London, Penguin Books, 2004, 306. [『히스테리 연구: 프로이트 전집 3권』, 김미리혜 옮김, 열린책들, 2004]

126쪽: "물론 본능적인 삶을~": Freud, "Why War?", 213.

127쪽: "자기실현을 위한~": John Ashbery, "Life is a Dream", *Your Name Here*, Manchester, Carcanet, 2000, 59.

132쪽: "아리아인의 무의식은~": Edmundson, *The Death of Sigmund Freud*, 44.

133쪽: "완전한 진실이 무엇이었는지는~": 이 시기 융의 행적에 대해서는 다음을 참고하라. Deirdre Bair, *Jung: A Biography*, New York, Little, Brown, 2003, 486~487; Peter Grose, *Allen Dulles: Spymaster*, London, Andre Deutsch, 2006, 164~165; Mary Bancroft, *Autobiography of a Spy*, New York, William Morrow, 1983, 91~97.

133쪽: "하지만 자네는 나를~": Richard Noll, *The Jung Cult: Origins of a Charismatic Movement*, London and New York, Free Press, 1997, 189.

135, 136쪽: 『물에 잠긴 세계』 인용 부분: J. G. Ballard, *The Drowned World*, London, Indigo, 1997, 7, 19. [『물에 잠긴 세계』, 공보경 옮김, 문학수첩, 2012]

137쪽: "노인들이 그들의~": Richard Jefferies, *After London: Wild England*, Oxford, Oxford University Press, 1980, 1.

138쪽: "27일째 날~": J. G. Ballard, *The Drowned World*, 175.

139쪽: 『삶의 기적들』 인용 부분: J. G. Ballard, *Miracles of Life*, London, Fourth Estate, 2008, 58~59.

141~146쪽: 「틀뢴, 우크바르, 오르비스 테르타우스」 인용 부분: Jorge Luis Borges, "Tlon, Uqbar, Orbis Tertius", *Labyrinths*, London, Penguin Books, 1970, 27~43. [『픽션들: 보르헤스 전집 2권』에 수록, 황병하 옮김, 민음사, 1994]

147쪽: "그럴 수도 있었겠지만~": J. L. Borges, "Things That Might Have Been", *Selected Poems*, London, Penguin, 1999, 407.

149~152쪽: "재" 인용 부분: T. E. Humle, "Cinders", *Selected Writings*, ed. Patrick

McGuinness, Manchester, Fyfield Books, 2003, 20, 26, 29, 24, 20, 22, 23, 24.

152~155쪽: 「낭만주의와 고전주의」인용 부분: Hulme, "Romanticism and Classici sm", *Selected Writings*, 70, 78.

155, 156쪽: "가을 밤의 쌀쌀한~": Humle, "Autumn", *Selected Writings*, 1.

156쪽: "참호들 사이의 땅~": Humle, "Diary from the Trenches", *Further Specula tions*, ed. S. Hynes, Lincoln, Nebr., University of Nebraska Press, 1955, 157.

157쪽: "내가 러셀 씨의~": Humle, "North Staffs Continues Where He Left Off", *Fur ther Speculations*, 199.

157쪽: "흄이 덧붙인 이 말은~": 흄의 생애에 대한 내용은 패트릭 맥기네스Patrick McGuinness가 다음 책에 쓴 서문을 주로 참고했다. Humle, *Selected Writings*, pp. vii~xlv.

157, 158쪽: "다시 한 번 나는~": Fritz Mauthner. 다음에서 인용됨. Gershon Weiler, *Mauthner's Critique of Language*, Cambridge, Cambridge University Press, 1970, 295.

158쪽: "모든 철학은 '언어 비판'이다~": L. Wittgenstein, *Tractatus Logico-Philosoph cus*(1921; 영어 번역본은 1922), 4.0031. [『논리 철학 논고』, 이영철 옮김, 책세상, 2006]

159쪽: "비트겐슈타인은 언어 비판을~": Weiler, *Mauthner's Critique of Language*, 298~299.

160쪽: "나에게 그것은 이렇게~": 다음에서 인용됨. Matthew Feldman, *Beckett's Books: A Cultural History of Samuel Beckett's 'Interwar Notes'*, London and New York, Continuum, 2006, 126.

160쪽: "우리가 고통스럽게 체념하면서~": 다음에서 인용됨. 같은 책, 130.

161쪽: "순수한 비판은 유려한~": 같은 책, 144.

161쪽: "그 모든 것의 기저에~": Samuel Beckett, *Disjecta: Miscellaneous Writings and a Dramatic Fragment*, ed. Rudy Cohn, London, Calder, 1983, 172.

161쪽: "이러한 '무無언어의 문학'을~": Feldman, *Beckett's Books*, 128.

161, 162쪽: "어리석음~": Samuel Beckett, "What Is the Word", *Company, Ill Seen Ill Said, Worstward Ho, Stirrings Still*, ed. Dirk Van Hulle, London, Faber & Faber, 2009, 133~135.

162쪽: "마음의 평화를 얻고자~": 다음에서 인용됨. Elizabeth Bredeck, *Metaphors of Knowledge: Language and Thought in Mauthner's Critique*, Detroit, Wayne State University Press, 1992, 99.

165쪽: "단지 단어-상징을~": Weiler, *Mauthner's Critique of Language*, 294.

165쪽: "모래는 바삐~": John Ashbery, "The Skaters", *Collected Poems 1956~1987*, New York, Library of America, 2008, 175.

3장 또 다른 햇빛

168~179쪽: 『송골매』, 『여름의 언덕』 인용 부분: J. A. Baker, *The Peregrine, The Hill of Summer and Diaries: The Complete Works of J. A. Baker*, introduced by Mark Cocker and edited by John Fanshawe, London, Collins, 2011, 237, 28, 31, 48, 131~132, 92, 201, 32, 128, 45~46, 33, 193, 114~115, 109, 119, 28, 98, 172, 31, 207, 161, 31, 28. 베이커의 생애에 대해서는 코커가 쓴 이 책의 서문과 편집자 팬쇼가 붙인 주석들을 주로 참고했다.

178쪽: "또 다른 햇빛은~": Wallace Stevens, "As at a Theatre", *The Palm at the End of the Mind*, ed. Holly Stevens, New York, Vintage Books, 1990, 361.

180쪽: "이 수도원들은 4세기~": Patrick Leigh Fermor, *A Time to Keep Silence*, London, Penguin Books, 1982, 8~9. 리 퍼모어의 생애에 대해서는 다음을 참고하라. Artemis Cooper, *Patrick Leigh Fermor: An Adventure*, London, John Murray, 2012.

182, 183쪽: 『팡세』 인용 부분: Blaise Pascal, *Pensees*, ed. A. J. Krailsheimer, London, Penguin Books, 1966, 67, 68. [『팡세』, 이환 옮김, 민음사, 2003]

184쪽: "동물의 침묵은 사람의~": Max Picard, *The World of Silence*, South Bend, Ind., REgnery/Gateway, 111. 1952. [『침묵의 세계』, 최승자 옮김, 까치글방, 2010]

186쪽: "우리는 아무것도~": Don Paterson, "Pahtom IV", *Rain*, London, Faber & Faber, 2009, 55.

188쪽: "거기에 서서, 여러~": William Empson, *The Complete Poems*, ed. John Haffenden, London, Penguin Books, 2001, 55.

189, 190쪽: "그들에게는 이 건물이~": Richard Jefferies, "The Pigeons at the British Museum", *The Life of the Fields*, Oxford and New York, Oxford University Press, 1983, 215~216.

191쪽: "어떤 사람을 하나~": Ford Madox Ford, *The Soul of London*, London, Everyman/J. M. Dent, 1995, 23.

193, 194쪽: "자연사 차원에서는 의심의 여지~": Ford Madox Ford, "On Impressioni sm", *The Good Soldier*, New York and London, W. W. Norton, 1995, 262~263. [『훌륭한 군인』, 손영미 옮김, 문예출판사, 2013]

195쪽: "충분히 멀리 떨어져~": Ford, *The Soul of London*, 7.

197, 198쪽: "인공 연못처럼~": Llewelyn Powys, "A Pond", *Earth Memories*, Bristol, Redcliffe Press, 1983, 37~40.

198~200쪽: 『위험한 판돈』 인용 부분: Llewelyn Powys, *Skin for Skin*, London, Village Pres, 1975, 5, 8, 9, 26.

201쪽: "물질의 소멸, 우주의~": Llewelyn Powys, *Impassioned Clay*, London and New York, Longmans, Green, 1931, 4.

201쪽: "버려야 할 것은~": Llewelyn Powys, *Glory of Life*, London, Village Press, 1975, 27.

201, 202쪽: "그냥 가게 두어라~": Powys, *Impassioned Clay*, 83~84.

202쪽: "꿈꾸는 소떼~": Powys, *Glory of Life*, 44.

202, 203쪽: 『위험한 판돈』 인용 부분: Powys, *Skin for Skin*, 95, 47.

203, 204쪽: "아프리카는, 그곳의 흑색~": Llewelyn Powys, *Ebony and Ivory*, Bristol, Redcliffe Press, 1983, 33.

204쪽: "나는 드넓은 아프리카의~": Llewelyn Powys, *The Verdict of Bridlegoose*, London, Village Press, 1975, 65~66.

205쪽: "다시 우리 둘만~": Llewelyn Powys, *Love and Death*, London, John Lane /The Bodley Head, 1939, 301.

206쪽: "우리의 기원은 동물적인~": Alyse Gregory, *The Cry of a Gull: Journals 1923 ~1948*, Dulverton, Somerset, The Ark Press, 1973, 91, 105.

206쪽: "그들은 나를 잘못된~": Malcolm Elwin, *The Life of Llewelyn Powys*, John Lane/The Bodley Head, 1946, 271.

206쪽: "나는 반 세기를~": 다음을 참고하라. Anthony Head, Introduction to Llewelyn Powys, *A Struggle for Life: Selected Essays of Llewelyn Powys*, London, Oneworld Classics, 2010, ix.

207쪽: "불멸? … 아니~": F. S. Flint, "Immortal … No", *Imagist Poetry: An Anthology*, ed. Bob Blaisdell, New York, Dover Publications, 1999, 44~45.

208~212쪽: 『몽드 씨, 사라지다』 인용 부분: George Simenon, *M. Monde Vanishes, in The First Simenon Omnibus*, London, Penguin Books, 1975, 122, 20, 34, 87, 74, 110, 89.

214, 215쪽: "기억의 법칙은 그것보다~": Samuel Beckett, *Proust and Three Dialogues with Georges Duthuit*, London, John Calder, 1999, 18~19.

216, 217쪽: 『비극의 탄생』 인용 부분: Friedrich Nietzsche, *The Birth of Tragedy*, trans. Douglas Smith, Oxford, Oxford University Press, 2000, 83, 82. [『비극의 탄생』, 박찬국 옮김, 아카넷, 2007]

218~221쪽: "휴머니스트의 비극" 인용 부분: Robinson Jeffers, "The Humanist's Tragedy", *Rock and Hawk*, ed. R. Hass, New York, Random House, 1987, 115~118.

221쪽: "방점과 중요성을 인간에게서~": Robinson Jeffers, "Preface", *The Double Axe and Other Poems*, New York, Liveright, 1977, xxi.

222쪽: "인간이 가진 환상을~": Robinson Jeffers, "Original Preface", *The Double Axe and Other Poems*, 171, 175.

223쪽: "P38 폭격기나 B17~": Robinson Jeffers, "Calm and Full the Ocean", *The Double Axe and Other Poems*, 125.

224쪽: "칼뱅파 목사였던 그의~": Czesław Miłosz, "Carmel", *Visions from San Francisco Bay*, New York, Farar Straus & Giroux, 1982, 91.

224쪽: "벌거벗은 원소보다~": Czesław Miłosz, "To Robinson Jeffers", *Visions from San Francisco Bay*, New York, Farar Straus & Giroux, 1982, 96.

226쪽: "아시아에서 온 내~": Robinson Jeffers, "Credo", *Rock and Hawk*, 67.

228, 229쪽: "나는 이 복숭아들을~": Wallace Stevens, "A Dish of Peaches in Russia", *Selected Poems*, ed. John N. Serio, New York, Alfred A. Knopf, 2009, 129.

231쪽: "크로마뇽인 이래로 우리~": Louis MacNeice, "Mutations", *Collected Poems*, London, Faber & Faber, 2002, 195. 이 시에 관심을 갖게 된 것은 리처드 홀로웨이 덕분이다. 그가 쓴 다음 책에 이 시의 일부가 나온다. Richard Holloway, *Leaving Alexandria: A Memoir of Faith and Doubt*, Edinburgh and London, Canongate, 2012, 234, 235.

감사의 글

많은 분들의 도움과 격려가 없었다면 이 책은 나오지 못했을 것이다. 〈펭귄 출판사〉의 담당 편집자 사이먼 윈더는 이 책이 나오기까지 모든 과정에서 아낌없이 격려를 보내 주었고 내용에 대해서도 이루 말할 수 없이 귀한 조언을 해 주었다. 〈와일리 에이전시〉의 담당 에이전트 트레이시 보언은 저자가 바랄 수 있는 최상의 지원과 매우 가치 있는 의견들을 내주었다. 내용에 대해 애덤 필립스가 해 준 조언은 이 책의 틀을 잡는 데에 큰 도움이 되었다. 브라이언 애플야드 덕분에 월리스 스티븐스를 알 수 있었다. 스티븐스의 시는 여러 모로 많은 영감을 주었는데, 이 책에 많이 반영되었다. 존 밴빌, 리처드 홀로웨이, 제라드 레모스, 폴 슈츠, 윌 셀프, 조프리 스미스, 존 스토크스와 나눈 대화는 생각을 다듬는 데에 많은 도움을 주었다. 늘 그렇듯이, 가장 큰 감사는 나의 아내 미에코에게 바친다. 책의 오류 등 내용상의 문제에 대한 책임은 전적으로 내게 있다.

존 그레이

동물들의 침묵

진보를 비롯한 오늘날의 파괴적 신화에 대하여

지은이 | 존 그레이
옮긴이 | 김승진
펴낸이 | 이명희
펴낸곳 | 도서출판 이후
편집 | 김은주, 신원제, 유정언, 홍연숙

첫 번째 찍은 날 | 2014년 2월 28일
두 번째 찍은 날 | 2014년 10월 27일

등록 | 1998년 2월 18일 (제13-828호)
주소 | 121-754 서울시 마포구 동교동 165-8 엘지팰리스 1229호
전화 | 대표 02-3141-9640 편집 02-3141-9643 팩스 02-3141-9641
www.ewho.co.kr

ISBN 978-89-6157-073-2 03100

이 도서의 국립중앙도서관 출판시도서목록(CIP)은 서지정보유통지원시스템 홈페이지
(http://seoji.nl.go.kr)와 국가자료공동목록시스템(http://www.nl.go.kr/kolisnet)에서
이용하실 수 있습니다.(CIP제어번호: CIP 2014004360)